权威·前沿·原创

皮书系列为
"十二五""十三五""十四五"时期国家重点出版物出版专项规划项目

成渝蓝皮书
BLUE BOOK OF CHENGDU AND CHONGQING

成渝地区双城经济圈
金融发展报告
（2023~2024）

ANNUAL REPORT ON DEVELOPMENT OF FINANCE IN CHENGDU-CHONGQING ECONOMIC ZONE(2023-2024)

组织编写 / 教育部人文社会科学重点研究基地
　　　　　重庆工商大学成渝地区双城经济圈建设研究院
主　　编 / 邵腾伟　陈银华
副 主 编 / 吕秀梅　马玺渊　许晓静

社会科学文献出版社
SOCIAL SCIENCES ACADEMIC PRESS (CHINA)

图书在版编目(CIP)数据

成渝地区双城经济圈金融发展报告.2023~2024/邵腾伟,陈银华主编;吕秀梅,马玺渊,许晓静副主编.--北京:社会科学文献出版社,2024.4
(成渝蓝皮书)
ISBN 978-7-5228-3254-8

Ⅰ.①成… Ⅱ.①邵… ②陈… ③吕… ④马… ⑤许… Ⅲ.①地方金融事业-研究报告-成都-2023-2024 ②地方金融事业-研究报告-重庆-2023-2024 Ⅳ.①F832.771

中国国家版本馆CIP数据核字(2024)第029459号

成渝蓝皮书
成渝地区双城经济圈金融发展报告(2023~2024)

主　　编 / 邵腾伟　陈银华
副 主 编 / 吕秀梅　马玺渊　许晓静

出 版 人 / 冀祥德
组稿编辑 / 恽　薇
责任编辑 / 冯咏梅
文稿编辑 / 王雅琪
责任印制 / 王京美

出　　版 / 社会科学文献出版社·经济与管理分社(010)59367226
　　　　　 地址:北京市北三环中路甲29号院华龙大厦　邮编:100029
　　　　　 网址:www.ssap.com.cn
发　　行 / 社会科学文献出版社(010)59367028
印　　装 / 天津千鹤文化传播有限公司
规　　格 / 开　本:787mm×1092mm　1/16
　　　　　 印　张:17.5　字　数:260千字
版　　次 / 2024年4月第1版　2024年4月第1次印刷
书　　号 / ISBN 978-7-5228-3254-8
定　　价 / 158.00元

读者服务电话:4008918866

版权所有 翻印必究

本书出版受以下单位及项目资助：

教育部人文社会科学重点研究基地重庆工商大学成渝地区双城经济圈建设研究院

重庆市研究阐释习近平新时代中国特色社会主义思想研究基地重庆工商大学成渝地区双城经济圈研究基地

重庆市新型重点智库重庆工商大学长江上游经济研究中心

重庆市人文社会科学重点研究基地重庆工商大学产业经济研究院

重庆市教委人文社会科学研究项目"金融科技服务实体经济的传导机理及实现路径研究"（项目编号：23SKGH168）

重庆工商大学科研平台开放课题"金融科技服务实体经济的作用机理及促进机制研究"（项目编号：2022KFJJ037）

《成渝地区双城经济圈金融发展报告（2023~2024）》编委会

总顾问　温　涛

总策划　李　敬

主　编　邵腾伟　陈银华

副主编　吕秀梅　马玺渊　许晓静

编　委　（按姓氏笔画排序）

马　军　王　兰　王　堃　文思力　石晗玉
叶　繁　田　杰　朱　沙　朱秋红　刘　诚
孙林鑫　李秋林　杨　冉　吴南清　吴莹莹
张维维　陈　锐　陈　聪　陈秀萍　邵诚杰
赵宛旭　郝嘉润　袁　梅　唐　平　程家伟
靳景玉　谭林泉　谭湘渝

主要编撰者简介

邵腾伟 博士,重庆工商大学成渝地区双城经济圈建设研究院教授、博士生导师,重庆工商大学金融学院金融科技类课程教师,重庆市应用经济学学术带头人后备人选。主要从事数字金融、数字经济领域的理论与应用研究。先后在中央和地方政府、企业、高校工作,兼任1家上市公司独立董事和多家国有大中型企业产业投资发展教练,在江北嘴财经、《重庆日报》和重庆渝策经济技术研究院兼任智库专家。在《统计研究》《中国管理科学》《系统工程学报》《系统工程理论与实践》等期刊上发表学术论文30余篇,出版学术专著4部,学术成果涉及财政金融、金融集聚、风险管理、产业链金融、消费金融、金融科技、普惠金融、农村"三变"改革等方面。

陈银华 重庆市西部金融研究院院长,成渝经济智库理事长,江北嘴财经智库秘书长,重庆市社科联常委,重庆市人大财经监督专家,重庆市江北区政协常委,多所高校专业学位研究生校外导师。主要从事金融服务重大战略、区域经济、产业发展和特色金融相关领域的应用性研究。近年来,围绕成渝地区双城经济圈、西部金融中心建设,以及金融业和金融服务经济社会高质量发展,编撰出版并发布《重庆上市公司发展报告》等研究报告10部,主持完成"中国A股上市公司高质量发展评价标准研究"等国家级和省部级课题16项,提交的"关于加快建设绿色金融改革创新试验区的建议"等9份决策建议获得有关领导的肯定性批示和有关方面的采纳应用。

摘　要

《成渝地区双城经济圈金融发展报告（2023~2024）》由教育部人文社会科学重点研究基地重庆工商大学成渝地区双城经济圈建设研究院组织编写，是研究成渝地区双城经济圈金融高质量发展的阶段性成果。报告主要归纳、总结和梳理了2021~2023年成渝地区双城经济圈金融业的发展现状，并对其进行了全方位、多层次、宽领域的理论探讨和专题分析。报告共分为总报告、行业篇、生态篇和专题篇4个部分。

报告指出，近年来，成渝地区双城经济圈深入贯彻新发展理念，以共建西部金融中心为主要抓手，通过深化重点领域金融创新、协同提升金融服务水平、推进金融市场一体化发展等措施，积极推动金融高质量发展。但与国内外成熟金融中心相比，成渝地区双城经济圈并未形成发达的金融市场发展体系，地区辐射能力亟待提升。目前，成渝地区双城经济圈着力发展科技金融、绿色金融、普惠金融等重点领域，以开放的姿态建立地区最优金融生态，与东部金融中心形成差异化发展态势。

报告总结了成渝地区双城经济圈金融发展的突出问题。第一，资本市场薄弱。区域性金融中心的形成必须依靠较高的金融集聚水平和金融辐射能力，而成渝建设西部金融中心的主要短板就是缺少能辐射整个西部地区乃至全国的资本市场。第二，产业发展趋同。由于地理位置的影响，成渝两地在空间上未产生良好的产业和金融合作条件，对两地的产业分工协作产生了较大的阻碍，在现有竞争体制基础上，两地难以建立起相互协作的共生型金融生态系统。第三，空间布局分散。重庆市金融核心区分散在江北嘴、解放碑

和长嘉汇3个片区，金融核心区的空间分布较为分散，且片区间未形成差异化定位，不利于西部金融中心整体形象和品牌的塑造。第四，协同共治不足。成都和重庆是两个独立的行政区域，成渝地区双城经济圈在金融发展上存在竞争大于合作的可能，进而导致资源浪费、沟通不畅等问题。

报告建议，协同共建是成渝地区双城经济圈金融发展的必然出路。第一，优化金融机构组织体系。成渝地区双城经济圈应加大对法人金融机构的培育力度，继续引进培育基金及证券机构，积极引进培育私募及风险投资机构。第二，推进金融市场一体化建设。探索建立成渝地区西部环境资源交易所，在碳排放权等方面深化西部地区跨省、跨区交易合作。第三，推进要素市场一体化建设。成渝地区应当在西部地区乃至全国范围内集聚金融资源和要素市场，加快形成现代金融体系，加快提升成渝地区双城经济圈作为有较强金融资源配置能力和辐射带动能力的区域金融市场的地位。第四，处理好成渝之间的竞合关系。成渝两地应充分发挥各自的比较优势，准确找到合作的切入点，建立优势产业集群，优化经济生态和金融生态。

关键词： 成渝地区双城经济圈　金融　金融中心　高质量发展

目 录

Ⅰ 总报告

B.1 成渝地区双城经济圈金融高质量发展报告…… 邵腾伟　马玺渊 / 001
　　一　重庆核心区金融发展概况 …………………………………… / 002
　　二　成都核心区金融发展概况 …………………………………… / 006
　　三　成渝联结带金融发展概况 …………………………………… / 007
　　四　成渝地区双城经济圈金融发展现状及存在的问题 ………… / 008
　　五　成渝地区双城经济圈金融高质量发展对策建议 …………… / 017

Ⅱ 行业篇

B.2 成渝地区银行业金融市场运行报告 …………… 王　兰　马　军 / 022
B.3 成渝地区证券业金融市场运行报告 …………… 唐　平　吴莹莹 / 035
B.4 成渝地区保险业金融市场运行报告 …………… 谭湘渝　刘　诚 / 048

Ⅲ 生态篇

B.5 成渝地区金融基础设施建设报告 ……………… 朱　沙　李秋林 / 058

B.6　成渝地区金融要素市场发展报告…………………田庆刚　郝嘉润 / 079
B.7　成渝地区金融创新发展报告…………………………吕秀梅　陈秀萍 / 094
B.8　成渝地区金融开放发展报告…………………………郑　强　叶　繁 / 116
B.9　成渝地区新型金融发展报告…………………………张维维　石晗玉 / 132
B.10　成渝地区金融风险管理报告…………………………邵腾伟　吴南清 / 144
B.11　成渝地区金融生态环境建设报告……………………许晓静　杨　冉 / 159

Ⅳ　专题篇

B.12　成渝共建西部金融中心研究…………………………马玺渊　赵宛旭 / 179
B.13　农村普惠金融发展助推乡村振兴研究………………田　杰　王　堃 / 190
B.14　科创金融支持实体企业科技创新研究………………靳景玉　文思力 / 206
B.15　绿色金融赋能企业高质量发展研究…………………马玺渊　程家伟 / 220
B.16　供应链金融缓解中小企业融资难研究………………邵腾伟　吴南清 / 231

Abstract ……………………………………………………………………… / 246
Contents ……………………………………………………………………… / 249

总报告

B.1 成渝地区双城经济圈金融高质量发展报告

邵腾伟 马玺渊*

摘　要： 近年来，成渝两地通过深化重点领域金融创新、协同提升金融服务水平、推进金融市场一体化发展、合作争取中央政策支持等措施，以共建西部金融中心为主要抓手，积极推动成渝地区双城经济圈金融高质量发展。本报告以成渝地区金融机构、金融市场、金融服务体系为研究对象，从金融体量、金融结构及共建西部金融中心等方面系统梳理重庆、成都及成渝联结带金融业的发展概况，发现成渝地区双城经济圈金融发展存在资本市场力量薄弱、产业发展趋同、空间布局分散、协同共治不足的问题。本报告提出了成渝两地需进一步优化金融机构组织体系、推进金融市场及要素市场一体化建设、处理好成渝之间的竞合关系等对策建议，以推动成渝地区双城经济圈金融高质量发展。

---

* 邵腾伟，博士，重庆工商大学成渝地区双城经济圈建设研究院教授、博士生导师，主要研究方向为数字金融、数字经济领域的理论与应用；马玺渊，重庆工商大学成渝地区双城经济圈建设研究院博士研究生，重庆财经学院讲师，主要研究方向为科技金融、数字金融和绿色金融等。

关键词： 成渝地区双城经济圈　金融市场　一体化建设　高质量发展

　　2023年，成渝地区双城经济圈实现地区生产总值（GDP）8.2万亿元，较上年增长5.7%，增速高于其他3个主要经济区①，显示了成渝地区经济发展的活力与潜力。其中，成渝地区双城经济圈核心区②金融业增加值超5000亿元，较上年增长5.28%，显示了重庆与成都在成渝地区双城经济圈金融业发展中的重要地位。

一　重庆核心区金融发展概况

　　自2021年国家部署建设西部金融中心以来，重庆市持续推进金融体制改革，金融体系日趋完善，金融综合实力稳中有升，金融服务与金融创新提能增效，行业发展迈上新台阶。第14期中国金融中心指数显示，重庆金融业已由规模扩张阶段转向高质量发展阶段，综合竞争力升至全国第7位，在33个区域金融中心中排第4位；金融机构实力排全国第5位、区域第2位，金融业绩效排全国第7位、区域第4位。截至2023年6月末，重庆市金融资产规模已达8.2万亿元，本外币存贷款余额双双超过5万亿元，金融业增加值在全市GDP中的占比达到9.5%。银行业、保险业、证券业金融机构数量达到476家，网络小贷公司和消费金融公司规模均位居全国第一，法人保险、外资银行、A股和港股上市的银行数量均位居西部第一，为重庆与成都共建西部金融中心打开新局面。

（一）金融体系日趋完善

1. 传统金融市场主体持续发展壮大

　　从规模上看，全市三大金融支柱产业③持续发展壮大。截至2023年6

---

① 即京津冀、长三角及粤港澳大湾区（不含港澳）。
② 即成都和重庆。
③ 三大金融支柱产业指银行业、证券业及保险业。

月末，全市本外币各项贷款余额为5.50万亿元，增速由上年末的6.7%提高至8.4%；上半年新增贷款3291.4亿元，同比增加887.1亿元。全市本外币各项存款余额为5.27万亿元，同比增长8.2%；上半年新增存款3121.0亿元，同比多增460.3亿元①。重庆银行业总资产为7.41万亿元，同比增长8.0%，增速较2022年末提升1.9个百分点。保险业总资产为2809.2亿元，同比增长8.5%②。境内外上市公司共有96家，有证券总部法人机构1家、分公司55家③。

2. 新兴金融市场业态不断丰富

随着全市金融改革工作的全面推进，新兴金融市场业态不断丰富。截至2023年6月末，全市共有保理公司、消费金融公司、第三方支付公司等新兴金融机构1300余家，已建成要素市场交易平台12个，年交易规模近9万亿元。保险资产登记交易系统、石油天然气交易中心等全国性交易平台已落户重庆。中信银行国际业务运营中心、中国建设银行跨境金融服务中心、交通银行离岸金融业务中心、平安银行离岸金融中心、上海保险交易所西部中心、渣打银行中新互联互通项目金融服务中心等全国性或区域性、功能性金融机构相继落户重庆。

（二）金融综合实力稳中有升

1. 信贷、债券市场规模快速增长

2023年，全市各项贷款余额、银行间债券市场发债规模均有不同程度的增长。截至2023年6月末，全市企事业单位贷款余额为32989.75亿元，其中短期贷款和中长期贷款分别新增503.8亿元和1683.3亿元，同比分别多增212.3亿元和520.1亿元；住户贷款余额为21794.96亿元，新增969.4亿元，同比多增954.9亿元。2023年上半年，全市非金融企业通过银行间市场发行的债券规模为2080亿元，其中企业债券净融资545.9亿元，同比

---

① 资料来源：中国人民银行重庆市分行。
② 资料来源：国家金融监管总局重庆监管局。
③ 资料来源：西部金融数据平台。

多增309.8亿元,有效满足了不断增长的企业直接融资需求。

2.证券市场和保险市场稳步发展

随着三大境内交易所重庆服务基地①及全国股转系统重庆服务基地的设立,重庆全方位、多层次的资本市场服务体系进一步完善。截至2023年6月末,全市共有境内上市公司76家,较2022年同期增加13家。其中在上交所、深交所、北交所上市的公司数量分别为36家、35家、5家。上市公司总市值达11037.69亿元,其中,市值超100亿元的上市公司有27家,市值超500亿元的上市公司有3家,市值超1000亿元的上市公司有2家②。证券市场累计交易金额达6.83万亿元。非金融企业境内股票融资99.8亿元,同比增加82.6亿元。2023年上半年,全市实现保费收入710.5亿元,同比增长9.4%;保险赔付支出209.6亿元,同比增长18.3%,其中财产险赔付支出79.2亿元,人身险赔付支出130.4亿元。2022年,全市保险密度为3054元,较2021年增加43元,保险深度已达3.37%③。

(三)金融创新与普惠金融成绩显著

1.持续推进跨境人民币结算业务

2022年,重庆市跨境人民币实际收付金额达到3260.2亿元,首次突破3000亿元大关,同比增长高达67.9%,结算量位居中西部省市第一。2023年初,原中国人民银行重庆营管部(现中国人民银行重庆市分行)会同重庆市商务委员会、国家外汇管理局重庆外汇管理部继续实施多项优化举措。一是建立跨境人民币业务重点企业联系机制,推动联系银行根据涉外重点企业业务需求设计个性化的跨境人民币工作方案;二是开发跨境人民币"一码通"线上服务平台并对外发布,打通跨境人民币政策传导"最后一公里";三是继续开展跨境人民币"首办户"拓展专项行动,宣传人民币结算的汇率避险优点。截至2023年6月末,全市共有373家"首办

---

① 即上交所重庆服务基地、深交所重庆服务基地、北交所重庆服务基地。
② 资料来源:西部金融数据平台。
③ 资料来源:国家金融监管总局重庆监管局。

户"单位办理跨境人民币业务，收付结算金额为20.7亿元。

2. 加快建设绿色金融与科创金融改革创新试验区

绿色金融改革方面，2022年8月，全国首个全省域覆盖的绿色金融改革创新试验区落户重庆。2023年1月，重庆市人民政府办公厅印发《重庆市建设绿色金融改革创新试验区实施细则》，为重庆市经济社会绿色低碳发展和平稳有序转型提供了有力的政策支持。截至2023年6月末，全市绿色信贷余额超6200亿元，绿色债券余额超430亿元，分别是2019年初的3.52倍和3.20倍；全市碳排放权累计成交额超8.76亿元，在全国7个试点碳交易市场中排名前列[1]。

科创金融改革方面，截至2023年2月末，重庆科技型企业超4.8万家，高新技术企业超7000家，科创板上市企业有3家，技术合同成交额超750亿元[2]。工作亮点主要体现在两个方面。一是持续推进营商创新试点工作。搭建知识产权质押融资登记"绿色通道"和线上服务平台，构建知识产权政策、产品、服务、信息互联互通平台，优化质押登记、许可备案等工作流程，知识产权质押融资规模跃上新台阶。二是进一步完善科技金融服务体系。依托重庆科技金融服务中心，在"创新创业创投"线上平台利用产业大数据、企业大数据打造全线上服务产品，精准高效地助力企业开展融资。

3. 持续增强涉农普惠金融服务能力

在实现全市农村行政村基础金融服务全覆盖的基础上，累计打造乡村振兴特色金融服务港湾61个，建成6877个普惠金融基地，普惠金融服务惠及1229万名农村居民，覆盖全市非主城区外89.5%的广大农村地区，普惠涉农贷款、保险及信贷规模快速增长。贷款方面，截至2023年6月末，全市涉农贷款余额为8303.33亿元，同比增长11.44%[3]；其中，国家级乡村振兴重点帮扶县的贷款余额增速高于全市平均增速7.3个百分点，市级乡村振兴重点帮扶县的贷款余额增速高于全市平均增速1.5个百分点。普惠型涉农

---

[1] 资料来源：中国人民银行重庆市分行网站。
[2] 资料来源：重庆市人民政府网站。
[3] 资料来源：中国人民银行重庆市分行网站。

贷款余额为1418.93亿元，同比增长17.8%，增速高于各项贷款平均增速4.25个百分点。保险方面，2023年上半年，全市保险机构涉农保险保费收入为8.99亿元，同比增长31.2%，为163.27万户（次）农户提供风险保障370.29亿元，向26.48万户（次）农户支付赔款4.33亿元。债券方面，2023年上半年，全市新发行乡村振兴债券5亿元，乡村振兴存量债券余额达70.38亿元。

二 成都核心区金融发展概况

近年来，成都紧扣金融服务实体经济、防控系统性金融风险、深化金融体制改革三项基本任务，传承"交子"金融创新基因，不断增强金融机构核心竞争力，积极提升资本市场利用水平，加速推进金融集聚区建设，全面优化金融营商环境，金融业保持健康快速发展态势，绩效持续提升，金融改革创新全面深化，服务实体经济的能力不断增强，为共建西部金融中心奠定了坚实的发展基础。

（一）金融综合实力持续增强

2023年上半年，成都金融业增加值增长7.9%。全市金融机构本外币存款余额为57759亿元，同比增长9.7%；其中，住户存款余额为25120亿元，同比增长17.5%。金融机构本外币贷款余额为58421亿元，同比增长14.1%。保费收入超630亿元[①]，股票市场实现IPO融资11.21亿元。近年来，全市金融业发展大事、要事不断，成都银行、华西证券先后上市，成都农商银行回归国有，唯品富邦消费金融有限公司获批筹建，全市法人金融机构实力进一步增强。中西部首家市级再担保公司成都市融资再担保有限责任公司成立，国有控股融资担保公司注册资本金翻番，商业保理公司实现"零的突破"，地方金融组织持续提质增效。在第33期全球金融中心指数榜

---

① 数据说明：由于缺乏成都2023年的保费收入数据，按照四川省保费收入的40%计算。

单中，成都排全球第 44 位；根据第 14 期中国金融中心指数，成都跻身国内金融中心第 6 位。

（二）服务实体经济精准有力

2022 年，成都新增社会融资规模达 7582 亿元，"交子之星"产融对接活动累计举办 276 场，达成意向协议金额超 9000 亿元。"蓉易贷"紧盯中小微企业融资等薄弱领域，累计实现普惠信贷规模 80 亿元，服务中小微企业超过 12000 户；交子金融"5+2"平台助力企业债权融资，融资规模超过 500 亿元，帮助 80 余家企业完成改制上市。在金融服务方面，运用中国人民银行两项直达实体经济的货币政策工具引导金融机构为全市 2.46 万户小微企业办理延期还本 231 亿元，撬动金融机构发放普惠小微信用贷款 391 亿元。

（三）金融营商环境不断改善

为进一步改善金融营商环境，服务国家西部金融中心建设，成都市政府出台《关于进一步加快建设国家西部金融中心的若干意见》和金融科技、金融人才、金融对外开放等 20 余个专项政策，初步形成"1+X"金融政策体系。建立健全推进国家西部金融中心建设联席会议机制，累计召开会议 40 余次，协调解决企业上市、地方金融风险防控等问题 160 余项。落地西南财经大学金融科技国际联合实验室、国家金融与发展实验室成都基地等高端智库，构建"政产学研用"新型金融生态圈。成立成都市金融风险防范处置工作领导小组，形成省、市、区协调联动的风险防范格局，打造成都市地方金融监管沙箱，探索运用监管科技提升风险防范能力。

三 成渝联结带金融发展概况

本部分以"成内渝发展带"作为成渝联结带的主体，除成都和重庆主城区，还包括资阳、内江、自贡、荣昌、大足、永川和璧山7个地区。从金融产业的规模来看，成渝联结带的金融发展持续加快，但体量还比较小，结构单一的问题比较突出。在金融机构存款余额方面，成渝联结带已突破1万亿元大关，达到10045.3亿元，较2021年增长12.1%；贷款余额为7613.3亿元，较2021年增长14.0%。成渝联结带存贷款余额增长率均高于重庆和成都两大核心区。成渝联结带中，属于重庆市行政区划的地区虽然在存贷款余额增长率方面整体高于属于四川省行政区划的地区，但在体量方面前者明显小于后者。在保费收入方面，除内江与大足有明显下滑，其余地区均保持平稳增长（见表1）。

表1 2022年成渝联结带各地区金融发展情况

单位：亿元，%

地区	存款余额	同比增长	贷款余额	同比增长	保费收入	同比增长
资阳	1885.1	10.21	1303.7	15.5	49.90	2.6
内江	2475.3	12.50	1978.2	13.5	66.55	-4.3
自贡	2737.8	9.50	1825.8	14.1	56.25	8.2
荣昌	562.1	13.40	461.1	9.9	9.30	2.6
大足	563.1	10.20	536.4	14.8	2.10	-7.8
永川	1049.2	14.40	835.4	16.7	56.50	2.1
璧山	772.7	14.50	672.5	13.5	17.20	3.3

资料来源：成渝联结带各地区2022年国民经济与社会发展统计公报。

四 成渝地区双城经济圈金融发展现状及存在的问题

（一）成渝地区双城经济圈金融机构发展现状

1. 银行业金融机构发展现状

从机构所有权属性来看，重庆银行业金融机构涵盖了政策性银行、大型商业银行、股份制商业银行、城市商业银行、外资银行、农村商业银行、小型农村金融机构①、信托公司、金融租赁公司、汽车金融公司、消费金融公司11个类别。截至2022年末，从机构数量来看，重庆的小型农村金融机构和大型商业银行的数量分别位居第一和第二，远多于其他类型的机构数量；从从业人数来看，重庆大型商业银行从业人数位居第一，是第2名小型农村金融机构的1.74倍（见表2）。从资产规模来看，重庆大型商业银行资产总额位列第一，远超其他银行业金融机构；排名前四的银行业金融机构资产总额合计占全部银行业金融机构资产总额的78.39%。截至2023年6月末，重庆银行业金融机构总资产为74081.47亿元，同比增长8.01%；总负债为70615.4亿元，同比增长8.03%。

表2　截至2022年末成渝地区银行业金融机构基本情况

机构类别	重庆			成都		
	机构数量（家）	从业人数（人）	资产规模（亿元）	机构数量（家）	从业人数（人）	资产规模（亿元）
大型商业银行	1319	26513	18973	2140	40244	28838
政策性银行	39	1370	6355	72	2932	6920
股份制商业银行	306	9719	9385	338	10998	5932
城市商业银行	301	7858	9216	628	15208	13988
小型农村金融机构	1758	15238	12246	3625	28882	14779

注：成都数据通过成都市金融业增加值占四川省金融业增加值折算得到。
资料来源：国家金融监管总局重庆监管局、中国人民银行重庆市分行、国家金融监管总局四川监管局、中国人民银行四川省分行。

成都银行业金融机构种类丰富，也涵盖了上述11个类别。截至2022年末，从机构数量来看，成都与重庆一样，小型农村金融机构和大型商业银行数量分别位居第一和第二，远多于其他类型的机构数量；从从业人数来看，成都大型商业银行的从业人数位居第一，是第2名小型农村金融机构的1.39倍。从资产规模来看，成都大型商业银行资产总额位列第一，远超其他类型机构；成都排名前四的银行业金融机构资产总额合计占全部银行业金融机构资产总额的88.66%。

---

① 小型农村金融机构包括村镇银行、资金互助社。

通过多年的发展，重庆和成都银行业金融机构种类健全且已初具规模。从2022年每万人拥有银行业金融机构营业网点数量来看，重庆在西部地区仍处于倒数，仅高于云南，仅占第1名西藏的33.82%（见图1），这表明重庆在金融基础设施建设方面还有较大的发展空间。成都方面，由于过去的金融统计是与四川合在一起进行的，无法获得成都单独的金融统计数据，但按照成都金融业增加值占四川金融业增加值的比重以及成都常住人口占四川常住人口的比重折算，成都每万人拥有银行业金融机构营业网点数量为2.41家，位居西部地区前列。

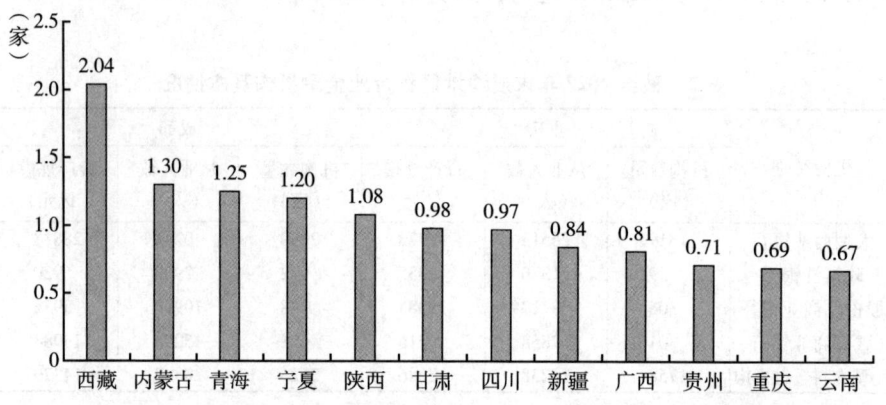

图1　2022年西部地区每万人拥有银行业金融机构营业网点数量情况

资料来源：西部地区各省份地方金融监管局、中国银行业协会、中国人民银行。

2. 证券机构发展现状

从重庆的基本情况来看，总部设在辖内的证券公司、基金公司和期货公司分别为1家、1家和4家，其中法人基金公司和法人期货公司数量在西部地区保持领先，与第1名四川省相差3家。从证券公司分公司数量来看，截至2023年6月末，重庆证券公司分公司数量为55家。从成都的基本情况来看，总部设在辖内的证券公司、基金公司和期货公司分别为4家、1家和3家，其中法人基金公司、法人期货公司数量和法人证券公司数量在西部地区保持领先。从证券公司分公司数量来看，截至2023年6月末，成都证券公司分公司数量为71家（见表3）。

表3　截至2023年6月末成渝地区证券业基本情况

单位：家

指标	重庆	成都
总部设在辖内的证券公司数	1	4
总部设在辖内的基金公司数	1	1
总部设在辖内的期货公司数	4	3
证券公司分公司数	55	71
证券营业部数	199	208

资料来源：中国证券监督管理委员会四川监管局、中国证券监督管理委员会重庆监管局。

图2展示了2022年西部地区每万人拥有证券业经营机构数量情况。从图中可以看出，重庆每万人拥有证券业经营机构数量为0.080家，与宁夏并列西部地区第一，且与西藏和陕西的差距较小。四川以0.058家位居第五，按照折算比例①计算，成都每万人拥有证券业经营机构数量约为0.145家，位居西部地区之首。由此可见，在西部金融中心建设工作中，成渝两地在证券业经营机构分布密度方面存在显著优势。

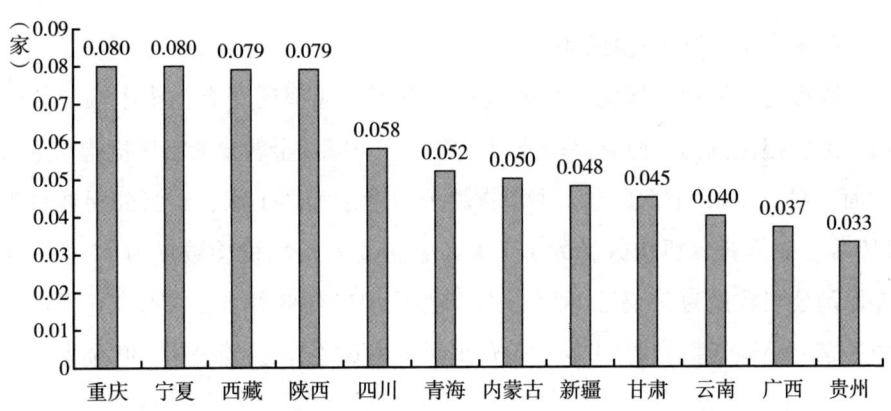

图2　2022年西部地区每万人拥有证券业经营机构数量情况

资料来源：西部地区各省份2022年国民经济和社会发展统计公报、各省份证监局。

---

① 按成都金融业增加值占四川金融业增加值的比重以及成都常住人口占四川常住人口的比重折算。

3.保险机构发展现状

重庆方面,从总部机构来看,总部设在辖内的保险公司数量为5家,在西部地区排名第一,其中财产险经营主体3家、人身险经营主体2家。从分支机构来看,重庆保险公司分支机构数量为47家,其中财产险公司分支机构21家、人身险公司分支机构26家。成都方面,从总部机构来看,总部设在辖内的保险公司数量为3家,在西部地区排名第二,其中财产险经营主体2家、人身险经营主体1家(见表4)。

表4 2023年6月末成渝地区保险机构数量

单位:家

指标	重庆	成都
总部设在辖内的保险公司数	5	3
财产险经营主体数	3	2
人身险经营主体数	2	1

资料来源:重庆市地方金融监管局、成都市地方金融监管局。

4.新型金融机构发展现状

除银行、证券、保险类金融机构,重庆和成都还拥有众多小额贷款公司、融资担保机构、商业保理公司、典当公司以及金融要素市场机构。重庆方面,截至2023年6月末,小额贷款公司数量为241家,典当公司数量为110家,融资担保机构数量为121家,金融要素市场机构数量为12家,商业保理公司数量为36家。成都方面,截至2022年8月末,共有商业保理公司8家、小额贷款公司71家、融资担保机构62家、典当公司130余家。

(二)成渝地区双城经济圈金融市场发展现状

1.证券市场发展现状

2023年上半年,重庆和成都的证券交易金额分别为68290.77亿元、22958.53亿元,债券发行规模分别为4987.33亿元、4172.15亿元。两地人均股票交易额呈现波浪形变化趋势,最高点出现在2015年;重庆人均基金交易额逐年递增,成都人均基金交易额呈现波浪形变化趋势;两地人均债券交易额呈现波浪形变化趋势,最高点出现在2020年。从规模大小来看,按成交金额从大到小排序依次为股票、基金和债券。从成渝两地境内上市公司数量来看,截至2023年6月末,重庆已有境内上市公司76家,在西部地区排名第三,近年来增速平稳,上市公司数量逐年递增,但从规模来说还相对较小;成都已有境内上市公司114家,在西部地区排名第一,近年来上市公司数量逐年递增。

2. 产权交易市场发展现状

重庆股份转让中心是进行场外交易的区域性股权市场,主要提供综合性融资、股权增值、股权转让、企业改制和优质企业培育等服务,截至2023年6月末,中心挂牌企业有1988家,托管企业有825家,托管总股本为982.58亿元,融资总额为1197.74亿元,已累计培育近20家上市公司。此外,2022年,重庆知识产权运营中心正式落户西部(重庆)科学城,其为重庆首家跨区域全链条知识产权综合运营中心,通过线上线下交易方式为创新主体提供知识产权运营服务,以推动创新成果转化、加强知识要素市场化建设,业务内容涉及知识产权收储、评估、交易撮合等方面。

3. 衍生品市场发展现状

目前,期货期权交易品种涉及天然橡胶、玉米、鸡蛋等农产品,原油、甲醇、苯乙烯等能源化工产品,沪深300股指期货、国债期货等金融产品以及铝、锌、铅等金属产品,其中农产品、能源化工产品以及金属产品属于商品期货。2022年上半年,重庆外汇衍生业务签约金额为128.5亿美元。2020年,成都商品期货交易额为45951.71亿元,同比增长69.21%,成交量为9118.42万手,同比增长77.04%,均位居西部地区前列,增速波动较大。通过成都金融业增加值占四川金融业增加值的比重折算估计,2020年成都的期权交易额为91.02亿元,是2016年的12.4倍,增幅较大。

（三）成渝地区双城经济圈金融服务体系发展现状

要推动金融业高质量发展，构建完善的金融服务体系至关重要。成渝两地在大力发展金融业的同时加快完善金融服务体系，至今已集聚保险中介、投资咨询、信用评级、会计审计、法律服务、资产评估等与金融相关的众多服务机构，逐步形成健全的金融服务体系。数据显示，截至2022年末，重庆拥有会计师事务所及分所143家，共有1863名执业注册会计师，拥有资产评估机构138家，共有876名资产评估师；其中，取得证券服务业务备案的会计师事务所26家、资产评估机构22家。会计师事务所较2021年新增1家，资产评估机构较2021年新增4家①。此外，重庆拥有保险中介机构105家，其中保险代理公司59家、保险经纪公司27家、保险公估公司10家、保险兼业代理公司9家；证券投资咨询机构2家；已备案企业征信机构5家、信用评级机构1家。成都拥有会计师事务所319家；律师事务所952家，共有16849名律师（不含公司律师和公职律师）；资产评估机构124家；证券投资咨询机构3家；已备案企业征信机构5家、信用评级机构2家。

（四）成渝共建西部金融中心情况

随着2021年12月《成渝共建西部金融中心规划》的正式出台，成渝两地政府从金融创新、一体化发展、联合向上争取政策等方面制定了多项重点工作，为共建西部金融中心提供"路线图"。两地在多个金融领域达成了合作协议，成渝地区双城经济圈高质量金融服务体系正在逐渐形成。2021年12月1日，成都金融信息服务平台——"天府信用通"正式被纳入成渝金融信用信息综合服务体系，为成渝两地金融服务领域互联互通提供了重要载体，有效解决了成渝两地小微企业面临的"信息孤岛"问题。在科创金融服务方面，成渝两地共同设立科创扶持母基金，合力解决科创企业的融资难题，提供意向授信超1000亿元。在支付结算方面，储蓄国债跨省兑付、

---

① 资料来源：重庆市注册会计师协会。

异地就医直接结算、保险通赔通付、异地取转款手续费减免等同城化金融服务相继落地;成渝大力开展一次性外债登记管理改革等外债便利化试点,成为全国首个跨地区开展外债便利化试点的地区。

(五)成渝地区双城经济圈金融发展存在的问题

对照《成渝地区双城经济圈建设规划纲要》和《成渝共建西部金融中心规划》,成渝地区双城经济圈金融发展现状与更好服务成渝地区双城经济圈建设和西部金融中心建设的要求相比还存在不小的差距,突出表现在以下几个方面。

1. 资本市场力量薄弱

区域性金融中心的形成必须依靠较高的金融集聚水平和金融辐射能力,而成渝建设西部金融中心的主要短板就是缺少能辐射整个西部地区乃至全国的资本市场。截至2023年6月末,重庆有证券公司1家、基金公司1家、期货公司4家、境内上市公司76家;成都有证券公司4家、基金公司1家、期货公司3家、境内上市公司114家。而北京有证券交易所1家、境内上市公司468家、证券公司18家、期货公司20家、基金公司36家;上海有证券交易所1家、境内上市公司430家、证券公司32家、期货公司36家、基金公司65家;深圳有证券交易所1家、境内上市公司413家、证券公司22家、期货公司14家、基金公司32家(见表5)。成渝两地均无证券交易所,证券公司、期货公司、基金公司数量也远低于北京、上海、深圳。

表5 截至2023年6月末成渝地区、北京、上海、深圳证券市场基本情况

单位:家

指标	重庆	成都	成渝地区合计	北京	上海	深圳
境内上市公司数量	76	114	190	468	430	413
证券公司数量	1	4	5	18	32	22
期货公司数量	4	3	7	20	36	14

续表

指标	重庆	成都	成渝地区合计	北京	上海	深圳
基金公司数量	1	1	2	36	65	32
证券交易所数量	0	0	0	1	1	1

资料来源：中国证券监督管理委员会重庆、四川、北京、上海、深圳监管局网站。

2. 产业发展趋同

金融是经济发展的血脉，要实现共建西部金融中心，就要关注成渝两地的经济状况。在党和国家提出建设成渝地区双城经济圈之前，由于历史渊源、地理环境等客观因素，成渝两地产业结构相似度较高、产业发展趋同。区域产业规划忽视了成渝两地的共同发展、错位发展，造成两地产业结构同质化，竞争大于合作，没有建立起权责清晰、利益分配合理的合作机制。同时，由于地理位置的影响，成渝两地在空间上未形成良好的产业和金融合作条件，对两地的产业分工协作产生了较大的阻碍。不同于京津冀明确的中心与次中心划分，成渝两地几乎处于同一经济发展水平，两地经济发展定位非常相似，金融链和产业链的趋同必然产生对人才、资源、技术的争夺，在现有基础上，两地难以建立起相互协作的共生型金融生态系统。

3. 空间布局分散

金融市场与金融机构在空间上高度集中是金融要素集聚和金融中心形成的基础。作为有辐射力、影响力的金融中心，区域内的金融要素不仅要功能齐全，物理空间上也要临近，金融功能核心区更要相对集中。在金融中心建设过程中，金融功能核心区不仅可以为各类金融要素提供良好的发展平台，也可以引发品牌集聚效应，因此不宜过度分散。例如，北京金融街、上海陆家嘴分别为北京和上海的金融中心，它们依托自身的品牌效应不断吸引金融机构的落户和集聚，形成了较为完整的金融生态循环体系。从实际情况来看，集聚成渝两地的金融服务机构特别是功能性机构，在成都和重庆各自建设一个金融功能核心区，并保证重庆的辐射带动作用大于成都，是西部金融中心建设的重点。但就重庆自身而言，其在规划布局金融中心时存在金融要素集聚空间的功能布局过于分散的问题。重庆金融中心分散在江北嘴、解放碑和长嘉汇3个片区，空间分布较为分散，且片区间未形成差异化定位，不利于西部金融中心整体形象和品牌的塑造。

4. 协同共治不足

成渝地区双城经济圈是跨省经济圈，建设统一的金融中心的前提是实现金融行政规范上的协同共治。成都和重庆是两个独立的行政区域，前者是省会城市，后者是直辖市，行政级别不同。两地均发布了金融中心发展规划，更注重区域内的金融发展，形成了具有独特竞争力和区域辐射能力的金融中心，但还没有立足成渝地区双城经济圈建设和西部地区经济发展需要进行整体性和集中性金融中心建设，在金融中心建设上存在竞争大于合作的可能，进而导致资源浪费、沟通不畅等问题，干扰整个金融生态产业链的布局。同时，成渝两地在共建西部金融中心的过程中存在政策壁垒。一是金融市场准入壁垒较高，金融跨区域监管协作不够紧密，对中小型金融机构的运行限制较多，金融机构跨区域服务相对较少，阻碍了重庆银行、成都银行等城市商业银行在西部其他省份的发展，导致成渝两地的金融合作、信息交流不畅，金融机构之间的协同发展受阻。二是在金融监管政策方面，金融机构的法人设置以及区域内存贷比限制都使存贷资金无法根据市场供需自由流动。区域之间的资金、金融发展信息、政策规划无法有效衔接，加大了有序金融生态体系建设的难度，不利于西部金融中心建设。

五 成渝地区双城经济圈金融高质量发展对策建议

（一）优化金融机构组织体系

成渝地区双城经济圈金融高质量发展的核心基础在于大批金融机构的

集聚。一是加快引进培育区域性大型银行业金融机构。加大成渝地区双城经济圈内的法人金融机构培育力度，力争在"十四五"期间打造一批具有全国影响力和竞争力的金融机构。对于在成渝两地设立区域性总部或者全国总部的大型银行业金融机构给予更大的落户奖励和税收优惠。在条件允许的情况下，成渝地区应向中央申请成立本地控股的西部大开发银行，使之成为支持成渝地区双城经济圈建设、西部大开发的专门性银行业金融机构。二是继续引进培育基金及证券机构。将引进基金和证券公司作为重点，加大基金和证券公司的落户奖励及税收优惠力度，放宽外资基金和证券公司入驻条件，积极邀约外资机构入驻，同时支持本土符合条件的主体设立基金和证券公司，政府可引导有实力的民营资本设立证券公司或者推动优质金融机构设立基金公司。三是积极引进培育私募及风险投资机构。通过财政激励、税收优惠等政策吸引软银、中信和鼎晖等知名机构落户成渝地区，同时支持符合条件的主体和民营资本依法依规设立私募和风险投资机构，支持商业银行、保险机构、证券公司等优质金融机构依法设立私募和风险投资机构。此外，支持符合条件的法人金融机构相互参股，鼓励地方金融机构互设分支机构。

（二）推进金融市场一体化建设

成渝地区共建西部金融中心需要发达的金融市场作为支撑。没有发达的金融市场谈不上金融中心，有发达的金融市场才有活跃的金融交易、金融产品的迭代升级、资金汇集和人才流入。目前，长三角地区有上交所，粤港澳大湾区有深交所、港交所和澳交所，北京有北交所，成渝地区应该积极争取建立一个类似新三板市场的西部证券交易所，更好地支撑西部金融中心这个金融发展高地。同时，成渝地区双城经济圈可在资本市场建设上进行突破，探索建立成渝地区西部环境资源交易所，在碳排放权等方面深化西部地区跨省、跨区交易合作。成渝地区还应加快推动地方绿色金融、科技金融、金融科技标准以及RCEP"新金融服务"规则落地标准一体化，建立跨区域一体化、政银企信息化、货币信贷大数据、支付结算、股票债券发行辅导、征信服务、税收缴纳、金融风险联防联控、政务数据共建共用等平台。培育跨省市金融产业集群和金融市场，重点发展科技金融、消费金融、供应链金融、农村金融、绿色金融、数字金融等业态。加强区域性股权市场联动，共建多元化投融资平台，协同促进上交所、深交所、全国股转系统西部基地提档升级，联合打造综合性国际保险服务平台、国际供应链金融服务平台及国际金融结算平台，探索共建跨境资本市场，联合推动金融业对外开放。

（三）推进要素市场一体化建设

成渝地区应当在西部地区乃至全国范围内集聚金融资源和要素市场，加快形成现代金融体系，加快提升成渝地区双城经济圈作为有较强金融资源配置能力和辐射带动能力的区域金融市场的地位。加快共建西部数据交易中心，制定统一的数据交易制度和标准，促进成渝政务、商务数据分级分类清洗、共享、使用，共建数据安全保障体系和网络安全产业基地，加强数据通信安全、风险监测、分布式存储和隐私保护等核心技术联合攻关。促进土地要素市场一体化建设，建立统一的集体土地入市标准与增值收益分配制度，推动农村集体产权制度一体化改革，促进两地农村产权交易一体化。研究统一的工商业用地出让方式、年限和价格标准，推动不同产业用地类型在成渝地区双城经济圈内合理转换，满足产城融合、产商融合发展需求。推动劳动力要素市场一体化，深化户籍制度改革，放开城市落户限制。建立劳动力流动服务机制，加强人才共同培育、交流互通，建立人才联动培养机制。统筹布局成渝地区人力资源平台，共享劳动力要素供需信息，建立多层次、常态化就业创业协作机制。推动技术要素市场一体化，共建技术成果评价标准，共同推进知识产权综合管理改革，成立成渝地区知识产权和技术转让交易中心，共建科技创新合作示范区、一体化技术及服务进出口产业链，协同建设金融科技认证基地，促进成渝地区金融科技市场一体化。

（四）处理好成渝之间的竞合关系

合作发展、互利共赢是成渝地区金融高质量发展的必然选择。成渝两地应明确"合作为主、竞争为辅"的发展原则，充分发挥各自的比较优势，将成渝地区双城经济圈这块"蛋糕"做大做圆。成渝两地要准确找到合作的切入点，促进产业转型升级和西部金融中心建设。在产业转型升级过程中，成渝两地要共同谋划，建立优势产业集群，产生规模效应，尽量避免各自为政和产业趋同带来的资源争夺和资源浪费。《成渝地区双城经济圈建设规划纲要》提出，要强化重庆和成都中心城市带动作用，促进各类金融要素资源合理流动和高效集聚，支持重庆打造西部金融中心，加快推进成渝共建西部金融中心。因此，在西部金融中心建设过程中，要利用成渝两地的区位优势，共同推动两地金融市场互联互通、协同发展，建立最优经济生态和金融生态。

综上所述，成渝地区双城经济圈的金融体量增长迅速，金融结构日趋优化，金融创新与金融开放日新月异，金融发展质量明显提升。但从建设西部金融中心的功能定位来看，成渝地区的资本市场实力相对薄弱，成渝两地对周边地区尤其是成渝联结带的辐射带动作用有待增强。未来，成渝两地应紧密围绕共建西部金融中心的目标，正确处理竞合关系，逐步提升金融一体化水平，使集聚的金融机构、发达的金融市场、丰富的金融信息、高效的金融服务成为成渝地区双城经济圈金融高质量发展的明显标识，唯有如此，才能更好服务成渝地区双城经济圈建设。

参考文献

王定祥、杨双双：《重庆建设西部金融中心：现实基础、困境和发展空间》，《当代金融研究》2023年第6期。

吴迪、许可、张朔：《推进共建西部金融中心取得实效》，《金融时报》2023年7月11日。

刘泰山：《成渝地区双城经济圈各项贷款余额 14.3 万亿元》，《成都日报》2023 年 6 月 27 日。

朱蓝澜、邓翊平：《重庆：2022 年跨境人民币结算量首次突破 3000 亿元》，《金融时报》2023 年 2 月 7 日。

黄光红、彭诗洋：《西部金融中心在重庆加速崛起》，《重庆日报》2023 年 8 月 30 日。

马天禄：《金融支持现代化产业体系建设探索》，《中国金融》2023 年第 16 期。

王亚同：《今年上半年重庆金融资产规模达 8.2 万亿元》，《重庆日报》2023 年 10 月 2 日。

朱蓝澜、高曼琦：《金融活水润"三农"》，《金融时报》2023 年 5 月 10 日。

黄光红：《重庆知识产权质押融资额一季度同比增长 15%》，《重庆日报》2022 年 5 月 30 日。

邓灼：《成渝：中国新"地标"》，《四川党的建设》（城市版）2011 年第 9 期。

张芳翎：《JZ 金融科技孵化器的管理模式发展策略研究》，硕士学位论文，西南民族大学，2020。

韩强：《非均衡增长模式与商业银行应对策略》，《青海金融》2011 年第 3 期。

高昊、田姣、彭瑀珩：《从量到质从点到面 成渝金融市场加速一体化》，《四川日报》2021 年 12 月 9 日。

严宝玉：《高质量推动成渝共建西部金融中心》，《中国金融》2022 年第 8 期。

刘新吾：《金融"活水"润巴蜀》，《人民日报》2021 年 11 月 23 日。

刘戒骄、刘冰冰：《构建高水平社会主义市场经济体制的逻辑与核心制度》，《财经问题研究》2023 年第 1 期。

杨振：《区域金融一体化的微观困境与政策出路》，《统计与决策》2017 年第 7 期。

行业篇

B.2 成渝地区银行业金融市场运行报告

王兰 马军*

摘　要： 银行业是整个金融行业中最为重要的组成部分，银行业金融机构在服务经济发展方面发挥着重要作用，着力提升成渝地区银行业的整体实力和服务水平，是成渝地区双城经济圈金融高质量发展的基本要义。本报告以成渝地区银行业为研究对象，主要阐述了成渝地区银行业金融机构、同业拆借市场、信贷市场的运行情况，发现当前成渝地区银行业在发展过程中主要存在银行体量偏小、同业拆借市场发展缓慢、信贷投向趋同等问题，提出成渝地区应优化银行业金融机构结构、推动同业拆借市场发展、加强绿色信贷产品创新，以促进银行业整体实力的提升。

关键词： 成渝地区　银行业金融机构　同业拆借市场　信贷市场

---

* 王兰，博士，重庆金融学院、重庆工商大学金融学院教授，主要研究方向为风险投资与私募股权、公司金融和金融风险管理等；马军，重庆工商大学金融学院硕士研究生，主要研究方向为商业银行经营管理。

一 成渝地区银行业金融机构运行情况[①]

截至2023年末,成渝地区共有银行业金融机构111家,资产规模达20.00万亿元,同比增长10.74%,超过全国10.00%的平均增长水平。其中,重庆共有银行业金融机构49家,资产规模达7.64万亿元,同比增长9.14%;成都共有银行业金融机构62家,资产规模达12.36万亿元,同比增长11.75%。从表1可知,除2020年外,2019~2023年,成渝地区银行业金融机构资产规模全国占比总体保持在4.7%左右。

表1 2019~2023年成渝地区银行业金融机构资产规模及占比

单位:万亿元,%

指标	2019年	2020年	2021年	2022年	2023年
成渝地区银行业金融机构资产规模	13.56	19.00	16.51	18.06	20.00
全国银行业金融机构资产规模	290.00	319.74	344.76	379.38	417.28
成渝地区银行业金融机构资产规模全国占比	4.68	5.94	4.79	4.76	4.79

(一)重庆银行业金融机构运行情况

从银行法人类型上看,重庆现有银行业金融机构的类型较为全面。中资银行共计33家,其中开发性银行、政策性银行3家,国有大型商业银行(包括邮政储蓄银行在内)6家,全国性股份制商业银行12家,城市商业银行9家,农商行1家,地方民营银行1家,住房储蓄银行1家。外资银行共计16家,数量位居西部地区第一,包括南洋商业银行、大华银行、汇丰银行、德意志银行、星展银行、东亚银行、新韩银行、渣打银行、新联商业银行、澳

[①] 该部分数据由笔者根据国家金融监管总局重庆监管局、四川监管局及西部金融数据平台公开数据整理得出。

新银行、花旗银行、三井住友银行、友利银行、盘谷银行、富邦华一银行、华侨永亨银行。从银行业金融机构资产规模上看，2019~2023年，重庆银行业金融机构资产规模呈稳步增长的态势，年均增速为9.16%。其中2019~2021年增长明显，2022~2023年增速虽有所放缓，但仍位居西部地区前列（见图1）。

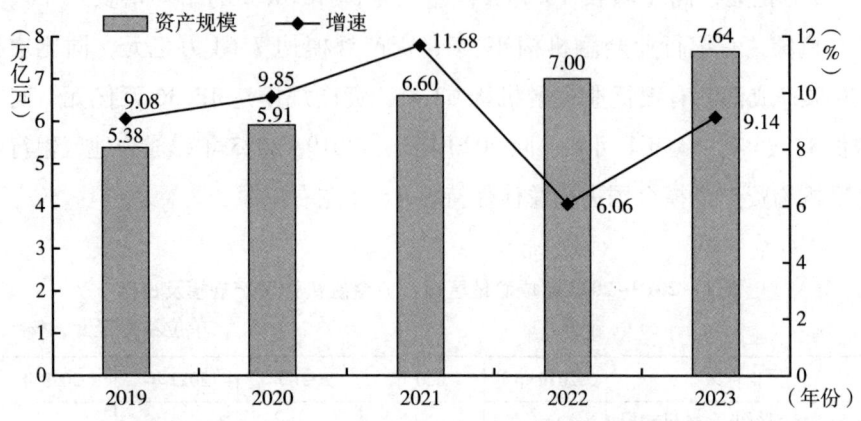

图1 2019~2023年重庆银行业金融机构资产规模及增速

本土银行表现方面，截至2023年，重庆共有渝籍法人商业银行4家①，设有分支机构2000余个，从业人员数量超2.3万人，总资产约为2.5万亿元。2019~2023年，渝籍银行业金融机构资产规模占比稳定在33%左右（见表2），显示了一定的竞争力。

表2 2019~2023年渝籍银行业金融机构资产规模及占比

单位：万亿元，%

指标	2019年	2020年	2021年	2022年	2023年
渝籍银行业金融机构资产规模	1.78	1.99	2.18	2.35	2.50
重庆银行业金融机构资产规模	5.38	5.91	6.60	7.00	7.64
渝籍银行业金融机构资产规模占比	33.09	33.67	33.03	33.57	32.72

① 分别是重庆银行、重庆农商行、重庆三峡银行及重庆富民银行。

（二）成都地区银行业金融机构运行情况

从银行法人类型上看，成都现有银行业金融机构的类型较为全面。中资银行共计49家，其中开发性银行、政策性银行共3家，国有大型商业银行6家，全国性股份制商业银行12家，城市商业银行17家，农商行2家，地方民营银行1家，其他银行8家。外资银行共计17家，包括渣打银行、花旗银行、澳新银行、华侨永亨银行、大华银行、友利银行、汇丰银行、南洋商业银行、东亚银行、富邦华一银行、摩根大通银行、开泰银行、恒生银行、三菱东京日联银行、第一商业银行、永丰银行、法国巴黎银行。从银行业金融机构资产规模上看，2019~2023年，成都银行业金融机构资产规模呈稳步增长的态势（见图2），2020~2023年平均增速为10.83%，位居西部地区前列。

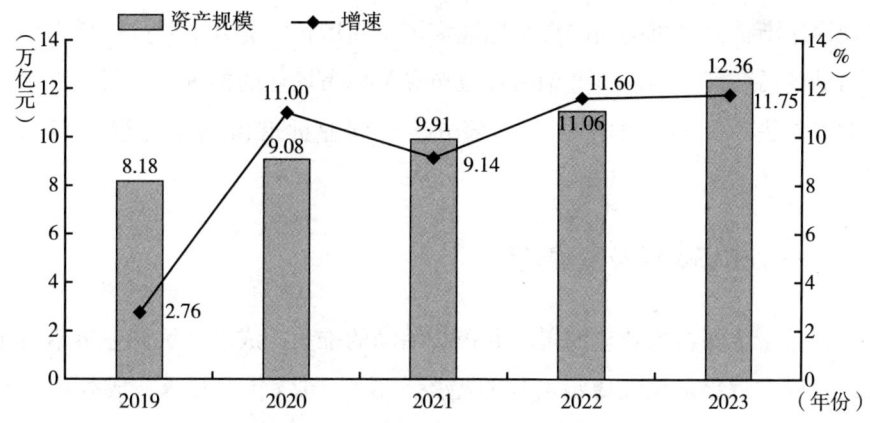

图2 2019~2023年成都银行业金融机构资产规模及增速

本土银行表现方面，截至2023年，成都共有蓉籍法人商业银行3家[①]，设有分支机构660余个，在岗员工数量超1.7万人，总资产约为2万亿元。2019~2023年，蓉籍银行业金融机构资产规模占比逐年提高（见表3），综合实力逐渐增强。

---

① 分别是成都银行、成都农商行、四川银行。

成渝蓝皮书

表3 2019~2023年蓉籍银行业金融机构资产规模及占比

单位：万亿元，%

指标	2019年	2020年	2021年	2022年	2023年
蓉籍银行业金融机构资产规模	1.04	1.17	1.57	1.88	2.25
成都银行业金融机构资产规模	8.18	9.08	9.91	11.06	12.36
蓉籍银行业金融机构资产规模占比	12.71	12.89	15.84	17.00	18.20

二 成渝地区同业拆借市场运行情况

作为金融市场的重要组成部分，同业拆借市场是金融机构进行资金融通的主要场所之一。随着成渝地区双城经济圈的快速发展，区域内金融机构业务规模逐渐扩大，机构间的资金融通需求不断增长，提升了同业拆借市场交易活动的活跃度。同时，金融市场改革和利率市场化的推进，为同业拆借市场的发展提供了良好的环境。本部分所指同业拆借市场包含银行间回购业务。

（一）市场规模及发展趋势

得益于金融机构数量的增长和市场活动的推动，成渝地区同业拆借市场交易规模在近年来呈现稳步增长的趋势。截至2023年6月末，成渝地区同业拆借市场交易规模达到5.00万亿元，其中融入金额3.04万亿元、融出金额1.96万亿元，较2022年同期均进一步增长。质押式回购交易规模达到41.81万亿元，其中融入金额23.26万亿元、融出金额18.55万亿元[①]。市场利率稳中有升，2023年6月同业拆借加权平均利率为1.57%，分别比上月和上年同期高0.07个和0.01个百分点；质押式回购加权平均利率为1.67%，分别比上月和上年同期高0.12个和0.10个百分点[②]。

---

① 资料来源：西部金融数据平台。
② 资料来源：中国人民银行。

（二）参与主体及交易品种

成渝地区同业拆借市场的参与主体主要包括商业银行、证券公司、保险公司等金融机构。这些机构在同业拆借市场中扮演着资金供给和需求的双重角色，通过借贷资金来满足自身的流动性需求。此外，近年来，随着金融科技的发展，一些互联网金融平台也逐渐涉足同业拆借市场，为市场参与主体提供了更多的选择。

在成渝地区同业拆借市场中，主要的交易品种包括隔夜拆借、7天拆借和14天拆借等。隔夜拆借是最常见的交易品种，用于满足短期流动性需求。7天拆借和14天拆借则用于满足较长期的资金需求。此外，成渝地区同业拆借市场还逐渐引入了质押式回购、债券回购等创新产品，以满足金融机构更多样化的融资需求。

三 成渝地区信贷市场运行情况

（一）重庆信贷市场重点服务领域

截至2023年6月末，重庆银行业各项贷款余额达到5.50万亿元，同比增长8.4%，较2022年末的增速提高了1.7个百分点。2023年上半年新增各项贷款3291.4亿元[①]，新增贷款近四成投向制造业、基础设施建设领域，批发和零售业、住宿和餐饮业贷款余额分别同比增长13.7%、10.7%，数字经济核心产业贷款余额同比增长13.2%，投向民营经济的贷款余额突破1万亿元，制造业、普惠型小微企业贷款余额均突破5000亿元。全市银行业不良贷款率为1.10%，较上年末下降0.32个百分点，继续保持在合理区间。全市银行业拨备覆盖率为248.8%，较上年末提升48.2个百分点，风险抵补资源整体较为充足。

---

① 资料来源：金台资讯。

1.强化重大战略融资服务

围绕成渝地区双城经济圈、西部陆海新通道建设及"33618"现代制造业集群体系构建等重点领域,重庆银行业持续发力,强化资金保障,发放贷款812亿元。截至2023年6月末,全市基础设施建设领域中长期贷款余额同比增长13.3%。

2.持续加大制造业、科技型企业支持力度

2023年上半年,中国人民银行重庆市分行会同重庆市发展改革委优化制造业中长期贷款白名单融资对接机制,梳理制造业中长期贷款名单1339个,对接放款77亿元。搭建以科创企业为样本的银企对接平台,向金融机构推送高科技企业超过5万家;开展高新技术企业首贷"破冰"行动,建立金融服务主办行机制,全面开展信贷培育。到2023年6月末,全市的制造业中长期贷款余额同比增长24.0%,比上年同期提高4.6个百分点。其中,汽车制造业的中长期贷款余额同比增长39.6%,软件和信息技术服务业的中长期贷款余额同比增长49.9%。

3.高水平推动绿色金融改革创新试验区建设

2023年7月,中国人民银行重庆市分行联合重庆市经济信息委印发《金融支持重庆工业绿色发展十条措施》,全面推广排污权抵质押融资、林业碳汇预期收益权抵质押贷款、绿色汽车供应链等融资模式,创新"碳挂钩"贷款、合同能源管理未来收益权质押贷款等20余款专属绿色信贷产品。2023年6月末,全市绿色贷款余额同比增长31.0%,较年初新增1043亿元,占各项贷款增量的32.0%,其中制造业绿色贷款余额同比增长62.5%。

4.持续提升经济社会薄弱环节融资服务水平

2023年上半年,重庆新建"1+5+N民营小微企业和个体工商户金融服务港湾"82个,全市487个"港湾"在线上、线下为7万户市场主体发放贷款超730亿元;引入了民营小微企业金融服务顾问,建立了包含5973户市场主体的信用数据档案库,举办了接近2000场融资对接和政策宣传活动。截至2023年6月末,全市普惠型小微企业贷款余额同比增长19.3%,为

107.2万家企业提供了授信支持,为92.4万家企业提供了贷款。中国人民银行重庆市分行等6部门出台《关于重庆市金融支持全面推进乡村振兴的指导意见》,重庆印发《"一县一策"金融支持城口县、巫溪县、酉阳县、彭水县国家乡村振兴重点帮扶县经济高质量发展2023年工作方案》,全面推广重点农业产业链金融链长制,加大对食品及农产品加工产业、新型农业经营主体、脱贫地区等的信贷投放力度,引导金融机构加大对重点区县的支持力度。截至2023年6月末,全市涉农贷款余额同比增长11.4%。与全市平均增速相比,国家级和市级乡村振兴重点帮扶县的各项贷款余额增速分别高出了7.3个和1.5个百分点。

5. 助企纾困扎实有力

重庆引导金融机构积极走访对接受困市场主体,累计为11万户市场主体实施延期还本付息1000亿元。创业担保贷款经办银行增至10家,2023年上半年新发放创业担保贷款20.7亿元。积极支持受困行业恢复发展,截至2023年6月末,重庆文体和娱乐业、批发和零售业、住宿和餐饮业贷款余额较年初新增188.6亿元,是2022年同期的2.4倍。

(二)成都信贷市场重点服务领域

截至2023年末,成都银行业各项贷款余额达到60498亿元,同比增长13.7%。从贷款结构来看,2023年末住房贷款余额为12895.78亿元,比年初增加1495.41亿元;企(事)业单位贷款余额为32100.82亿元,比年初增加3996.33亿元。从重点支持领域来看,金融领域在扩大有效投资方面表现积极,全市基建类贷款余额同比增长18.0%。同时,金融支持制造业高质量发展取得成效,科技型中小企业贷款余额同比增长25.8%,普惠型小微企业贷款余额同比增长22.9%,高于各项贷款增速9.8个百分点,信贷扶持制造业及科技型企业效果明显。

1. 助力重点项目

中国人民银行四川省分行(原中国人民银行成都分行)紧扣"四化同步、城乡融合、五区共兴"发展战略,推行食品轻纺、装备制造、先进材料、医药健康、电子信息和能源化工六大优势产业贷款提质倍增行动，积极支持六大优势产业高质量发展。截至2023年6月末，成都制造业贷款余额达到了近年来的高峰，同比增长接近21.00%。2023年上半年，国家金融监管总局四川监管局积极引导金融机构对接省内重大战略和关键项目，成都重点项目贷款余额较年初增长8.38%。在助力成渝地区双城经济圈建设方面，成都银行业支持相关贷款余额同比增长24.10%。

2. 支持科技创新

近年来，中国人民银行四川省分行特别关注和支持科技创新，积极推动"四川省科创金融服务星辰计划"的实施，该计划旨在优化四川省及成都市的科技金融服务。为了实现这一目标，中国人民银行四川省分行采取了一系列措施，包括强化政策支持、灵活运用货币政策工具、拓宽债券融资渠道、设立科技与服务相结合的支行等。截至2023年6月末，四川省科创贷款余额已超过4000亿元。

3. 推动乡村振兴

积极引导信贷资源配置优化，鼓励乡村创业和农业投资，降低乡村金融的融资难度。2023年，成都市充分运用支农再贷款政策工具和贴息、贷款风险补偿等财金互动政策，引导金融机构加大粮油、种植、加工等领域的信贷投放力度，发放贷款超过100亿元。截至2023年6月末，成都市涉农贷款余额达到0.9万亿元，同比增长17.3%，增速较上年同期提高4.5个百分点。

4. 帮扶民营企业

近年来，成都市银行业金融机构通过一系列创新和实用的措施，积极支持民营企业的发展，努力解决民营企业在融资过程中遇到的困难，为民营企业提供更加高效、便捷的金融服务。首先，为了提高服务效率，成都市银行业金融机构建立了融资绿色通道，降低了融资门槛和成本。例如，兴业银行成都分行设立了授信绿色审批通道，公平、精准、有效开展民营企业授信业务，增强了民营企业的"敢贷"信心。其次，为了更好地服务民营企业，成都市银行业金融机构优化了内部考核评价机制，以确保金融服务的质量，包括引导金融机构将更多资源分配到重点项目、重点领域和薄弱环节,加大对小微企业、科创企业的金融支持力度。最后,成都市银行业金融机构通过"天府信用通"等金融综合服务平台上线了大量专属信贷产品,实现了"无接触"融资,帮助民营企业快速获得所需资金。

四 成渝地区银行业存在的主要问题

(一)银行体量偏小

虽然成渝地区银行业在机构数量和业务体量方面均位居西部前列,但与东部沿海地区相比,成渝两地银行业金融机构的实力仍相对较弱,上市银行仅有3家,且均为城市商业银行与农商行,在全国影响力较弱。另外,成渝地区本土银行业金融机构虽然网点众多,但资产规模与收益情况与其他商业银行相比仍差距较大,多而不强的问题尤为突出。

(二)同业拆借市场发展缓慢

首先,成渝地区的市场一体化程度相对较低,市场制度不统一,市场空间不能完全打通,这可能导致资金流动不畅,影响同业拆借市场的高效运作。其次,金融市场监管需要跨区域的协调合作,成渝地区在金融协同监管上仍存在阻碍,增加了市场参与者的风险,影响市场的稳定运行。再次,资本市场的发展情况直接关系同业拆借市场的活跃度,成渝地区在股票市场、债券市场及基金市场上发展不均衡的情况影响了同业拆借市场的稳定性和成熟度。最后,金融创新是金融市场发展的重要动力,成渝地区在金融产品和服务创新方面的不足限制了同业拆借市场的发展潜力。

(三)信贷投向趋同

成渝地区信贷投向趋同的问题涉及多个方面,包括产业结构、市场一体化、银行业务同质化、信贷资源配置效率、区域发展战略执行等。成渝两地

在区位方面存在相似之处，导致两地在产业发展上存在相似性和重叠性，进而导致信贷资源的非最优配置，减弱了金融集聚和辐射能力，不利于形成互补的经济结构和区域特色。在金融领域，尤其是银行业，成渝地区可能存在业务同质化的问题。这意味着各家银行的产品和服务缺乏差异化，竞争主要集中在相似的领域，缺乏创新产品和特色服务，限制了银行业务的多样性和竞争力。

五 成渝地区银行业高质量发展对策建议

（一）优化银行业金融机构结构

优化成渝地区银行业金融机构结构，需要从吸引外资银行和发展本土银行两方面进行。一是提供政策支持。成渝两地可以出台一系列优惠政策，包括税收减免、土地使用优惠等，以吸引外资银行来本地区设立分支机构。同时，通过政策引导和支持，鼓励本土银行扩大规模、提升服务质量、增强竞争力。二是改善金融生态环境。持续改善成渝地区金融生态环境，提升金融服务效率，为外资银行和本土银行提供良好的经营环境。这包括优化行政审批流程、加强金融基础设施建设等。三是注重人才培养和引进。加强金融人才培养和引进，特别是高级管理人才和专业技术人才，为外资银行和本土银行的发展提供人力支持。四是促进区域合作。加强成渝地区内部的金融合作，推动区域内金融机构之间的资源共享和业务协同，提升整体金融服务能力。

（二）推动同业拆借市场发展

一是做好交易品种的持续创新。为满足金融机构多样化的融资需求，同业拆借市场应继续推出更加多样化的交易品种。例如，引入更多类型的回购交易，以提供更加灵活的资金管理工具。二是加强金融科技的应用。成渝地区同业拆借市场应进一步推动金融科技的应用，例如，通过区块链技术提高交易的透明度和效率，通过人工智能和大数据分析提供更精准的风险评估和交易建议。三是提升金融监管质量。随着金融市场的不断发展和风险的不断暴露，监管部门对同业拆借市场的监管将会更加严格。加强监管有助于规范市场秩序、防范金融风险。

（三）加强绿色信贷产品创新

绿色信贷产品为环保和可持续发展项目提供资金支持，不仅有助于实现"双碳"目标，还能推动实体经济向低碳转型。加强绿色信贷产品创新是推动成渝地区绿色产业发展的关键。首先，成渝地区应进一步推广排污权抵质押融资、林业碳汇预期收益权抵质押贷款、绿色汽车供应链等融资模式，创新专属绿色信贷产品。其次，成渝地区应加强绿色信贷合作，探索"绿色银团"项目，共同为大型绿色项目提供融资，在分散风险的基础上提供更大的资金池，支持大型绿色基础设施和绿色工业项目。

参考文献

田姣、卢薇、彭瑀珩：《赋动能　添活力》，《四川日报》2023年7月28日。
黄光红、彭诗洋：《全市普惠小微贷款余额同比增长19.3%》，《重庆日报》2023年8月2日。
郭威：《扩内需亟待提高居民财产性收入》，《中国金融》2021年第3期。
李炜楠：《2022年8月国内金融形势评述》，《中国货币市场》2022年第9期。
金统、李炜楠：《2022年国内金融形势评述》，《中国货币市场》2023年第1期。
金统、许子珺：《2023年8月国内金融形势评述》，《中国货币市场》2023年第9期。
张春晓：《国有企业的社会责任与公益性思考》，《国有资产管理》2012年第4期。
曹沛原：《错位竞争中找准客户　破除制造业融资瓶颈》，《农村金融时报》2023年8月28日。
陈莎：《金融租赁推动农商行五大创新发展——以渝农商金融租赁为例》，《银行家》2018年第11期。
朱蓝澜、高曼琦：《金融活水润"三农"》，《金融时报》2023年5月10日。
黄鸿星：《存善润物守望初心　专业特色铸造精品——访全国人大代表、四川天府银行行长黄毅》，《银行家》2020年第3期。

张莫：《降息降准既有空间也有可能》，《经济参考报》2015年10月21日。

刘勇、杨宝川：《7.71亿 三公司所持成都银行7201万股被强制拍卖》，《重庆商报》2020年11月9日。

黄光红、彭诗洋：《全市普惠小微贷款余额同比增长19.3%》，《重庆日报》2023年8月2日。

《迈入全国"万亿"城商行队列，成都银行打造综合竞争硬实力》，《北京商报》2023年9月8日。

B.3
成渝地区证券业金融市场运行报告

唐平 吴莹莹*

摘　要： 党的二十大提出，要健全资本市场功能，提高直接融资比重，推动经济结构的优化和升级，提高经济发展的质量和效益。近年来，成渝地区积极推动资本市场的发展，发挥其在供给侧结构性改革方面的关键作用。本报告以成渝地区证券业为研究对象，主要阐述了成渝地区股票市场、债券市场、基金市场的运行情况，发现当前成渝地区证券业在发展过程中主要存在科创金融业务受阻、绿色债券业务发展滞后、基金数量较少且规模较小的问题，提出成渝地区应继续支持科创企业发展、完善绿色债券服务体系、提升基金市场发展水平，进而实现证券业高质量发展目标。

关键词： 成渝地区　证券业　资本市场　直接融资

一　成渝地区股票市场运行情况

上市公司方面，截至 2023 年末，成渝地区共有上市公司 225 家，其中主板上市公司 147 家、创业板上市公司 40 家、科创板上市公司 27 家、北交所上市公司 11 家（见图 1），总市值达 23249.06 亿元；重庆共有上市公司 79 家，占 35%，成都共有上市公司 146 家，占 65%。证券公司方面，截至 2023 年末，成渝地区共有证券公司总部 5 家[1]、分公司 134 家、营业部 549 家。证券公司总部方

---

* 唐平，重庆金融学院、重庆工商大学金融学院副教授，主要研究方向为资本市场与证券投资、金融理论与实务、数字经济与高质量发展等；吴莹莹，重庆工商大学成渝地区双城经济圈建设研究院硕士研究生，主要研究方向为企业融资和资本市场。

[1] 分别是西南证券、华西证券、国金证券、宏信证券、川财证券。

面，截至2023年末，重庆有1家，成都有4家，资产总额近3000亿元（见图2）。

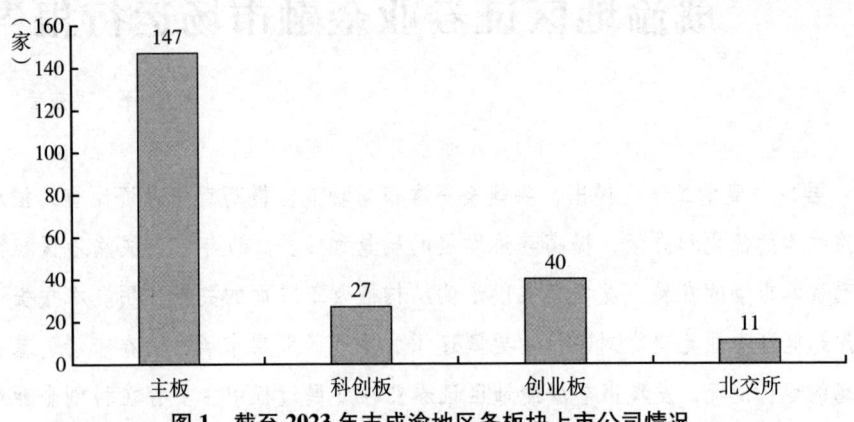

图1　截至2023年末成渝地区各板块上市公司情况

资料来源：中国证券监督管理委员会四川监管局、中国证券监督管理委员会重庆监管局。

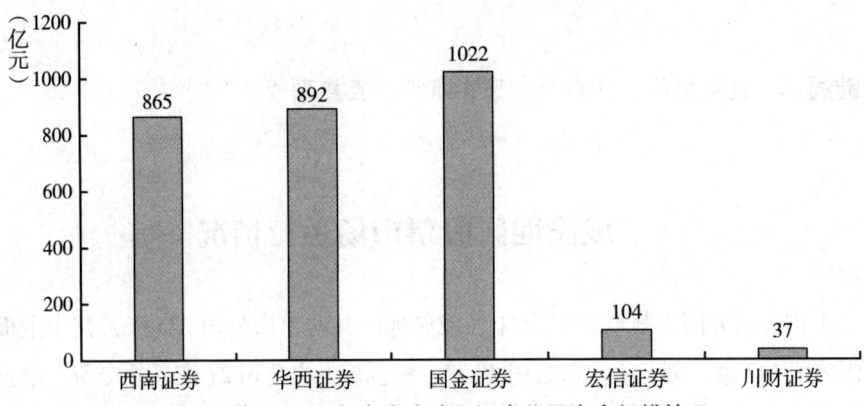

图2　截至2023年末成渝地区证券公司资产规模情况

资料来源：东方财富网。

（一）重庆股票市场

截至2023年末，重庆共有上市公司79家，较上年增加9家，同比增长12.86%，2021~2023年增速均超过10%（见图3），增长势头良好，总市值达10495.89亿元。其中，27家上市公司市值超100亿元，3家上市公司市值超500亿元，2家上市公司市值超1000亿元。长安汽车、智飞生物、赛力斯为市值最高的3家上市公司。2022年，重庆上市公司实现营业收入7151.94亿元，同比增长23.48%。2023年上半年，重庆上市公司实现营业收入3656.14亿元，同比增长3.25%①。其中，47家上市公司实现增长，占61.84%。

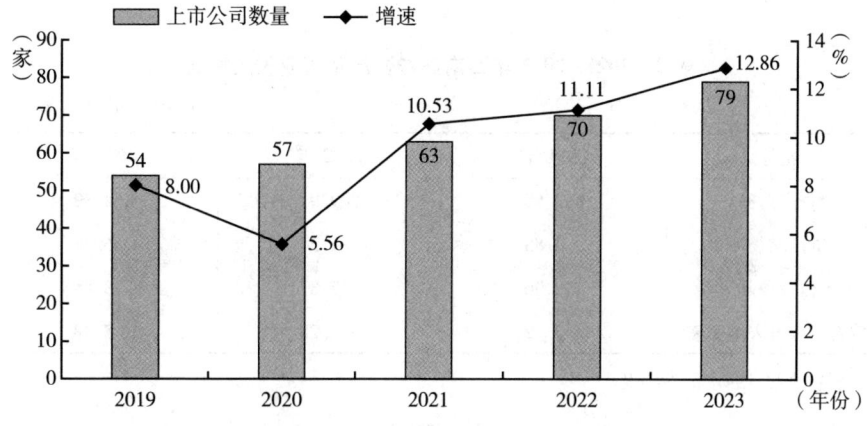

图3 2019~2023年重庆上市公司数量及增速

资料来源：中国证券监督管理委员会重庆监管局。

截至2023年末，重庆共有证券公司总部1家、证券分公司55家、证券营业部253家（见表1）。证券分公司及证券营业部数量在2023年增长迅速，但证券公司总部数量并未取得突破。西南证券是重庆唯一的本土证券公司，截至2023年末，其资产总额已达864.89亿元，较上年增加54.95亿元，同比增长6.78%，主营业务收入实现18.85亿元，同比增长5.48%（见表2）；2022年西南证券主营业务收入大幅缩减，主要归因于投资收益、公允价值变动收益、手续费及佣金净收入同比减少较多。

---

① 资料来源：西部金融数据平台。

表1 2021~2023年重庆证券公司数量变化情况

单位：家

指标	2021年	2022年	2023年
证券公司总部数量	1	1	1
证券分公司数量	49	49	55
证券营业部数量	208	209	253

资料来源：中国证券监督管理委员会重庆监管局。

表2 2021~2023年西南证券资产及营业收入情况

单位：亿元，%

指标	2021年	2022年	2023年
资产总额	822.58	809.94	864.89
资产增长率	3.88	-1.54	6.78
主营业务收入	30.96	17.87	18.85
主营业务收入增长率	-2.32	-42.28	5.48

资料来源：西南证券年报。

（二）成都股票市场

近年来，成都持续实施"交子之星"经济证券化倍增行动计划，上市公司数量加快增长。截至2023年末，成都共有上市公司146家，较上年增加28家（见图4），同比增长23.73%，总市值达12753.17亿元，居中西部首位①。为支持成都企业在科创板上市，成都制定了《加快推进成都市企业科创板上市的扶持政策》等支持政策，按照"一企一策"配备中介服务机构跟踪服务。2023年，成都新增科创板上市公司12家，增长率达240%，成果喜人。2023年，成都上市公司合计实现营业收入3159.25亿元、净利润426.76亿元，较2022年同期分别增长12.86%、18.00%。此外，在天府

---

① 资料来源：成都市地方金融监督管理局。

（四川）联合股权交易中心挂牌的成都企业已达4745家，企业挂牌和规范化服务工作已覆盖全市。

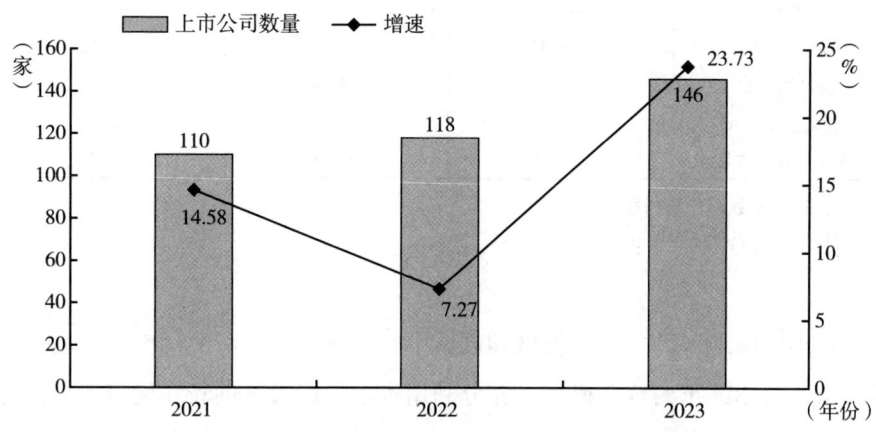

图4　2021~2023年成都上市公司数量及增速

资料来源：中国证券监督管理委员会四川监管局。

截至2023年末，成都共有证券公司总部4家、证券分公司79家、证券营业部296家（见表3）。证券营业部数量在2023年增长迅速，较上年增长43.69%，显示了较大的证券服务需求。华西证券是成都最大的证券公司，截至2023年9月，华西证券实现主营业务收入25.89亿元（见表4）。与西南证券相似，2022年华西证券主营业务收入出现大幅缩减的情况。

表3　2021~2023年成都证券公司数量变化情况

单位：家

指标	2021年	2022年	2023年
证券公司总部数量	4	4	4
证券分公司数量	72	76	79
证券营业部数量	207	206	296

资料来源：中国证券监督管理委员会四川监管局。

表4 2021~2023年华西证券资产及营业收入情况

单位：亿元，%

指标	2021年	2022年	2023年
资产总额	957.95	977.47	892.16
资产增长率	24.04	2.04	-8.73
主营业务收入	51.22	33.76	25.89
主营业务收入增长率	9.38	-34.09	-23.31

注：2023年数据截至9月。
资料来源：华西证券年报。

作为西南地区的重要增长极和创新中心，成渝地区借助科创板、创业板等试点注册制改革的重要机遇，充分利用资本市场激发创新发展潜力。但与长三角地区、粤港澳大湾区相比，成渝地区在上市公司数量、证券公司实力方面仍差距明显。

二 成渝地区债券市场运行情况

2021~2023年，成渝地区债券市场不仅在融资规模上取得了显著增长，而且在支持绿色发展、科技创新和乡村振兴等方面发挥了重要作用。同时，专业机构的参与和基金市场的发展为成渝地区经济高质量发展提供了有力支持。这些积极因素共同推动了成渝地区债券市场的健康稳定发展，并为西部金融中心建设提供了坚实的金融服务基础。2022年，成渝地区的企业通过债券市场实现了近2100亿元的融资，推动该地区社会融资增量达到2.29万亿元，同比增长7.5%，高于全国平均水平5.4个百分点。在绿色债券、科创债券、乡村振兴债券等旨在支持重点领域和薄弱环节的特色债券方面，2022年成渝地区的发行量近610亿元，同比增长58%，这表明成渝地区在服务实体经济方面取得了显著成效。在增信机构发展方面，成渝地区的专业机构如天府信用增进、重庆三峡融资担保等为债券发行提供了价值近420亿元的信用增进服务，有效降低了融资成本，促进了成渝地区经济高质量发展。2022年，成渝地区共发行了4066只信用债券，募集资金总额达到21454.55亿元，反映了成渝地区债券市场的活跃度和融资能力。

（一）重庆债券市场

1. 债券融资供给有力

重庆依托"长江渝融通"货币信贷大数据系统和"长江绿融通"绿色金融大数据综合服务系统，搭建重大建设项目、制造业、科技创新、绿色低碳、乡村振兴等重点领域债券融资项目对接平台，向全市金融机构推送企业发债融资需求。2023年1~6月，重庆各类主体通过银行间市场发行债券856.8亿元，截至2023年6月末，重庆银行间债券市场融资余额同比增长10.8%。创新产品加快落地，2023年上半年，重庆华宇集团运用民企债券融资支持工具获批60亿元中期票据注册额度，并成功发行首期中期票据11亿元；同时，重庆落地5笔共36亿元的科创票据，精准对接企业科技创新资金需求。

2. 强化重点领域融资服务

重庆围绕成渝地区双城经济圈、西部陆海新通道、"33618"现代制造业集群体系等重点建设任务，搭建多层次政银企对接机制，依托"长江渝融通"货币信贷大数据系统加强需求推送、监测督导、问题协调，促成放款812亿元，其中为2023年度市级重点项目、共建成渝地区双城经济圈重大项目和地方政府专项债券项目放款653亿元。

（二）成都债券市场

1. 债券融资规模不断扩大

截至2023年6月末，成都存量债券余额达36729.33亿元，其中地方政府债券余额占52.3%，其他类型债券余额占47.7%。成都债券市场服务实体企业、助力经济发展成效明显。截至2022年末，成都各类企业在沪深证券交易所实现债券融资697.9亿元；银行间债券市场直接融资达1381.35亿元，同比增长40.33%；8只企业债券通过国家发改委审核，总金额达367.6

亿元,优质主体企业债券核准规模位居全国前列、西部地区第一;成都交投集团等9家企业发行25.5亿美元境外债券。

2. 创新债券发行取得积极进展

通过持续开展债券融资专项培训等方式,成都支持具备条件的企业发行专项债、基金债、绿色债等创新债券。成都交投集团成功发行全国首单智慧停车产业资产证券化产品,规模为8.64亿元;成都兴城集团发行西部地区首单城市文体旅游优质主体企业债券;兴蓉环境成功发行10亿元绿色债券,发行利率创四川企业债券历史最低纪录;成都产业集团成功发行10亿元定向债务融资工具,成为全国首单航空装备"双创"专项债务融资工具、四川首单债转股债务融资工具。

三 成渝地区基金市场运行情况

从管辖地来看,成渝地区拥有2家公募基金管理公司,在中国证券投资基金业协会登记的私募基金管理公司共计574家。公募基金方面,位于重庆的新华基金作为西部地区首家公募基金管理公司,拥有超过50只开放式公募基金,管理规模超600亿元;位于成都的华西基金于2023年初成立,拥有1只混合型证券投资基金。

(一)重庆基金市场

打造西部股权投资基金发展高地是建设西部金融中心的重大任务之一。截至2023年6月末,重庆共有公募基金管理公司1家、私募基金管理公司163家,管理基金646只,管理基金规模达1822.39亿元。其中私募证券投资基金管理公司28家,管理基金222只,管理基金规模达43.02亿元;私募股权、创业投资基金管理公司129家,管理基金413只,管理基金规模达1764.33亿元①。重庆高度重视私募基金行业的发展,私募股权基金新增投

---

① 资料来源:中国证券投资基金业协会。

资金额于 2021~2023 年连续 3 年保持增长，在稳经济、保增长以及服务实体经济、科技创新方面取得了一定成效。重庆不断推动基金市场打造良好投资生态，充分发挥其在促进科技创新、资源配置优化、产业转型升级等方面的作用。

1. 持续助力科技创新

重庆建立了以市级引导基金为龙头，以市级部门及区、县成立的国有资本股权投资类企业为骨架，以中金资本、招商资本等大量市场自主发起的私募基金为补充的私募投资机构体系。围绕科技创新企业发展阶段，建立全周期、多元化的股权基金支持体系，投资不同行业、不同阶段的科技创新企业。重庆科技创新投资集团有限公司累计投资"重庆项目"333 个，金额达 203 亿元，投资的"重庆企业"有 14 家成功上市。

根据中国证券投资基金业协会数据，截至 2022 年末，重庆有私募基金投资企业 1015 家，投资本金为 1136.00 亿元，其中在投高新技术和初创科技企业本金为 177.67 亿元，占比为 15.6%。

2. 营商环境持续优化

2020 年，重庆举办了首届重庆国际创投大会，邀请 IDG 资本、高瓴资本、达晨财智等 50 余家国内外知名投融资机构来渝进行项目对接。2012 年和 2021 年，重庆相继获得 QFLP（RQFLP）、QDLP① 试点资格，为投资机构打通跨境双向投融资通道，吸引国内外创新资本在重庆集聚。自 2020 年以来，重庆先后出台《重庆市金融支持西部（重庆）科学城建设若干措施》《支持科技创新若干财政金融政策》《关于发展股权投资促进创新创业的实施意见》《关于激励私募投资基金支持科技创新的通知》等政策文件，对私募投资机构给予投资奖励，营造了良好的创投发展环境。

---

① QFLP 指合格境外有限合伙人，RQFLP 指人民币合格境外有限合伙人，QDLP 指合格境内有限合伙人。

（二）成都基金市场[①]

1. 私募基金发展迅猛

自 2018 年以来，成都陆续出台《关于进一步加快建设国家西部金融中心的若干意见》及多项政策文件，从财税优惠、人才集聚、市场服务等方面支持私募基金发展。截至 2022 年末，成都已备案的私募基金管理公司有 373 家，共管理 703 只私募基金，总规模达到 1249 亿元（见表 5）。

表 5 截至 2022 年末部分城市已备案的私募基金管理公司情况

城市	私募基金管理公司数量（家）	管理基金数量（只）	管理基金规模（亿元）
深圳	4568	13768	18328
杭州	1553	5010	6268
广州	844	2502	3290
成都	373	703	1249
武汉	323	614	1228
重庆	213	498	1254
西安	213	404	918

资料来源：各地方证监局网站。

2. 政府引导基金实现加速发展

按照投资领域、市场需求、风险收益等特点，成都针对重点产业领域设立政府引导基金，在吸引社会资本、对接投资机构等方面发挥了重要作用。以四川产业发展投资基金和四川发展引导基金为例，截至 2023 年 4 月底，四川产业发展投资基金累计设立基金 150 余只，协议募资规模超 1200 亿元，吸引带动各类资本投资达 5000 亿元，构建了政府引导基金与市场化基金"两翼齐飞"的多类型、多领域基金集群，为重点产业培育和实体经济发展提供全周期、全链条的金融服务。四川发展引导基金已对接投资机构、意向

[①] 数据说明：成都基金交易几乎占据了四川全部的基金交易，且成都公开的基金市场数据缺失，故部分内容用四川基金市场数据替代成都基金市场数据。

并购方近50家,协助30余家企业对接银行,累计为被投企业获取资金支持近200亿元。此外,该基金针对私募股权基金募资难的问题筛选潜在出资人,成功获取外部融资24.3亿元。

四 成渝地区证券业存在的主要问题

(一)科创金融业务受阻

首先,成渝地区在科创领域的发展相对滞后,缺乏具有全球竞争力的高科技企业,既不利于吸引国际科创资源,又影响了科创金融业务的进一步发展。其次,成渝两地上市科创企业数量及规模存在较大差异,成都上市科创企业在数量及规模方面优势明显,这种发展不均衡的问题会影响成渝地区相关企业在科创领域的合作意愿,不利于成渝地区科创资源的交流与共享,阻碍整体科创水平的提升和证券业的发展。

(二)绿色债券业务发展滞后

随着全球对环境保护的重视,绿色金融成为新的发展趋势。尽管中国绿色债券市场整体上呈现积极发展的态势,但成渝地区在绿色债券的数量和规模方面还不能满足当前的发展需求。首先,从空间格局来看,成渝地区绿色债券主要分布在高新区或绿色金融改革创新试验区,导致绿色债券规模增长力度较弱。这表明成渝地区在绿色债券市场的发展潜力尚未被充分挖掘。其次,有力的政策措施是激励绿色金融发展的重要因素。虽然成渝地区在绿色债券发行工作上实施了相应的补贴和支持政策,但在绿色债券的具体用途和风险防范方面仍缺乏有效的政策指引,在一定程度上制约了绿色债券市场的良性发展。

(三)基金数量较少且规模较小[①]

基金作为证券市场的重要组成部分,对于资本市场的稳定和发展具有重

---

① 本部分数据来自中国证监会网站。

要意义。截至2023年,成渝地区只有2家公募基金管理公司,与国内其他城市相比差距明显(上海66家、北京24家、深圳32家);私募基金虽然数量较多,但规模较小。政府组建的引导基金成为成渝地区经济发展的主要推动力,影响了资本市场的广度和深度,不利于吸引更多的投资者进入。

五 成渝地区证券业高质量发展对策建议

(一)支持科创企业发展

成渝地区应该加大对科创企业的扶持力度,通过政策引导、资金扶持等方式,促进科创企业的成长和发展,提高科创企业的数量和质量。一是政府出台相关政策,为科创企业提供税收优惠、资金扶持,降低企业的经营成本和风险,提高企业的上市意愿和能力。二是完善金融服务体系,为科创企业提供全方位的融资支持,拓展银行贷款、股权融资、债券发行等多元化融资渠道,帮助企业解决融资难题。三是鼓励企业加大研发投入力度,推动技术创新和产业升级,提高企业的核心竞争力。四是加强对证券公司、会计师事务所、律师事务所等中介机构的培育和管理,提高它们的专业服务水平,为科创企业提供高质量的上市辅导和咨询服务,同时积极与上交所、深交所等进行合作,共同开展培训、研讨等活动,促进科创企业对上市规则和流程的了解。

(二)完善绿色债券服务体系

绿色债券作为绿色直接融资工具,对促进地区绿色经济发展和企业绿色转型意义重大。成渝地区作为绿色金融改革创新重点区域,应完善绿色债券服务体系。一是政府通过制定优惠政策、提供财政补贴或税收减免等方式,鼓励企业发行绿色债券,设立专项基金或担保机构,为企业提供担保支持或风险补偿,以降低企业的融资成本,增强绿色项目的吸引力。二是完善绿色项目评估体系,确保绿色债券的资金真正用于环保和可持续发展领域。同时，加强对绿色债券的监督管理，确保其符合相关的标准和要求。三是加强对绿色债券相关中介机构的培育和管理，提高其专业服务水平，为绿色债券的发行和交易提供更好的服务。

（三）提升基金市场发展水平

基金市场在资本市场中具有举足轻重的地位，在资金有效配置、风险管理、实体经济发展等方面起到了关键作用。成渝地区要想建立科创高地、开放高地，必须大力发展基金市场。一是设立更多的区域基金，引导更多的资金投入当地关键产业和基础设施建设，从而推动经济增长。二是政府引导基金应聚焦细分领域，以实现更加精准的资金投入。三是加强对公募、私募基金管理人的培养和引进，提高基金市场的专业性和服务水平。

参考文献

马婧妤：《私募基金监管办法亮相　不设前置审批》，《上海证券报》2014年7月12日。

宁俐、杨丽娟：《成都加快建设国家西部金融中心》，《成都日报》2018年12月18日。

张巨峰：《晋股的二〇二〇：向"高质量"发力》，《山西日报》2021年2月8日。

杨雪：《今年小微企业融资要"增量、降价、扩面、提质"》，《金融投资报》2020年6月25日。

黄光红：《重庆一季度末贷款余额较年初增加逾2000亿元》，《重庆日报》2023年5月7日。

刘成：《新动能如何破茧成蝶》，《经济日报》2023年2月1日。

王观：《政策加力赋能创新发展》，《人民日报》2022年12月23日。

申晓佳：《总投资3194亿元！重庆354个重大项目集中开工》，《重庆日报》2023年2月19日。

雍黎：《重大项目快速推进　重庆产业加速升级》，《科技日报》2023年2月24日。

B.4
成渝地区保险业金融市场运行报告

谭湘渝 刘 诚*

摘　要：　保险是经济主体防范各类风险的重要金融工具。2023年上半年，成渝地区保险收入迅速增长，特别是农业保险领域显著增长，对支持地方经济发展具有十分积极的作用。本报告以成渝地区保险业为研究对象，主要阐述了成渝地区保险机构经营情况、保险市场运行情况及两地保险业协同发展现状，发现当前成渝地区保险业在发展过程中主要存在本土保险机构实力较弱、协同发展有待深化的问题，提出了提升保险机构整体实力、完善保险业协同发展机制、加强保险市场风险管理等对策建议。

关键词：　成渝地区　保险业　保险市场　协同发展机制

一　成渝地区保险机构经营情况

由图1可知，2021~2023年，成渝地区保险业资产总额不断增长，年均增速为9.6%，发展势头良好。截至2023年末，成渝地区共有保险机构167家，包括7家法人保险机构和160家保险分公司。

（一）重庆保险机构发展情况

由表1可知，2021~2023年，重庆保险机构的规模及数量保持稳定增长

---

* 谭湘渝，博士，重庆金融学院、重庆工商大学金融学院教授，主要研究方向为健康保险、商业保险与社会保险协同发展等；刘诚，重庆工商大学成渝地区双城经济圈建设研究院硕士研究生，主要研究方向为风险投资和风险管理。

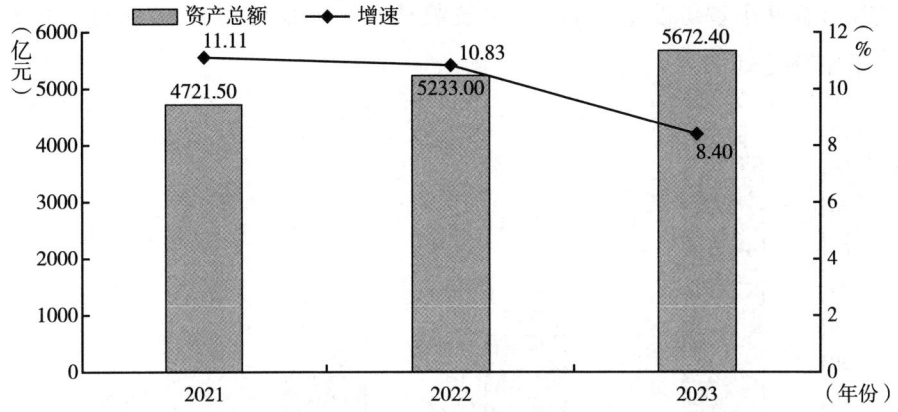

图 1　2021~2023 年成渝地区保险业资产总额及增速

资料来源：《四川省金融运行报告（2023）》《重庆市金融运行报告（2023）》。

态势。截至 2023 年末，重庆保险机构资产总额达 2791.4 亿元，同比增长 7.1%，保险机构数量达 69 家，同比增长 3.0%。

表 1　2021~2023 年重庆保险机构数量及资产总额变化情况

单位：家，亿元

指标	2021 年	2022 年	2023 年
保险机构数量	62	67	69
渝籍保险机构数量	5	4	4
保险机构资产总额	2362.9	2606.3	2791.4

资料来源：重庆市地方金融监督管理局、各保险公司年报。

本土保险机构方面，渝籍保险机构共有 4 家，分别为三峡人寿、安诚财险、利宝保险及阳光信保，保险业务及险种相对齐全。其中，人身险领域有三峡人寿，财产险领域有安诚财险，外资保险领域有利宝保险，信用保险领域有阳光信保。2022 年，这 4 家渝籍保险机构的资产总额达 165.46 亿元，其中安诚财险占比过半（见图 2）。分支机构方面，三峡人寿设有 4 家分支机构，安诚财险在 19 个省份设立了 257 家分支机构，利宝保险在9个省份设立了112家分支机构，阳光信保拥有68家分公司及上千家分支机构。

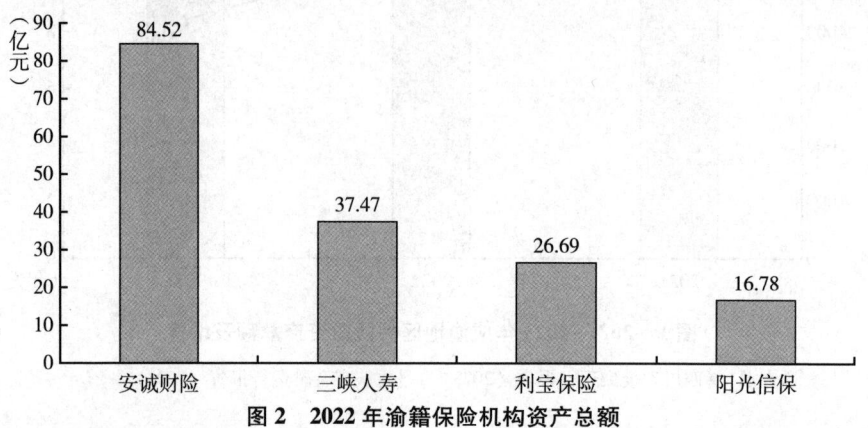

图2　2022年渝籍保险机构资产总额

资料来源：东方财富网。

以安诚财险为例，其是重庆规模最大的中资财产保险机构，近年来围绕服务共建"一带一路"高质量发展、全面推进乡村振兴、促进区域协调发展等重点工作，积极发挥保险的保障功能。安诚财险与渝新欧（重庆）物流有限公司达成进出口货物运输保险合作，共同推动中欧班列提速降费、便捷化通关，实现国际多式联运"一单制"，为共建"一带一路"重大项目保驾护航。2022年，安诚财险为重庆自贸试验区"一带一路"渝新欧货运险项目提供了货运风险保障，保额达250.99亿元。同时，安诚财险服务国家粮食安全，巩固脱贫攻坚成果，全力推进乡村振兴，积极发展水稻、玉米、小麦三大主粮作物完全成本和种植收入保险，推出覆盖茶树、水果、蔬菜、中药材等品类的特色农产品保险，累计承保三大主粮作物221.98万亩、生猪155.00万头、森林597.67万亩，共为42.21万户农户提供了87.98亿元的风险保障，直接投入帮扶资金30.00万元；在永川、合川、潼南、南川、荣昌等23个区县提供"农客险"服务，风险保障累计达496.00亿元①。

---

① 资料来源：安诚财产保险股份有限公司网站。

政策扶持方面，2023年，重庆市先后出台《重庆银行业保险业支持"专精特新"企业高质量发展若干措施》《重庆银行业保险业支持高新技术企业和科技型企业"双倍增"行动方案（2023—2027年）》，用科技保险为科技创新保驾护航，除传统保险产品外，科研项目研发费用损失保险、高新企业研发中断保险、人工智能产品质量安全保险等产品相继面世，为企业创新提供风险保障，降低企业技术研发"试错成本"。

（二）成都保险机构发展情况[①]

截至2023年，成都保险业资产规模达2881亿元，同比增长9.36%。机构数量方面，截至2023年，成都共有3家法人保险公司及95家保险分公司，其中政策性保险分公司1家、人身险分公司55家、财产险分公司39家。本土保险机构方面，截至2023年，蓉籍保险公司共有3家，其中人身险公司1家、财产险公司2家。作为中国首家总部和注册地设在成都的人寿保险公司，国宝人寿保险股份有限公司业务范围涵盖多种不同类型的保险，能够提供多元化的金融产品和服务。

二 成渝地区保险市场运行情况

（一）重庆保险市场运行情况[②]

2023年，重庆保险业累计实现保费收入1055.8亿元（见表2），同比增长7.6%，其中财产险收入129.1亿元、人身险收入811.4亿元。具体来看，人寿保险、责任保险和农业保险等与民生保障和实体经济密切相关的险种的保费收入分别同比增长14.0%、20.9%和31.2%。保险业赔付支出443.8亿元，同比增长30.53%，其中财产险支出173.0亿元、人身险支出270.8亿元。

---

① 成都市保费收入占四川省总保费收入的46%，故本部分按此比例进行折算。
② 该部分数据均来自重庆市地方金融监督管理局网站。

表2 2021~2023年重庆保险业保费收支情况

单位：亿元

指标	2021年	2022年	2023年
保费总收入	965.50	981.10	1055.8
赔付总支出	302.20	340.00	443.8
渝籍保险机构保费收入	48.73	51.01	—
渝籍保险机构赔付支出	35.29	36.71	—

资料来源：重庆市地方金融监督管理局网站。

1. 涉农保险方面

近年来，重庆保险业在积极整合农业资源和发展需求方面取得了显著进展。为了改善农业保险制度，重庆建立了三级农业保险基层网络服务系统，该系统由"县区支公司+三农服务站（点）+乡村协保员"组成，覆盖了所有农村地区。这一系统的建立成功解决了农业保险服务中的"最后一公里"问题，为乡村振兴事业提供了关键支持，为重庆建立了多层次的农业保险产品体系。这一坚实的保险基础为农村提供了重要的经济保障，有效应对了各种风险，为农民创造了更加稳定和可持续的经济条件。

截至2023年上半年，重庆保险机构为163.27万户农户提供了总额达370.29亿元的风险保障。此外，全市保险机构的涉农保险保费收入达8.99亿元，同比增长31.20%。这些机构还支付了总额达4.33亿元的赔款，惠及26.48万户农户。

2. 普惠保险方面

2023年前三季度，重庆巨灾保险参保人数达2385万人次，提供风险保障80亿元；农业保险参保人数达226万人次，提供风险保障500亿元；"防贫"保险参保人数达100万人次，提供风险保障2992亿元。共有157.9万人次获得普惠保险赔付，人均获赔超3000元，简单赔付率达63.4%。2023年"渝快保"投保620万人，其中60岁以上老人占27%。2022~2023年累计赔付102.3万人次，超11亿元，老年人医疗负担最高降幅达80%。截至2023年末，专属商业养老保险累计承保人数达1.87万人次，保费收入达

1.29 亿元,其中灵活就业人员承保人数达 1.33 万人次,占总承保人数的 71%,"新市民"参保比例位居全国第一。

(二)成都保险市场运行情况①

截至 2023 年末,成都保险业累计实现保费收 1193.4 亿元,较上年增长 12.52%。其中财产险收入为 308.0 亿元、寿险收入为 602.3 亿元(见表3)。

表 3　2022~2023 年成都保险业保费收支情况

单位:亿元,%

指标	2022 年	2023 年	2023 年增长率
总保费收入	1060.6	1193.4	12.52
寿险收入	524.2	602.3	14.90
财产险收入	289.4	308.0	6.43
健康险收入	219.9	257.1	16.92
人身险收入	27.1	26.0	-4.06

资料来源:四川省地方金融监督管理局网站。

1. 涉农保险方面

2023 年,成都保险业主动对接省内重大战略和重点项目建设需求,本地农业保险机构为 1068.93 万户农户提供风险保障,总额达 1619.13 亿元,同比增长 28.81%。支付赔款总额为 17.63 亿元,同比增长 26.00%。在支持成渝地区双城经济圈建设方面,截至 2023 年 6 月末,成都保险业为成渝地区双城经济圈内企业提供保险保障 73.40 万亿元,其中人身险保障达 53.86 万亿元。

2. 普惠保险方面

2022 年,个人养老金先行试点方案在成都落地,成都保险业承办专属

---

① 该部分数据均来自四川省地方金融监督管理局网站。

商业养老保险保单6437件,同时推出城市定制型新型家庭财产险"蓉家保",集中投保期共投保16.9万户。2023年,成都积极推进个人养老金先行试点,全市个人养老金账户和资金账户开立数均超110万户,缴费总额近8亿元,位居全国先行试点城市(地区)前列。此外,成都按照国家、四川省统一安排,有序规范推进新就业形态就业人员职业伤害保障国家试点,将更多群体纳入职业伤害保障范围,切实为新就业形态就业人员保驾护航。

三 成渝地区保险业协同发展现状

(一)保险业协同发展政策

为促进成渝地区双城经济圈的发展,四川(成都)和重庆的监管机构积极合作,整合地方政府、行业组织等多方力量,共同制定了一系列金融政策,以全面加强金融支持,助力成渝地区双城经济圈建设,共同提高监管效能。2022年9月1日,《推动四川省和重庆市银行业保险业高质量发展更好服务于成渝地区双城经济圈建设的意见》(以下简称《意见》)发布。《意见》提出20条工作举措,旨在夯实西部金融中心建设基础,推动四川(成都)和重庆银行业、保险业高质量一体化发展。具体包括:提升保险机构的竞争力;提升金融产品和服务差异化、精准化水平;加强机构内控合规建设和全面风险管理;依托金融数字化、智能化转型,创新金融服务模式;将深化改革作为化解保险机构风险的治本之策;等等。

(二)保险理赔通赔通付制度

成渝地区的主要保险机构在汽车保险领域实施了一系列重要措施,出台查勘、理赔和相互认可制度,促进交通事故"快处易赔"一体化、跨地区汽车保险理赔服务一体化、汽车保险综合服务创新一体化。这些措施促使成渝两地的汽车保险理赔案件实现通赔通付,有效解决异地纠纷,并促进了诉讼和协商调解的对接。

在交通事故"快处易赔"一体化方面，成渝地区确立了服务标准和机制。在跨地区汽车保险理赔服务一体化方面，成渝地区建立了通赔通付的制度标准，鼓励保险机构优化内部的通赔机制和流程，完善异地理赔和投诉的考核机制，通过内部合作、线上损失评估以及委托有资质的保险机构处理等方式提供跨地区汽车保险理赔服务。在汽车保险综合服务创新一体化方面，成渝地区不断推动车险服务线上化，完善了异地车险服务投诉的共同负责机制，由事发地对应的保险机构全流程跟踪处理客户投诉，承保地保险机构协助配合，并加强内部考核。

（三）其他保险业务的协同发展

一是试点建设"双城医保服务站"，指导中国工商银行、中国农业银行、中国银行三家大型银行网点将医保便民服务与银行渠道有机融合，快速办理成渝地区新市民社保卡申请和激活业务，"双城医保服务站"已实现异地备案、凭证申领等18项医保事务的帮办代办，破解跨省养老、就医难题。二是在成渝两地推动设立全国首个跨省域银行业保险业消费者权益保护中心，同时与成渝金融法院签订战略合作协议，率先搭建金融监管与金融审判合作框架，共同打造跨地区金融纠纷非诉调解机制，破解金融纠纷多元化难题。

四 成渝地区保险业存在的主要问题

（一）本土保险机构实力较弱

从成渝地区本土保险机构的数量和资产规模可以看出，与国内外大型保险机构相比，成渝地区本土保险机构在资本实力上相对较弱，这在一定程度上限制了其业务拓展能力和风险抵御能力的提升。首先，保险业是一个高度专业的领域，需要大量的专业人才。然而，成渝地区本土保险机构在人才储备

方面相对较弱,尤其是高级管理人才和专业技术人才较少,这对本土保险机构的发展造成了很大的制约。其次,成渝地区本土保险机构的业务范围主要集中在本地区,缺少全国乃至全球市场布局。最后,成渝地区本土保险机构在品牌建设方面相对较弱,一些产品与其他保险机构类似,缺乏自身的特色和竞争力。

(二)协同发展有待深化

尽管成渝地区的保险机构已经构建了战略联盟,但在保险业务、产品开发、险资运用等方面的合作仍不够深入。虽然政府已经出台了一些政策支持成渝地区保险业的协同发展,但这些政策可能不够完善或不够具体,无法为保险机构提供足够的支持和指导。具体表现为:一是成渝地区的保险业层次较为单一,缺乏多元化的产品和服务,这限制了保险业整体竞争力的提升;二是成渝地区尚未建立健全的保险监管协调机制和行业自律协调机制,这在现场检查、智能监管、许可准入等方面可能导致监管联动不足;三是在当前的金融市场中,技术创新是推动行业发展的关键因素之一,然而成渝地区的保险机构在技术创新方面存在不足,无法充分利用新兴技术提升服务质量和效率。

五 对策建议

(一)提升保险机构整体实力

首先,引入外资保险机构,促进成渝地区保险业提升竞争力,激发本土保险机构的发展活力。其次,加大对涉农普惠保险的政策支持力度,降低农民购买保险的门槛,鼓励保险机构开发更多适合农民的保险产品。

(二)完善保险业协同发展机制

首先,建立成渝地区保险业联合组织,加强两地保险机构间的合作与交流,共同制定行业规范和标准,推动资源共享、业务互补,提升整个地区保险业的整体水平和服务能力。其次，针对成渝地区双城经济圈的特点，建立跨地区保险理赔互认机制，优化保险服务流程，引入数字化技术提升服务效率，同时加强信息安全保障，确保数字化服务顺利推进。最后，加大保险产品创新力度，推出与绿色发展、科技创新相关的保险产品，如环境污染责任险、知识产权保险等，以支持成渝地区双城经济圈的可持续发展。

（三）加强保险市场风险管理

加强成渝地区保险市场的风险管理和防范，利用大数据和人工智能技术进行风险评估和预测，及时应对潜在风险，减轻保险赔付压力。促进保险业与实体经济的深度融合，支持保险机构与当地企业开展合作，推动产业保险和企业风险管理的深度融合，建立保险资金支持实体经济发展的机制，为成渝地区双城经济圈的发展提供有力支持。

参考文献

黄光红：《川渝银行业保险业携手推出 20 条新举措》，《重庆日报》2022 年 9 月 5 日。

阳晓霞：《重庆、四川银行业保险业这十年 齐唱"双城记"共建"经济圈"》，《中国金融家》2022 年第 9 期。

武亚东：《车险区域互通提供便捷服务》，《经济日报》2022 年 8 月 13 日。

中国人民银行广州分行金融稳定分析小组等：《广东省金融稳定报告（2009）》，《南方金融》2009 年第 7 期。

温源：《去年发放国家助学贷款超五百亿元》，《光明日报》2023 年 3 月 22 日。

欧阳洁：《去年脱贫人口小额信贷累计发放 933.5 亿元》，《人民日报》2023 年 3 月 22 日。

张静波、李景森、赵修彬：《监管出效益》，《中国保险报》2010 年 12 月 2 日。

生 态 篇

B.5 成渝地区金融基础设施建设报告

朱沙 李秋林*

摘　要： 近年来，国家不断强调金融基础设施对于促进金融产业有序运行和带动国家经济稳健发展的重要基础作用。本报告以成渝地区金融基础设施为研究对象，主要介绍了成渝地区账户体系、支付体系、信用体系、融资服务平台建设情况及金融数据汇聚情况，发现成渝地区金融基础设施在技术、立法、数据标准、数据安全与保护等方面均有待完善，提出了加强支付体系建设、加速金融数据汇聚的对策建议。

关键词： 成渝地区　金融基础设施　账户支付体系　融资服务平台

---

* 朱沙，博士，重庆市西部金融研究院研究员，重庆工商大学经济实验中心教授、博士生导师，主要研究方向为金融市场理论与政策、金融投资与管理等；李秋林，重庆工商大学成渝地区双城经济圈建设研究院硕士研究生，主要研究方向为信用评级、移动支付、跨境支付。

一 成渝地区账户体系建设情况

（一）本外币合一银行结算账户体系建设

1. 建设意义

本外币合一银行结算账户①体系是一种金融体系，旨在简化和统一银行结算账户的管理，同时增强本币（人民币）和外币（其他货币）交易的便捷性，具有账户管理分离的特点。该账户体系在一定程度上解决了此前我国本外币账户管理政策不集中、业务管理标准不统一的固有问题，是应对人民币国际化进程面临的诸多挑战和有效实现外汇资金管理的重要路径。

本外币账户一体化是促进金融市场双向开放、优化涉外企业金融服务的重要方式，既有利于进一步优化营商环境、提升外汇服务便利化实效，进一步促进金融与实体经济的双向互动，又有利于防范金融风险和贯彻落实国家对金融行业的"放管服"改革要求。本外币合一银行结算账户的开立，改变了现有账户按人民币、外币分类管理的传统架构，将为客户提供更加便捷的银行账户服务，为企业涉外业务办理带来便利，提升金融服务效率。

2. 政策措施

《成渝共建西部金融中心规划联合实施细则》明确，要在成渝地区开展跨国企业集团本外币合一跨境资金池业务试点，积极推动开展合格境外有限合伙人（QFLP）试点、合格境内有限合伙人（QDLP）试点。具体包括：开展本外币合一银行结算账户体系试点；扩大跨省异地电子缴税业务覆盖范围，支持更多银行机构开展跨省异地电子缴税业务；积极推进"一键查卡"等创新工作在成渝地区先行先试；持续做好小微企业简易开户服务，落实个人银行账户简易开户、账户分类分级管理等账户管理改革工作；加强对境外投资者使用人民币银行结算账户进行境内证券投资的研究。

---

① 指试点银行在试点期内为单位开立的支持一个或多个不同币种资金结算的银行结算账户，也称本外币一体化账户。

当前，成渝共建西部金融中心给两地发展带来新的重大机遇，需要构建适应改革创新的多功能开放账户体系，支撑本外币资金高效流动，切实优化营商环境，提升贸易投资结算便利度。为此，成都开展了本外币合一银行结算账户体系试点，原中国人民银行成都分行（现中国人民银行四川省分行）在参考其他省市试点经验的基础上，提前部署、精心准备，以人民币银行结算账户基本规则为基础，统一本外币账户开立、变更、年检、撤销等规则，强化全生命周期账户管理，充分尊重市场主体在账户功能、币种、资金配置等方面的自主选择权，更好满足人民群众和实体经济的多样化结算需求，提高资金管理和使用效率。

3. 发展现状

为提高人民币的国际影响力和适应全球化背景下国家外汇管理的要求，自2022年12月12日起，重庆全面启动本外币合一银行结算账户体系试点。随着这一试点的推进，重庆的金融体系得到进一步完善。这也为其他城市推进金融改革和创新提供了参考。

对比试点前后开户流程、开户资料及账户管理具体要求，此次试点能够简化银行结算账户开立流程，降低企业开户成本。同时，此次试点有利于提高客户对银行服务和管理的满意度，并有利于防范企业账户管理风险。但目前，重庆开展本外币合一银行结算账户体系试点的银行网点仅限于中国工商银行和中国银行的部分网点。

自2022年12月12日起，成都本外币合一银行结算账户体系试点正式启动。成都市内的企业可以前往中国工商银行和中国银行的网点申请开立本外币合一银行结算账户。同时，已经是中国工商银行或中国银行客户的企业可以选择签署协议，将之前分散在不同币种账户中的资金整合到一个账户中。这解决了企业在多币种账户管理方面面临的复杂问题，使企业的财务自由度大大提高，从而可以更加轻松地进行资金调配和管理。本外币合一银行结算账户的推出为开展跨境业务的企业提供了更加优质、便利的开户服务，企业只需要提供一套账户资料，即可实现人民币和多个外币账户的开立。

（二）贸易外汇收支便利化试点

2020 年 7 月，重庆获批在中西部地区率先启动贸易外汇收支便利化试点。此次试点的主体主要是先前审慎经营且未出现较大合规风险的银行以及资质良好的法人企业。在有关贸易外汇收支业务办理方面，相关主体获得了更大的决策权，以满足贸易外汇收支便利化的现实需要。贸易外汇收支便利化试点的落地大大活跃了重庆的国际贸易，在帮助外贸企业转型发展、助力重庆稳外贸方面发挥了较大作用，提高了重庆的金融外汇服务水平。截至 2023 年 3 月底，重庆 11 家银行、139 家企业参与了贸易外汇收支便利化试点，试点规模达 302.5 亿美元。在参与试点的企业中，中小企业占七成。

为促进贸易便利化、提升外汇管理效率，成都积极推动贸易外汇收支便利化政策扩面增量。这一举措的核心在于为企业提供更加便捷的外汇服务，从而推动进出口贸易的增长，同时减轻企业的负担。成都银行股份有限公司数据显示，2023 年上半年，成都银行办理跨境结算 22.44 亿美元，同比增长 28%；办理便利化业务 1955 笔，同比增长 339%。同时，成都银行通过便利化企业名单共享机制以及出口信用保险增信功能，为相关中小企业提供融资近千万美元。

（三）高新技术和"专精特新"企业跨境融资便利化试点

2022 年 5 月，国家外汇管理局印发《关于支持高新技术和"专精特新"企业开展跨境融资便利化试点的通知》（以下简称《通知》），对前期已经落地的便利化试点范围和内容做出进一步阐述，便利化试点范围扩大至整个重庆。重庆市一直致力于支持高新技术和"专精特新"企业的发展并采用多种方式为它们提供必要的便利化服务，如贷款担保、资金补贴、税收减免等，帮助这些企业降低开支、扩大生产、加速研发和创新，从而在竞争激烈的市场中脱颖而出。截至 2023 年 3 月底，重庆 27 家高新技术和"专精特新"企业获得超过 6700 万美元的便利化额度。

2022年7月，四川首笔"专精特新"企业跨境融资便利化试点业务落地成都高新区。《通知》出台后，成都高新区国资金融局主动对接国家外汇管理局四川省分局，通过联合宣讲、意愿摸排、精准对接等多项措施，引导企业充分利用境内和境外两个市场、两种资源，拓宽融资渠道，借助政府风险分担机制实现跨境融资便利化。同时，成都对高新技术和"专精特新"企业开展清单式管理，了解企业融资需求，为办理跨境融资业务的企业开启"绿色通道"，提高业务办理质效。

（四）成渝地区账户体系发展展望

一是优化贸易外汇收支便利化服务。继续推动贸易外汇收支便利化政策扩面增量，特别是将更多以"专精特新"企业为代表的优质中小企业纳入政策覆盖范围。同时，继续完善"交易越合规、汇兑越便利"的信用约束和分类管理机制，加强事中、事后监督管理。

二是推进跨境投融资便利化。稳慎推进股权投资基金跨境投资试点，支持合格境内有限合伙人首笔试点基金落地，支持跨部门联合推进合格境外有限合伙人境内投资。优化跨国公司跨境结算服务，对重点企业进行"一对一"政策辅导，支持符合条件的跨国公司异地选择跨境资金集中运营业务合作银行，引导企业结合自身运营架构、结算方式，运用政策提高跨境结算效率。进一步扩大高新技术和"专精特新"企业跨境融资便利化试点覆盖面。加强非金融企业外债登记管理，支持非金融企业多笔外债共用一个外债账户，取消外债账户异地开立核准。提升成渝地区跨境融资便利化试点成效，支持符合条件的企业异地办理外债登记相关业务。各银行要精准对接对跨境融资有需求的企业，加大对高新技术和"专精特新"企业、中小微企业、绿色领域企业融资的支持力度，综合利用外债管理政策为企业提供一揽子便利服务。

三是持续扩大人民币在贸易领域的使用范围。采取一系列旨在持续扩大人民币在贸易领域使用范围的措施，从而促进国际化和跨境贸易便利化。其中的关键是支持银行在满足特定条件的情况下提供跨境人民币结算服务。除此以外，为了适应国际贸易和金融交易需要以及满足多元市场主体的需求，特别是那些从事跨境业务企业的需求，应在确保合法合规的前提下，积极加强银行与清算机构以及非银行支付机构之间的协作，为市场主体提供跨境人民币收付服务，一方面提高交易的便捷性和效率，另一方面促进新型贸易业态的健康发展，推动国际贸易体系的创新与升级。各银行机构要紧盯外贸进出口企业，不断提升人民币结算比例；梳理从事大宗商品进出口业务的企业名录，推动大宗商品进出口人民币计价结算取得新突破；引导跨境旅游、运输等服务领域使用人民币结算，提升服务贸易跨境人民币结算占比。

四是扩大人民币在跨境投资中的使用范围。推动和鼓励跨国企业积极将人民币作为直接投资货币，同时鼓励境外投资者将人民币作为对华投资的主要货币，推动人民币在国际金融领域的应用与推广。在符合国家法规的前提下，鼓励人民币股权投资基金进行对外直接投资，放宽外商直接投资资本金、跨境融资及境外上市募集资金调回人民币收入的使用限制。在遵循法规的前提下，允许非投资性外商投资企业根据境内所投资项目的真实性和合规性，使用人民币进行境内再投资，取消对外商直接投资业务相关专户管理的要求。

五是推进个人进行跨境人民币常规收付的便利化，以提升其在此领域的满意度。要完善跨境人民币业务，一项重要举措是提高个人的体验感。应倡导并支持各银行机构在遵从"展业三原则"的基础上进一步简化个人薪酬等合法收入的跨境交易流程，使个人更为便捷地进行与跨境人民币有关的金融活动。另一项重要举措是鼓励各银行机构为港澳居民在内地开立个人人民币银行结算账户，以接收来自港澳居民的同名账户汇款（上限为每人每日80000元）。需要强调的是，所收资金的使用必须符合当前政策规定。

六是加大风险监测和违法违规行为打击力度。强化重点领域风险监测，关注外贸外资、境外债等方面的新情况、新问题；加强跨部门监管合作，严厉查处虚假欺骗性外汇交易，严厉打击地下钱庄、跨境赌博、网络炒汇、出口骗税等非法跨境金融活动。各银行机构要压实跨境金融服务牵头部门责

任,切实做好跨境服务的统筹管理,做好企业调研与跨境资金流动监测分析,主动报送外贸外资的新动态与新趋势、异常跨境资金流动线索,维护金融外汇市场秩序。

二 成渝地区支付体系建设情况

(一)移动支付在域内公共服务领域互联互通

1. 政策支持

2022年12月24日,中国人民银行、国家发展改革委、财政部、中国银行保险监督管理委员会、中国证券监督管理委员会、国家外汇管理局、重庆市人民政府、四川省人民政府联合发布了《成渝共建西部金融中心规划》。这一规划的关键要点包括:协同推进支付体系一体化建设;推动移动支付在成渝地区公共服务领域互联互通;拓展移动支付使用范围;提升境外人员在境内使用移动支付的便捷性;建立联合打击支付领域违法犯罪联防机制;等等。这一规划旨在促进成渝地区的金融创新和合作,支持实体经济的发展,提高居民的生活水平,强化金融体系的互联互通,保障移动支付安全。

同月,重庆市人民政府办公厅、四川省人民政府办公厅发布《关于印发成渝共建西部金融中心规划联合实施细则的通知》。数字人民币、经常项下交易跨境支付、境外游客来华移动支付、无证支付整治等方面均被提及。该通知要求,推动重庆、成都开展数字人民币试点,联合开展数字人民币研究及移动支付创新应用,完善数字人民币应用生态体系,在乡村惠农、智慧民生、政府服务等领域拓展数字人民币应用场景。

2. 发展现状

随着移动支付技术的不断更新,重庆在移动支付体系建设方面采取了多项措施,包括建立服务平台、优化受理环境、推广公共服务领域应用、加强支付网络建设等。首先,建立移动金融安全可信公共服务平台及移动金融标记服务平台，为商业银行和行业机构提供移动金融应用发行与管理、标记发放与管理服务，实现跨行业、跨区域、跨介质的资源整合和信息共享。其次，加大移动金融受理终端配置和改造力度，不断优化移动金融业务环境。最后，在公共服务领域如交通领域，大力推进移动金融应用，以提高支付效率和便利性。

成都在移动支付体系建设方面正朝着更加便捷、安全和普及的方向努力，这不仅有助于提升居民的生活质量和金融体验，也为成都的经济发展注入了新的活力。首先，发布《成都市关于进一步优化支付服务提升支付便利性的工作实施方案》，旨在提供更加便捷和全面的支付服务。在天府机场打造了涉外金融综合服务示范区，提供包括移动支付在内的一系列金融服务，以满足外籍人士的需求。其次，通过多种宣传方式和渠道，常态化开展支付服务宣传，提高公众对支付服务的认知度。最后，积极开展数字人民币试点工作，推动移动支付发展。

3. 发展措施

成都和重庆作为"一带一路"重要节点以及中欧班列和西部陆海新通道的关键枢纽，具有较大的地理和经济战略意义。成渝地区正采取一系列重要措施，以推动移动支付的发展和金融创新。

第一，成渝地区致力于探索移动支付的跨区域协同发展路径，试图建立统一的支付标准和协议，以便市民可以在成都和重庆之间"无缝"地使用移动支付。第二，成渝两地政府正在探索本外币合一银行结算账户业务，以简化跨境交易、降低成本，同时提高贸易效率。第三，成渝地区持续推动账户制度改革和创新工作，采用新的金融技术和制度，以提高账户操作的效率和安全性。第四，成渝地区致力于加强与商务、交通运输、文化旅游等领域的合作，以拓展移动支付的应用场景。这包括在交通领域推广移动支付、为商务活动提供更加便捷的移动支付解决方案。第五，成渝地区致力于拓展移动支付的使用范围，包括零售业、餐饮业、旅游业等不同领域。特别是成都在数字人民币试点方面表现出积极性，这将为商家和市民提供更多数字支付选择，同时为金融科技领域的创新提供机会。

（二）境外人员使用境内移动支付便利化举措

一是推进国际金融科技体系建设。成都和重庆不断拓展移动支付使用范围，建设中新金融科技合作示范区，提升境外人员在境内使用移动支付的便利化水平。成渝地区采取了一系列金融和货币措施，推动了金融体系的创新和数字货币的应用，增强了金融体系的稳定性，促进了经济的发展。

二是推动国际支付协议互认。与境外银行和支付机构达成协议，建立跨国支付网络，实现支付体系互联互通，提高支付的安全性和效率。设立成渝地区跨境支付枢纽，积极参与国际标准化组织合作，推动国际支付标准化工作，确保成渝地区的支付系统与国际标准接轨，提高支付系统的互操作性和兼容性。建立成渝地区跨境支付争议解决机制，为跨境支付参与者提供有效的争议解决渠道。积极参与国际数字货币支付合作，探索利用数字货币技术促进跨境支付便利化和金融创新。通过以上举措，成渝地区可以更好地融入国际支付体系，促进本区域经济发展和国际合作。

（三）联合打击支付领域违法犯罪联防机制建设

《通知》要求，建立完善联合打击支付领域违法犯罪联防机制，督促辖内持牌机构强化实名制管理，切断无证经营支付业务活动的支付通道。建立支付领域监管信息互通机制，共享持牌机构、无证机构等信息。

2021年末，重庆电信网络诈骗挂牌案件破案率达66%，精准预警并劝阻420余万人次，避免群众损失104亿元，追赃挽损2.4亿元，是2020年的近4倍。针对在校师生，重庆有关部门组织开展"全民反诈、守护校园"系列主题活动，92所在渝学校的超60万名师生参与线上专题学习。针对企业财会人员，重庆通过市财政局获取全市在册财会人员名单，有针对性地组织他们参加反诈知识集训、轮训。截至2022年末，全市参与反诈知识集训、轮训的财会人员超100万人。

2023年上半年，成都电信网络诈骗立案件数与前6个月相比下降

24.1%,特别是2023年4月以来全市电信网络诈骗案件数呈逐月下降趋势，并且下降幅度大于全省，5月环比下降26.9%，6月环比下降29.7%；全市打击处理涉电信网络诈骗犯罪嫌疑人2905人，冻结涉诈账户2.6万个、涉诈资金7.49亿元。成都公安部门等相关单位多次组织通信、金融机构及监管部门召开专题会议，通报行业乱点乱象，会同中国人民银行四川省分行约谈银行机构37家，通报银行营业网点26个；会同通信运营商约谈分公司领导34人，约谈违规渠道商400余家；针对高校学生、企业主（个体户）、财务人员等潜在受骗群体开展精准宣传教育。

三 成渝地区信用体系建设情况

近年来，成渝地区不断推动征信平台互联互通，以推动信用体系在成渝地区双城经济圈的建设，提升整个地区的社会信用水平，创造更加有利于商业和社会发展的环境。成渝地区以平台建设、数据治理、信用监管、应用场景拓展为发力点，不断丰富"信用"内涵并扩大适用范围，大力发展征信、信用评级、信用服务市场，建立成渝地区信用政策制度和标准体系对接机制，推进信用体系一体化，逐步形成统一的区域信用政策制度和标准体系，依法加大信用信息归集、共享、开发和利用力度。具体措施包括加强重庆市征信平台与"天府信用通"的互联互通、探索建设"成渝征信链"、搭建成渝地区农村信用体系建设合作机制、联合开展"征信修复"乱象整治行动、推动成渝两地融资综合信用服务平台互联互通。

四 成渝地区融资服务平台建设情况

（一）重庆打造线上金融服务平台矩阵[①]

近年来，重庆把建设融资服务平台作为优化金融营商环境的主要抓手，

---

① 本部分相关数据来自各平台网站。

利用数据信息共享与大数据开发应用,开发融资服务平台,不断扩大金融服务的覆盖面,将数字金融作为关键点,破解企业信息不对称难题,解决中小微企业融资难、融资贵、融资慢问题。重庆市发展改革委、市经济信息委、市地方金融监管局、市大数据发展局、原国家外汇管理局重庆外汇管理部(现国家外汇管理局重庆市分局)等利用大数据、云计算、区块链等技术,相继建成融资服务平台,不断推动数字金融的可持续发展。截至2022年末,全市共有公益融资服务平台10余个。其中:市发展改革委、国家金融监督管理总局重庆监管局联合打造"信易贷·渝惠融"平台;市经济信息委主导打造"渝企金服"平台;市大数据发展局牵头开发"渝快融"平台;市地方金融监管局和两江新区管委会共同搭建"渝普金链"平台;原中国人民银行重庆营管部(现中国人民银行重庆市分行)搭建"长江渝融通"平台;原国家外汇管理局重庆外汇管理部搭建跨境金融服务平台。

"信易贷·渝惠融"平台通过归集企业信用数据,发放无抵押信用贷款助企纾困;聚焦中小微企业和涉农主体(含个体工商户、专业合作社、农户等自然人),引导金融资源流向中小微企业。截至2022年末,该平台整合了8类56项超2亿条企业数据信息,连通了全市所有中资商业银行;实名认证企业超15.6万家,订单达9300余个,授信通过近1400个,授信通过率为24.3%,业务办理时长缩减至6.8天,在线申请续贷通过率为70%。截至2023年6月末,该平台授信金额超35万亿元。

"渝企金服"平台应用"一个入口直达多个融资服务场景"模式开展商业价值信用贷款、应急转贷、票据贴现、小微企业担保贷和中小微专项资金申报等融资服务。截至2022年6月末,"渝企金服"平台已对接13个部门22类190余项企业数据,入驻企业超6万家,发布融资需求近2万条,上线金融产品超160款,为超过2万家企业解决融资需求超2000亿元。

"渝快融"平台通过大数据技术为银行设定指标,快速挖掘符合银行要求的企业,在征得企业允许的前提下,将相关信息共享给银行,帮助银行匹配具有贷款需求的目标企业客群。截至2023年6月末,"渝快融"平台已形成841类8742项金融服务专题数据资源目录,含企业基本信息、经营行为信息、信用信息、资产信息、荣誉资质、风险信息等六大类 99 小类。该平台的企业注册数量超 33 万家，上线金融产品近 100 款，融资申请量超 45 万笔，为企业实现融资超 560 亿元。

"渝普金链"平台以推进普惠金融高质量发展为目标，以互联网平台为载体，着力解决普惠金融需求端难点、供给端痛点、风控端堵点，打破金融信息壁垒、打通金融服务链、打造金融生态圈，缓解中小微企业融资难、融资贵、融资慢难题。该平台形成汇聚全市小贷、典当行、融资担保、商业保理 4 类地方金融组织，银行、保险 2 类金融机构和两江特色金融产品的普惠集市，首批入驻金融机构 96 家，上线普惠性融资产品 100 余款，上线金融机构"白名单"，发布金融安全和风险防范宣教案例及视频 117 个。

"长江渝融通"平台是集政策宣传、信贷产品展示、融资业务办理、融资问题反馈等功能于一体的综合服务平台，利用"金融城域网"丰富应用场景，让企业融资需求直达金融机构。截至 2023 年 6 月末，该平台已上线各类贷款产品 230 余款，累计服务市场主体超 3 万家，融资超 500 亿元。

2019 年，由国家外汇管理局主导搭建的跨境金融服务平台通过建立完善的信息共享机制以及"端到端"核验机制，与政府部门、银行、保险公司、中小企业等多个相关部门开展紧密合作，以解决中小企业融资难题，并提高金融结算的便捷性。重庆已在其跨境金融服务平台成功部署 7 个不同的应用场景，这使其成为全国范围内上线应用场景最丰富的省份之一。这一举措助力构建一个多功能的金融生态平台，覆盖银行与企业的协同对接、融资渠道、结算系统以及市场监管等多个关键领域。截至 2023 年 6 月末，重庆跨境金融服务平台已成功上线出口应收账款融资和出口信保保单融资等融资场景，积极支持 20 家银行成功发放 3189 笔贷款，总额达到 230.2 亿美元。同时，该平台积极推出便捷快速的结算服务，致力于降低数据传输的复杂性，从而使企业能够更高效地完成支付交易，提升运营效率。同时，该平台引入企业跨境信用信息授权查证场景，成功实现了查验结果在银行间和银行与外汇管理部门之间的数据共享。

（二）成都打造交子金融"5+2"平台

为积极促进中小微企业的发展，成都致力于提供精准的融资服务，打造了交子金融"5+2"平台。其中，"5"代表五大投融资服务平台，分别是"科创通"、"盈创动力"、"农贷通"、"天府融通"和"创富天府"。这五大平台覆盖了不同领域和行业，以满足不同企业的融资需求。"2"代表两大金融生态保障平台，即成都地方金融监管平台和成都信用信息共享平台。这两大平台可以提供全方位的金融生态支持，确保融资服务的可持续性和安全性。成都交子金融"5+2"平台的成果令人瞩目。这一平台已经成功协助80余家科技企业在各个融资轮次中获得超过120亿元的资金支持，成为中小微企业融资的重要引擎。通过为科技企业提供广泛的融资机会，成都交子金融"5+2"平台在推动实体经济的持续健康发展方面发挥着关键作用。未来，这一平台有望进一步拓展服务范围，促进更多中小微企业融资，推动地方经济的高质量发展。

"科创通"创新创业服务平台是成都市科技局通过创新"互联网+孵化"服务模式构建的为科技型企业营造创新创业生态环境的"一站式"服务平台。截至2023年6月末，该平台入驻科创企业3.92万家、高校66所、创新平台2530个，收集重大项目715个、企业需求232项，产出科技成果6800余项；完成科技贷款近9000笔，信用贷款超300亿元；组建天使投资基金18只，规模达20.91亿元，投资项目160个，投资总额达12.77亿元；组建知识产权运营基金7只，规模达27.41亿元，投资项目80个，投资总额达16.95亿元；为9200余家企业发放创新券，企业抵扣金额超9000万元。

"盈创动力"科技金融服务平台由成都高新科技创新投资发展集团有限公司投资打造，致力于为科技型中小微企业提供债权融资服务、股权融资服务和增值服务。这种多元化的服务模式为不同阶段和规模的企业量身定制了解决方案。"盈创动力"科技金融服务平台着眼于解决中小微企业面临的融资难题，通过提供多样化的金融工具，缓解中小微企业在发展初期面临的资金压力。在全球科技创新竞争日益激烈的背景下，这种结合科技与金融的模式为中国乃至全球的创新生态系统注入了新的活力,也为更多的创业者开辟了融资与发展的新路径。截至2023年6月末,该平台已经建立以"盈创动力"金融专业楼宇为核心的金融专业物理载体,服务企业超1.5万家,实现债权融资超7800笔(融资超1000亿元)、股权融资超600笔(融资近2100亿元)。

"农贷通"农村金融保险服务平台由成都金控征信有限公司运营,按照"一个系统、四级管理、省市(州)互动"的思路进行建设部署。前端涵盖省、市(州)两级页面,具备涉农信用信息查询、融资对接、财政风险分担、产权交易引导、涉农奖补政策申办、农村电商和大数据成果展示等功能;后端依据政府部门、金融机构等角色权限提供政策发布、数据统计、产品管理、信息采集等功能。截至2023年6月末,该平台已覆盖5个市(州),服务超13万名用户,放款超4.6万笔,金额超550亿元。

"天府融通"平台是一个产融对接平台,由原中国人民银行成都分行开发,主要帮助新经济领域重点项目、重点企业进行融资对接,集中发布诚信企业标准化融资需求信息,跟踪监测融资成果,及时发布信贷政策。依托平台优化民营和中小微企业融资服务,推动诚信体系和普惠金融体系建设,为金融服务和企业融资提供更多机会,促进经济的繁荣和金融体系的稳定。

"创富天府"平台依托天府国际基金小镇建设推广,汇聚创新资本及创投资源。在资本集聚方面,截至2022年末,天府国际基金小镇已经成功引入约530家基金相关机构,这些机构的加入使得天府国际基金小镇管理的社会资金总规模超过5165.7亿元,其中已备案的基金规模超过1500亿元。截至2022年末,"创富天府"平台收录基金相关机构485家,累计服务项目超650个,累计投资超600亿元。

五 成渝地区金融数据汇聚情况

(一)金融数据隐私计算平台共建情况

近年来,重庆积极推动智慧城市和数字金融服务平台建设,形成了多个金融服务应用场景，积累了不少宝贵经验。在数字化、智能化发展换挡升级、迈向新阶段的关键节点，重庆抓住契机，推动金融服务领域的"整体智治"，推动各在建在用金融服务平台向全市统一的综合数字金融服务平台升级。

过去，金融机构风险防控数据主要源于内部积累，存在明显的局部性和局限性。而统一平台通过连通保险机构和政府部门、公共事业单位，实现全域政务数据的集中整合、系统治理和高效使用，推动金融机构提升数字化服务能力，发挥政务数据的最大价值。同时，银行业、保险业金融数据也可为政务管理、社会治理提供支撑，助力政府部门提升对经济社会运行的即时感知能力，助力决策更加科学、治理更加精准。统一平台以"渝快办"作为入口，发挥政府政务网权威性高、认知度广的优势，吸引鼓励各类市场主体注册登记及授权使用数据信息，通过平台直接发布金融需求、对接金融机构，减少不必要的中间环节，让金融机构降息减费让利直接惠及市场主体。

1. 国家金融信息平台西部中心

2023年4月17日，国家金融信息平台西部中心于重庆江北嘴正式揭牌，为金融领域提供了一个重要的数字化枢纽。该中心的使命是实现国产化数据和信息工具在金融机构、金融市场、金融监管和金融服务领域的广泛替代，从而推动金融业的现代化和数字化转型。该中心的愿景是在提供数字平台连接的基础上积极寻求与监管部门、金融机构、重要企业和科研机构的深入合作，共同构建自主可控的金融信息服务生态系统。这个生态系统的关键目标之一是确保国家金融信息的安全，以抵御潜在的威胁和风险。根据相关规划，国家金融信息平台西部中心将着力发展"五大平台"，以满足金融领域的各种需求，包括：西部金融数据安全建设平台，旨在确保金融数据的完整性和安全性；西部金融数据展示和工作指挥平台，为决策者提供数据可视化和指挥中心；西部金融招商投资交流平台，促进投资和招商合作；西部金融机构和上市公司展示平台，用于展示和宣传金融机构和上市公司的成就；金融机构从业者交流互动平台，为金融专业人士提供一个合作和学习的平台。这五大平台的建设有助于推动金融业的发展和创新，同时有利于增强金融信息的安全性和可控性。

2. 中国金融数据储存和计算的重要区域

成渝地区作为中国金融数据储存和计算的重要区域，致力于充分借鉴中国西部（重庆）科学城、中国西部（成都）科学城、中国（绵阳）科技城的经验，将西部金融中心建设成中国金融科技高地。一是促进大数据产业进一步发展。持续推进金融科技研究，开展金融科技领域基础、共性和关键技术研发以及重大应用试点示范，推进人工智能、大数据、云计算、区块链等金融科技领域研究成果在成渝地区率先落地应用。二是推进金融统计数据共建共享共用。加大成渝地区金融统计基础设施建设投入力度，推动成渝地区金融统计数据共享，提升成渝地区金融统计数据处理能力。三是支持全国性交易所和金融机构在成渝地区设立交易系统和数据备份中心。支持有条件的期货交易所在成渝地区设立交易系统备份中心、研发中心和业务分中心，支持上海票据交易所在成渝地区设立分中心或灾备中心，辐射西南地区票据业务。四是鼓励和支持境内外金融机构在成渝地区建设信息化平台、信息服务中心和数据备份中心。

（二）交易所区域服务中心设立情况

1. 优化区域多层次资本市场服务

目前，上交所、深交所、北交所、全国股转系统均在成渝地区设立了区域服务基地，多层次资本市场服务加速优化。重庆方面，2019年12月，深交所重庆服务基地正式挂牌，为培育重庆上市企业梯队发挥了重要作用；2022年5月18日，北交所、全国股转系统重庆服务基地正式揭牌。该基地面向重庆创新型中小企业，有效推动了重庆创新型中小企业在北交所上市、全国股转系统挂牌。成都方面，2023年9月14日，北交所全国股转系统西南服务基地正式在成都挂牌运营。自此，成都成为汇聚了上交所、深交所、北交所三大全国性交易所的一级区域服务基地的城市[①]。这不仅加速了成渝

---

① 2019年12月，深交所西部服务基地挂牌成都；2020年12月，上交所西部服务基地挂牌成都。

地区的金融和经济发展，还标志着成渝地区作为中西部地区综合性服务窗口的加速成形。

2. 与相关交易所及平台加强合作

《成渝地区共建西部金融中心规划》明确，支持有条件的证券期货交易所在成渝地区设立交易系统备份中心、研发中心和业务分中心。加强与上海票据交易所对接，争取在成渝地区设立分中心或灾备中心，辐射西南地区票据业务。鼓励和支持境内外金融机构在成渝地区建设信息化平台、信息服务中心和数据备份中心。推动建设跨区域物流金融数据库，与公共信息服务平台、物流贸易信息平台、国际贸易"单一窗口"互联互通。探索建设集境内外货物物联网监管、投融资对接及市场化融资增信服务于一体的"一站式"综合金融服务平台，对接中国人民银行征信中心动产融资统一登记公示系统。对接上海票据交易所供应链票据平台，推广供应链票据，推进应收账款票据化，探索开展票据经纪、票付通等业务创新。

（三）信息化平台、信息服务中心和数据备份中心设立情况

1. 重庆发布"跨境易融"数字金融服务平台

2023年4月，在第五届中新金融峰会分论坛上，国家金融监督管理总局重庆监管局宣布打造"跨境易融"数字金融服务平台。该平台以数据共享和业务协同为核心理念，为金融机构和相关企业提供了一个共享数据和资源的载体，有助于实现跨境贸易金融服务的高效运作。此外，该平台还整合了政务数据和金融数据，这意味着政府和金融机构可以更好地合作，以满足市场需求。该平台通过构建多跨协同的数字金融服务场景，积极融入和服务全市"整体智治"，服务西部陆海新通道建设、政府和主管部门"即时感知"、外贸外资企业高质量发展，同时助推银行和保险机构数字化转型发展。该平台将成为重庆自贸试验区陆海贸易金融服务的核心，有望促进贸易便利化，提高金融服务效率，提升重庆在国际金融领域的地位。

当前，"跨境易融"数字金融服务平台已经迈入测试阶段，得到了多家

银行和保险机构的积极支持。这些金融机构的参与为平台的可持续发展提供了强有力的后盾。与此同时，外贸主体、承运人、仓库方等相关方正在陆续接入该平台。

2. 重庆 RCEP① 投资贸易服务中心揭牌

2022 年 4 月 27 日，重庆 RCEP 投资贸易服务中心与 11 个海外分中心同时揭牌成立，标志着重庆在 RCEP 框架下迈出了重要一步，对全球经济产生深远的影响。近年来，重庆采取了积极的对外开放策略，力图融入新发展格局，在亚太地区的自由贸易和经济一体化进程中扮演更为重要的角色。其中，建设西部陆海新通道和积极对接 RCEP 的经贸规则成为重庆的发展亮点。随着重庆 RCEP 投资贸易服务中心及 11 个海外分中心的设立，重庆将为深化 RCEP 成员国之间的合作提供更多的机会和平台。

六 成渝地区金融基础设施建设主要问题与对策建议

（一）主要问题

当前，成渝地区金融基础设施建设工作已步入深化阶段，账户支付体系日趋完善，融资服务平台搭建完成，金融数据汇聚效果逐渐显现，但仍面临创新试点建设和数据共享与保护等方面的挑战，存在以下问题。

一是技术问题。创新试点需要应用先进技术，如人工智能、区块链等，但这些技术在应用过程中可能面临数据安全、隐私保护等方面的挑战。二是立法问题。数据共享涉及数据隐私、知识产权等法律法规的约束，需要建立完善的法律法规体系，保障数据共享的合法性和安全性。三是数据标准问题。不同部门、不同企业的数据格式、标准可能不同，导致数据共享时的兼容性和一致性问题，需要建立统一的数据标准。四是数据安全与保护问题。数据共享可能存在数据泄露、数据篡改等安全风险，需要采取严格的数据保

---

① RCEP 指《区域全面经济伙伴关系协定》。

护措施，确保数据安全。此外，数据共享可能涉及数据所有权问题，需要明确数据的所有权归属，避免数据争议。

（二）对策建议

1. 加强支付体系建设

一是推进移动支付扩大使用范围。第一，着力促进移动支付的跨区域协同发展，建立统一的支付标准和协议，使用户能够在成都和重庆之间实现"无缝"移动支付。第二，探索本外币合一银行结算账户业务，简化跨境交易流程，降低成本，提高贸易效率。第三，进行账户制度改革和创新，采用新的金融技术和制度以提高账户操作的效率和安全性。第四，加强与商务、交通运输、文化旅游等领域的合作，拓展移动支付的应用场景，在交通领域、文化旅游业和商务活动中推广移动支付。

二是协同推进支付服务一体化。首先，强化与相关部门及领域的沟通合作，促进移动支付在成渝地区公共服务领域的场景共建和互联互通。其次，提升境外人员在境内使用移动支付的便利水平。再次，鼓励成渝地区银行机构在符合相关收费标准的前提下，减免异地个人借记卡取转款手续费。最后，建立支付领域监管信息互通机制，共享持牌机构、无证机构等信息。

2. 加速金融数据汇聚

在金融数据隐私方面，重点促进大数据产业发展，推动金融科技在人工智能、大数据、云计算、区块链等领域的应用示范；推进金融统计数据共建共享共用，加大金融统计基础设施建设力度，提升金融统计数据处理能力；支持全国性交易所和金融机构在成渝地区设立交易系统和数据备份中心，促进期货交易所、票据交易所等业务在成渝地区的发展；鼓励境内外金融机构在成渝地区建设信息化平台、信息服务中心和数据备份中心，以支持金融业务的发展和数据安全。

参考文献

许予朋:《成渝共建西部金融中心蓝图明确》,《中国银行保险报》2021 年 12 月 29 日。

朱蓝澜、黄翙:《重庆启动本外币合一银行结算账户体系试点》,《金融时报》2022 年 12 月 14 日。

黄光红:《"川渝通办"累计办件量超 1300 万件次》,《重庆日报》2023 年 2 月 20 日。

彭扬、赵白执南:《成渝共建西部金融中心规划出炉》,《中国证券报》2021 年 12 月 25 日。

卢薇:《2025 年初步建成西部金融中心》,《四川日报》2021 年 12 月 26 日。

彭妍:《本外币合一银行账户体系试点扩围 多家银行优化账户服务》,《证券日报》2022 年 12 月 16 日。

郭晓静、黄乔、周松:《"川渝通办"推出 3 批 311 项政务服务》,《重庆日报》2022 年 12 月 30 日。

范子萌:《西部金融中心顶层规划出炉》,《上海证券报》2021 年 12 月 25 日。

张静静:《成渝西部金融中心的六大看点》,《中国金融》2022 年第 2 期。

谭冰梅:《深圳跨境人民币结算业务超 5300 亿元》,《南方日报》2022 年 6 月 22 日。

邹沛思、刘晓星:《重庆中小企业融资渠道再拓宽》,《金融时报》2022 年 6 月 21 日。

朱光:《后疫情时代科技助力金融的价值体现》,《清华金融评论》2021 年第 1 期。

边万莉:《央行最新定调:支持加快构建新发展格局 加快完善金融市场法制和基础性制度》,《21 世纪经济报道》2023 年 2 月 16 日。

刘希洋:《提升银行贸易收支便利化服务水平》,《中国外汇》2020 年第 19 期。

梁静、纪冉:《金融基础设施单位内部控制量化评价研究》,《金融会计》2022 年第 12 期。

纪崴:《以稳健的货币政策稳经济稳增长》,《中国金融》2022 年第 12 期。

荣蓉、章蔓菁:《试点进行时》,《中国外汇》2022 年第 7 期。

张文武:《稳中求进 务实创新 奋力开创金融支持龙江振兴发展新局面》,《黑龙江金融》2023 年第 1 期。

吴迪、雷婧艺、余攀:《川渝金融信用信息综合服务专区正式上线》,《金融时报》2021 年 12 月 7 日。

陈维灯:《重庆 RCEP 投资贸易服务中心揭牌》,《重庆日报》2023 年 4 月 28 日。

黄光红、彭诗洋:《跨境金融服务平台助渝企实现融资 260 亿美元》,《重庆日报》2023 年 8 月 5 日。

陈钧、黄光红:《新华财经(国家金融信息平台)西部中心在江北嘴揭牌》,《重庆

日报》2023年4月18日。

吴豪声：《以外汇科技创新助推内陆开放高地建设》，《中国外汇》2023年第2期。

刘泰山、李艳玲：《加快建设国家西部金融中心　成都准备这样干》，《成都日报》2019年4月2日。

毕波：《〈区域全面经济伙伴关系协定〉对轻工业的机遇与挑战——李玉中在第三期全国RCEP系列专题培训上的讲座侧记》，《西部皮革》2022年第11期。

曾梦宁：《以高水平对外开放推进高质量发展》，《中国金融家》2022年第12期。

马玲：《跨境电商综合试验区增至132个》，《金融时报》2022年2月17日。

杨洁、康文有：《金融集聚推动西部金融中心、成渝地区双城经济圈发展的理论逻辑、现实基础和建设路径——基于金融分权理论视角》，《北方金融》2022年第7期。

陈晶晶：《BH石化公司发展战略研究》，硕士学位论文，广西大学，2022。

杨利鹏：《成都银行支持科技型中小企业融资的管理创新研究》，硕士学位论文，西南财经大学，2020。

王帆：《动荡世界中的稳定之锚与繁荣之源——2022年国际形势与中国外交》，《当代世界》2023年第1期。

黄锡强、王文荟：《新发展格局中江苏与东盟合作的机遇与思考》，《唯实》2022年第12期。

B.6
成渝地区金融要素市场发展报告

田庆刚　郝嘉润*

摘　要： 在西部金融中心建设的过程中，金融要素市场在实现金融资源的集聚和辐射方面起到了重要作用。近年来，成渝地区高度重视金融要素市场的发展，致力于不断完善金融要素市场体系，涵盖股权、金融资产、公共资源、知识产权、碳交易等多个领域。本报告以成渝地区金融要素市场为研究对象，主要阐述了成渝两地金融要素市场的发展现状、西部数据交易中心及知识产权服务和交易中心的建设成效，发现当前成渝地区金融要素市场在发展过程中主要存在发展速度缓慢、交易机制缺失、交易体量较小、一体化建设滞后等问题，提出了加快市场整体发展速度、建立健全交易机制、增加交易体量等对策建议。

关键词： 成渝地区　金融要素市场　金融资产

一　重庆金融要素市场发展现状

（一）基本概况

近年来，重庆始终将风险防控作为推动金融要素市场稳健审慎发展的首要任务，严格贯彻《国务院关于清理整顿各类交易场所切实防范金融风险

---

* 田庆刚，博士，重庆渝策经济技术研究院研究员，重庆工商大学经济学院副教授，主要研究方向为金融要素市场、资本市场和家庭金融；郝嘉润，重庆工商大学金融学院硕士研究生，主要研究方向为ESG责任投资、绿色金融。

的决定》《国务院办公厅关于清理整顿各类交易场所的实施意见》等文件精神以及清理整顿"回头看"工作要求，实施全流程严格监管，持续提升监管能力。截至2023年6月末，重庆共设立了12家交易场所，包括重庆联合产权交易所、重庆农村土地交易所、重庆农畜产品交易所、重庆药品交易所、重庆航运交易所、重庆金融资产交易所、重庆涪陵林权交易所、重庆汽摩交易所、重庆土特产品交易中心、重庆三峡柑橘交易中心、重庆石油天然气交易中心、重庆科技要素交易中心。这些交易场所在服务实体经济、优化资源配置和促进要素流通等核心功能方面发挥了重要作用，整体运行状态平稳。截至2022年末，重庆12家交易场所注册资本达31.50亿元，资产总额达139.45亿元，累计交易总额达8.67万亿元。2022年交易总额达5114.26亿元，营业收入达6.09亿元，纳税总额达0.78亿元。

（二）业务特色

重庆金融要素市场逐步形成多层次、互补性体系，着力完善重庆金融资产交易所、重庆石油天然气交易中心两个全国性交易市场，推动重庆联合产权交易所、重庆药品交易所等区域性交易市场稳步发展。地方交易场所服务实体经济、优化资源配置等功能逐步提升，机构布局日趋完善。重庆联合产权交易所已发展成四大全国性产权交易所之一，在助推公共资源交易体制机制改革、促进公共资源有序流转与降费增效、深化国有企业改革、助力区域经济发展等方面均发挥了积极作用。重庆农村土地交易所在保护耕地、保障农民权益、统筹城乡土地利用、促进新型城镇化发展等方面发挥了积极作用。重庆金融资产交易所确定了新的政府资产负债管理商发展定位，整合资源开发了智慧财政项目，在地方政府增收节支、债控保全、扶贫开发及信息规划等方面建立管理系统，实现全面动态预警、管控和监测，为地方政府加强政府债务管理和国资监管提供动力。重庆石油天然气交易中心致力于促进西部地区石油天然气产业进一步发展，推动油气产品现货期货交易和全产业链安全运营，为提升重庆能源供给能力、区域性能源交易辐射能力和全国性产业影响力做出贡献。

二 成都金融要素市场发展现状

（一）基本概况

近年来，成都已初步建成功能较为完善和富有活力的金融要素市场体系。截至2023年6月末，全市共有西南联合产权交易所、天府（四川）联合股权交易中心、四川联合环境交易所、成都农村产权交易所、成都知识产权交易中心等11家地方交易场所，覆盖国有产权、区域性股权、环境权益、文化产权、公共资源、大宗商品等多个领域，在服务中小企业、拓展融资渠道、创新金融业态、优化资源配置等方面发挥了重要作用。截至2022年末，成都农村产权交易所已与四川省内18个市（州）、120个区县实现了农村产权交易平台联网运行，累计成交各类农村产权1.93万余宗，面积达263.35万亩，交易额达1067亿元。天府（四川）联合股权交易中心已建成并运营子公司西藏（川藏）股权交易中心有限责任公司和天府（四川）联合股权交易中心泸州分中心，同时正在联合各级政府及各方单位积极打造"对接多层次资本市场综合支持服务平台"，已建立包含2.3万家规上企业的信息库。四川联合环境交易所作为全国碳市场能力建设（成都）中心的合作机构，为碳交易市场的健康发展和能源资源的有效配置提供了支持。截至2022年末，四川联合环境交易所已实现国家核证自愿减排量（CCER）交易1429.02万吨，居全国第5位。

（二）业务特色

近年来，成都持续推动金融要素市场提升交易功能，逐步增强金融要素市场在全国范围内的竞争力和影响力。具体来看，全市以提升金融要素市场统一结算功能为核心，积极构建和完善涵盖股权、金融资产、大宗商品、农村产权等要素资源的市场配套服务体系；探索设立金融要素市场登记结算中心，实现交易体系登记、交易、结算3项业务的分离，促进金融要素市场配

套服务功能专业化、规范化，防范和降低金融风险；加快建设大数据交易中心，提升金融科技对要素交易的赋能水平。目前，西南联合产权交易所、成都农村产权交易所交易规模排名全国前列；成都农村产权交易所多项业务位居全国第一；天府（四川）联合股权交易中心经营情况持续改善，盈利能力不断提升；其他交易市场也总体呈现向好发展态势。

三 西部数据交易中心建设成效

（一）基本概况

2022年，西部数据交易中心在重庆江北区正式投用。西部数据交易中心致力于为数据交易方提供完整的合规支持，涵盖了从数据清洗、治理，到数据产品的建模、开发、封装，再到数据产品的登记认证、质量检测、价值评估、定价和结算的整个过程。西部数据交易中心以数据交易为支点，构建市场化的运营服务体系，联合数据商共同搭建与完善交易、服务、技术、产业等多维生态，助力政务、企业、社会等全数据要素流通，助推数字经济快速发展。西部数据交易中心引入大数据、区块链、隐私计算等技术，按照"数据可用不可见、可控可计量"的交易范式，以"小步快跑、快速迭代"的方式加快数据交易平台建设，为交易活动提供可信可靠的交易环境。

（二）建设探索

一是探索数据商生态，构建了一个数据交易服务体系。目前，西部数据交易中心已实现数据提供商、技术服务商、数据运营商、配套服务商和数据经纪商等5类数据商的集聚，与多家企业建立了合作伙伴关系。在创新探索中，引入了数据经纪商共建共享合作试点，旨在将场外数据交易引入场内，以便完成合法交易。这一举措有助于构建数据交易生态系统，覆盖数据交易全产业链上的各个节点，推动数据的合法化交易并激发数据交易的增长动力。

二是探索交易模式，推动3种交易场景落地。基于服务多家企业的经验，西部数据交易中心为企业生成的非货币化数据资产提供了综合的流通、交易和兑换服务。这些数据资产涉及航空、酒店、零售、文旅、商超、餐饮等多个领域，实现了跨行业、跨企业和跨平台的流通，加速了数据资源向数据资产的转化过程。首批数据资产的拟交易规模已超过1亿元，这为未来实现数据登记、评估、上市和交易的一体化提供了实践经验，进一步强化了线上数据对线下实体经济的带动作用。

三是探索数据合规，守住数据交易底线，提供以政策法规为引领、以市场需求为导向的组合式创新合规服务。西部数据交易中心联合高校智库、第三方律所、合规科技、保险科技4类机构，推出"数盾"系列合规交易服务体系，向交易双方提供包括交易前合规评估、交易中合规辅导与认证、交易后合规保险在内的一揽子数据交易合规解决方案，全流程保障数据交易的合规性与安全性。

四是探索交易场景，在数据场景基础上创新融合产业应用场景。西部数据交易中心从数据认证、数据营销、数据画像、数据风控4类主流数据场景出发，融合工业、金融、消费等领域，交叉匹配高质量数据产品，形成10余个典型数据交易场景，采用数字化手段促进产业升级与模式创新。

（三）建设进展

西部数据交易中心的使命是成为国内领先和西部地区一流的数据交易场所，目标是促进数据要素合规高效、安全有序流通。为实现这一目标，西部数据交易中心提供了多种服务模式，包括数据产品的开发、发布、承销以及数据资产的合规化、标准化、增值化处理。这些服务模式涉及数据经纪、合规认证、安全审计、数据公证、数据保险、数据托管、资产评估、争议仲裁、风险评估和人才培训等领域。从合规保障、流通支撑、供需衔接、生态发展等多角度出发，西部数据交易中心打造了100余个交易场景，形成连接供需的服务平台、应用场景的创新载体、数字经济的信息枢纽。西部数据交易中心坚持以市场促创新、以规制保创新，针对数据要素产权交易、数据要素价值发挥、数据要素利益平衡建设数据登记中心，登记1000余笔数据产品，探索更加高效、更具创新实用性的机制。在本土优势产业、重点领域加快培育数据商新生态，提升数据交易全链条服务能力，服务10000余家市场主体，推动从原始数据资源到数据资产再到数据资本的价值演进，成为促进数字经济和实体经济深度融合、高质量发展的重要支撑点。

为助力数字重庆建设，西部数据交易中心通过技术创新、模式创新，积极打造具有重庆辨识度和全国影响力的数据要素价值化创新应用，促进数字经济发展，赋能实体经济。2023年6月，西部数据交易中心正式上线全国首个汽车数据交易专区，这是西部数据交易中心在数据交易领域内的又一创新探索。此外，西部数据交易中心基于自主开发的全国首个线上可量化合规诊断系统推出了"数盾护航合规评估服务"。线上可量化合规诊断系统能以更直观的方式帮助企业识别数据在交易流通过程中面临的合规风险，防范数据加工、使用、交易等各环节中的潜在风险隐患，确保数据持有主体、数据加工主体、数据经营主体的合法性，实现数据交易合规管理。

（四）发展展望

西部数据交易中心致力于成为国内领先的服务数字经济全产业链的数据交易中心，这将对重庆数字产业的发展产生积极影响，同时加速重庆数字经济的发展。通过提供专业的数据交易服务，西部数据交易中心将在数据资产的合规化、标准化和增值化处理方面发挥关键作用，推动数字经济生态系统的壮大和创新。

四 知识产权服务和交易中心建设成效

（一）重庆西部知识产权服务中心

重庆西部知识产权服务中心是经国家知识产权局审核批准的知识产权服务机构，主要提供商标、专利、版权等的登记注册服务及调解、仲裁和司法诉讼等法律服务。重庆西部知识产权服务中心整合了重庆市内丰富的服务资源，构建了市场化运营和专业化服务的运作机制。同时，组建了一支高度专业化的运营团队，采用线上和线下相结合的交易方式，布局并建设了四大重要功能模块，包括知识产权收储系统、价值评估系统、交易撮合系统以及高端知识产权运营人才培养引进系统。

重庆西部知识产权服务中心的设立将对完善重庆的知识产权市场交易机制产生积极作用，为创新主体提供涵盖知识产权收储、评估、交易撮合、定价、结算等多个领域的综合知识产权运营服务，从而实现更高水平的一体化服务，为创新成果转化应用和经济高质量发展提供强有力支撑。

（二）成都知识产权交易中心

成都知识产权交易中心是由成都交子金融控股集团、成都技术转移集团、成都交易所投资集团、高新区投资集团、天府新区投资集团、欣天颐投资公司、九鼎智远知识产权运营公司共同出资成立的国有控股混合所有制企业，注册资本为3亿元。成都知识产权交易中心以知识产权交易为抓手，打造以知识产权融资、知识产权运营服务为主的创新型知识产权交易综合服务平台，促进知识产权高效运用，助推科技成果转移转化。

1. "知贷通"知识产权融资服务平台实现提档升级

"知贷通"知识产权融资服务平台是成都知识产权交易中心建设的服务平台。2021年1月，"知贷通"知识产权融资服务平台作为地方金融改革服务经济高质量发展典型案例入选"2020年四川省全面深化改革十件大事"。自2021年上线以来，平台不断创新升级，打破数据壁垒，畅通处置渠道，为政府、金融机构和企业搭建了桥梁，有效降低企业的融资成本，提升金融机构贷款的积极性，助力政府引导政策落地落实，为中小企业"知产"变"资产"提供了有力支撑。据统计，平台先后与18家金融机构建立合作关系，累计为千余家中小企业提供知识产权融资服务，涉及金额11.44亿元，130多家企业通过平台获得知识产权质押融资补贴近1200万元。

此外，成都知识产权交易中心与成都市融资再担保公司签署了业务合作协议，旨在推动"知贷通"知识产权融资服务平台与普惠信贷工程产品"蓉易贷"展开深度合作，共同推广"蓉易贷·知贷通"知识产权融资品牌。"知贷通"相关知识产权质押融资项目将纳入"蓉易贷"风险补偿资金池，进一步鼓励和吸引银行等金融机构开展知识产权质押融资业务，扩大知识产权质押融资规模。"蓉易贷·知贷通"知识产权融资品牌成为通过市级主管部门认定的跨行业合作融资品牌。

2. 加快推进成渝知识产权交易市场一体化发展

成都知识产权交易中心着力发挥成渝两地已成立的产业园区发展联盟、技术转移联盟、现代金融产业旗舰联盟的平台作用，加强与重庆知识产权主管部门、专业服务机构及园区企业、高校院所等的交流互动，推动两地金融要素市场稳步实现项目信息互挂、业务需求互推、服务流程互通，以提升两地知识产权转移转化效率，扩大知识产权交易规模，助力打造具有全国影响力的科技创新中心。

五 问题剖析

当前，成渝两地金融要素市场建设取得了一定的成效，重庆设立了12家交易场所，成都设立了11家交易场所，同时建设了西部数据交易所及西部知识产权服务中心。但是，成渝地区金融要素市场在发展过程中仍然存在发展速度缓慢、交易机制缺失、交易体量较小、一体化建设滞后等问题。

（一）发展速度缓慢

目前，成渝地区金融要素市场发展速度仍然缓慢，可能存在以下几个方面的原因。一是政策支持不足。虽然成渝地区在政策层面已经有所布局，力图推动金融要素市场的发展，但与东部沿海发达地区相比，政策支持力度仍然不足，限制了金融要素市场的发展。二是金融基础设施落后。成渝地区的金融基础设施相对落后，体现为金融信息服务平台不完善、支付与清算系统不健全、金融交易场所功能不全面等，直接影响了金融交易的效率和成本，进而影响了金融要素市场的吸引力和竞争力。三是金融创新能力不足。金融创新是金融要素市场发展的关键动力。成渝地区的金融创新能力相对不足，表现为金融产品和服务单一化、创新机制和模式缺乏，这不仅限制了金融要素市场的活力和吸引力，而且降低了市场的服务效率和质量。四是金融人才缺失。金融人才是推动金融要素市场发展的核心要素之一。相比东部沿海地区，成渝地区金融人才的数量和质量都存在差距，尤其是高端金融人才缺失。人才的不足直接影响金融要素市场的服务能力和创新能力，也影响了市场的长期发展潜力。五是区域经济结构的限制。与东部沿海地区相比，成渝地区金融服务业的发展水平较低。区域内主导产业对金融服务的需求较为单一，在一定程度上限制了金融要素市场的发展。

（二）交易机制缺失

成渝地区金融要素市场交易机制缺失，可能是以下四个方面造成的。一是交易规则不完善。主要体现在市场准入标准不明确、交易行为规范不统一等方面。在这种情况下，市场参与者在交易过程中面临较大的不确定性，不利于建立一个公平、公正的市场环境。二是交易流程不透明。主要体现在交易信息披露不充分、交易程序复杂等方面。缺乏有效的信息披露机制使得市场参与者无法全面了解交易对手和交易产品的真实情况，加剧了交易的信息不对称问题。同时，复杂的交易程序增加了交易成本，降低了交易效率。三是缺乏有效的风险控制机制。主要体现在风险评估不足、风险预警机制不健全、风险处置措施不明确等方面。这导致市场在面对金融风险时缺乏有效的防控和应对措施，加剧了市场的不稳定性。四是监管体系不健全。主要体现在监管政策不完善、监管手段落后、监管执行力度不足等方面。缺乏有效的监管不仅无法保障市场的公平公正，还可能引发市场操纵、欺诈等违法违规行为，损害投资者利益。

（三）交易体量较小

相比金融业较为发达的地区，成渝地区金融要素市场的交易频率和交易规模都存在差距,对地区经济和金融要素市场发展产生了一定的影响。原因主要有以下两个方面。一是金融要素市场参与主体有限。成渝地区金融要素市场缺乏大型金融机构和专业投资者的参与,限制了金融要素市场交易的深度和广度。二是市场需求有限。与一些经济发达地区相比,成渝地区部分行业和企业对金融产品和服务的需求仍然有限,这直接影响了成渝地区金融要素市场的活跃度和交易体量。

(四)一体化建设滞后

在金融要素市场一体化建设方面,成渝地区面临诸多问题和挑战,原因有以下四个方面。一是政策协调机制不健全。成渝两地在金融政策、市场规则以及监管体系等方面缺乏足够的协调和统一,导致金融要素市场运行过程中存在法律法规的不一致,增加了金融机构跨区域经营的成本。二是金融基础设施互联互通不足。成渝地区金融基础设施的互联互通程度不高,支付系统、信用信息共享平台等关键金融基础设施的联动不够顺畅,影响了金融资源的高效流动和配置。三是金融要素市场运作机制不一致。成渝两地金融要素市场在交易规则、产品标准、服务流程等方面存在差异,这些差异制约了金融产品和服务的跨区域共享,限制了金融要素市场的一体化发展。四是区域金融创新协同不足。成渝地区在金融创新方面缺乏有效的协同机制,两地金融创新资源和成果共享不足,金融创新活动相对分散,没有形成合力,影响了金融服务实体经济的能力和水平。

(五)西部数据交易中心发展缓慢

西部数据交易中心作为一个关键基础设施和平台,旨在促进数据资源的交易和利用,支持地区金融市场的发展和创新。然而,其发展速度相对缓慢,面临政策支持不足、基础设施建设不足、数据资源整合不足、数据交易模式有待创新、数据安全保护有待加强等方面的问题。比如,在政策支持方面,政策环境是推动西部数据交易中心发展的重要因素,虽然成渝地区有意促进金融要素市场的发展,但缺乏有针对性的政策支持。再如,在基础设施建设方面，西部数据交易中心的运营高度依赖强大的技术基础设施，包括数据存储、处理、分析和传输系统等，成渝地区在这方面的建设水平还不足以满足西部数据交易中心快速发展的需求。这不仅影响了数据交易的效率和质量，也限制了交易模式的创新和服务的拓展。

（六）知识产权和技术转移能力不强

成渝地区作为中国西部的重要经济区域，其金融要素市场的发展受到广泛关注。然而，成渝地区在推动知识产权和技术转移方面仍面临一些难题和挑战，主要包括技术转移机制不全、知识产权服务产业发展不足、国际交流合作欠缺以及区域协同发展不充分。一是技术转移机制不全。技术转移是推动科技成果转化和产业升级的重要途径。成渝地区在这方面面临的主要问题是技术转移机制不完善，包括技术转移体系和激励机制不完善、技术评估和交易平台不健全等。二是知识产权服务产业发展不足。知识产权服务产业是支撑技术转移和创新发展的重要基础。成渝地区在这方面存在服务体系不健全、专业人才缺失、高端服务能力不足等问题，影响了知识产权的有效保护和利用。三是国际交流合作欠缺。在全球化背景下，国际交流合作是推动知识产权和技术转移的重要途径。成渝地区在这方面面临合作平台不足、国际影响力有限等问题，限制了其在国际知识产权和技术转移领域的参与度和影响力。四是区域协同发展不充分。区域协同发展是实现资源共享、优势互补的有效途径。成渝地区在推动知识产权和技术转移区域协同发展方面存在战略规划不一致、协作机制不健全、信息共享平台不完善等问题。

六　对策建议

（一）加快市场整体发展速度

一是加强政策支持、优化金融环境。相关部门需要出台激励政策，如制定针对金融创新和金融服务业发展的优惠政策，包括税收减免、资金支持、

政策补贴等，吸引更多金融机构入驻。同时，简化审批流程，降低金融市场准入门槛，提高审批效率。二是加快金融基础设施建设。加大对金融基础设施的投资力度，如支付系统、交易平台、数据处理中心等，提高金融服务的效率和安全性。推动技术升级，利用区块链、大数据、云计算等现代信息技术提升金融基础设施的技术水平，增强金融要素市场的信息处理和风险管理能力。三是促进金融创新和产品多样化。建立金融创新支持体系，鼓励金融机构开展金融科技研发，支持金融产品和服务的创新，提升金融要素市场的活力和吸引力。推动跨行业合作，如促进金融机构与科技公司、制造业、服务业等行业的合作，开发满足多元化需求的金融产品和服务。四是加强金融人才培养和引进。建立人才引进机制，制定优惠政策，吸引国内外金融人才和高端金融管理人才，提供竞争性薪酬、住房补贴等。还可以加强与高校的合作，共同建立金融人才培养基地，提升金融专业教育质量，加强在校生实践和创新能力的培养。五是优化区域经济结构，提升金融服务需求。促进产业升级，通过金融支持实体经济的策略促进产业结构调整，特别是加强对高新技术产业的金融支持。推动服务业发展，加大对服务业特别是现代服务业的支持力度，带动金融服务需求的增长。六是强化区域合作，推进金融一体化。加强成渝两地的合作，可以成立成渝地区金融协同发展工作小组，协调解决金融市场一体化发展中的关键问题。共享金融资源，通过共建金融平台、共享金融信息等方式，加强金融资源共享，提高金融服务的整体效能。

（二）建立健全交易机制

针对成渝地区金融要素市场交易机制缺失的问题，可以采取以下策略改进。一是完善交易规则，制定一套公平、公正、透明的交易规则，明确市场准入标准、交易行为规范等，以降低交易过程中的不确定性。二是简化交易流程，增强透明度，提高交易效率，建立健全信息披露机制。三是建立有效的风险控制机制，加快构建包含风险评估、风险预警和风险处置的完整体系，加强对市场风险的监测和管理，提高市场的安全性和稳定性。四是加强监管体系建设，更新监管政策，引入现代化的监管手段，提升监管效率和执行力，确保金融要素市场的健康发展。这些措施可以有效改善成渝地区金融要素市场的交易机制，提升市场的效率和安全性，为市场参与者创造一个更加公平、公正、透明的交易环境。

（三）增加交易体量

针对成渝地区金融要素市场交易体量较小这一问题，可以采取以下措施。一是优化金融基础设施。推动金融交易平台、支付与清算系统等基础设施的升级，提高金融交易的效率和安全性，为金融要素市场提供良好的交易环境。二是促进金融产品和服务创新。鼓励和支持金融机构针对地方经济特点和企业需求开发新的金融产品和服务，以吸引更多的投资者参与市场交易。三是扩大金融市场参与主体。通过政策引导和市场拓展，吸引更多的金融机构和专业投资者进入市场，尤其要鼓励外资金融机构和私募基金等新兴市场参与者的加入。四是提升区域经济发展水平。持续推动成渝地区经济高质量发展，尤其是加强对高新技术产业、现代服务业等新兴产业的培育，从而增加企业和居民对金融产品和服务的需求。上述措施的实施，不仅能够增加成渝地区金融要素市场的交易体量，还能提升成渝地区金融要素市场的整体活跃度和服务实体经济的能力，进一步推动地区经济和金融要素市场的发展。

（四）加快一体化建设

成渝地区金融要素市场一体化建设可以从以下四个方面推进。一是增强政策和监管的协调性。建立成渝地区金融监管协调机制，统一金融政策和市场规则，协同推进金融法律法规的制定和修订，实现监管政策的一致性和连贯性。二是提升金融基础设施联通水平。加大投资力度，加快推进成渝地区金融基础设施的建设和改造，特别是加强关键金融基础设施的互联互通，如支付系统、信用信息共享平台等，促进金融资源的高效流动。三是统一金融市场运作机制。通过制定统一的金融市场交易规则、产品标准和服务流程等，减少成渝地区金融市场的运作差异，便利金融产品和服务的跨区域交易

和使用。四是加强区域金融创新合作。构建成渝地区金融创新合作机制，共享金融创新资源，协同推进金融科技研发和应用，通过金融创新促进区域经济发展和金融市场一体化。上述措施的实施，可以有效加快成渝地区金融要素市场一体化建设的进程，提高金融要素市场的整体效率和服务水平，更好地服务区域经济一体化和高质量发展。

（五）加快发展西部数据交易中心

成渝地区应当充分利用地理、经济和技术优势，通过政策支持、基础设施建设、市场培育等手段，推动数据资源的集聚和高效利用，加快发展西部数据交易中心，从而促进地区经济的数字化转型和高质量发展。一是强化政策支持。制定和实施一系列政策措施，为西部数据交易中心的建设和发展提供法律保障和政策指引，确保数据交易的合法性、安全性和规范性。二是加强基础设施建设。投资建设先进的基础设施，包括高速宽带网络、云计算平台和大数据中心等，为数据交易提供坚实的技术基础。三是推动数据资源整合。促进政府、企业和社会各类数据资源的整合，打破"信息孤岛"，建立统一的数据交易平台，提高数据的可用性和价值。同时，鼓励和支持数据交易相关企业和机构发展，形成健康有序的市场生态，提升数据交易的效率和效益。四是创新数据交易模式。探索多种数据交易方式，如数据租赁、数据交换、数据共享等，满足不同用户的需求，激发市场活力。五是加强数据安全保护。建立健全数据安全保护体系，采取数据加密技术和访问控制措施，保护个人隐私和商业机密，增强用户对数据交易的信心。

（六）提升知识产权和技术转移能力

成渝地区应当充分利用政策、人才和资源优势，通过加强知识产权保护、优化技术转移机制、培育服务产业等手段，推动知识产权的创新、应用和商业化，从而促进地区经济的高质量发展和创新能力的提升。一是优化技术转移机制。建立健全技术转移体系，包括评估、定价、交易、担保等机制，促进知识产权的有效转化和应用。二是培育知识产权服务产业。发展专业化的知识产权服务机构，如专利代理机构、评估机构等，提供全方位的知识产权服务。三是积极参与国际知识产权和技术转移合作与交流，引进国外先进技术和管理经验，提升本地创新能力和国际竞争力。四是促进区域协同发展。加强成渝地区内部以及成渝地区与其他地区之间的协同发展，共享知识产权资源和技术转移经验，形成更大规模的创新网络。

参考文献

李国：《老工业基地探寻数字化转型之路》，《工人日报》2023年3月7日。

张亦筑、冉罗楠：《重庆知识产权领域改革助力打造一流营商环境》，《重庆日报》2022年7月14日。

陈邦祺：《数据要素在狂飙》，《国企管理》2023年第8期。

《中共中央　国务院关于构建数据基础制度更好发挥数据要素作用的意见》，《科学中国人》2023年第2期。

刘晓娜、王艳莉、吕杨利：《烟台市科技金融融合机制研究》，《金融客》2023年第5期。

B.7 成渝地区金融创新发展报告

吕秀梅 陈秀萍*

摘 要: 创新是金融业改革与发展的动力所在。推动金融创新、加强创新监管是推动金融普惠和可持续发展的关键举措。本报告以成渝地区金融创新发展情况为研究对象，主要总结了成渝地区的金融科技成果落地应用情况及重庆国家金融科技认证中心和中新金融科技合作示范区的建设情况，发现当前成渝地区在金融创新方面存在人工智能技术应用不足、区块链金融政策缺失、支付科技有待创新等问题，提出了持续提升人工智能技术在金融领域的发展水平、加强区块链金融政策指引、探索支付科技集成创新等对策建议。

关键词: 成渝地区 金融科技 金融普惠 科创金融

一 金融科技成果落地应用情况

成渝地区双城经济圈作为推动中国西部地区经济发展的核心区域，在金融创新发展方面起到非常重要的作用。《成渝共建西部金融中心规划》提出打造中国（西部）金融科技发展高地，其中一个关键目标是推进政务数据与金融数据的融合共享。这将有助于建立更加智能和高效的金融体系，整合政府部门的数据资源和金融机构的数据资产，实现更好

---

* 吕秀梅，博士，重庆金融学院、重庆工商大学金融学院教授，主要研究方向为衍生金融工具、金融科技、监管科技等；陈秀萍，重庆工商大学经济学院硕士研究生，主要研究方向为数据资产开发与利用。

的风险管理和金融服务，同时进一步推动数字化转型，促进金融科技在政务和金融领域的应用。该规划还着重强调了金融科技领域的基础、共性和关键技术研发。这一方面有助于提高我国在金融科技创新方面的国际竞争力，另一方面为金融科技企业提供了更多的技术支持和研发合作机会。此外，该规划还特别强调推动成渝地区金融科技领域的发展，包括人工智能、大数据、云计算、区块链等。这将为金融科技企业提供一个理想的试验场所，以验证和推广其创新产品和解决方案。同时，这将吸引更多国内外的研究机构和企业前来合作，形成有利于金融科技发展的生态系统。

（一）人工智能金融

2020年，国家标准化管理委员会等5部门共同发布了《国家新一代人工智能标准体系建设指南》，这是我国在人工智能领域迈出的重要一步。该指南明确：到2023年，初步建立人工智能标准体系。这一指南的发布具有深远的意义。随着人工智能技术的飞速发展，标准化成为保障人工智能产业健康发展的重要手段。建立完善的标准体系，可以促进技术创新、提高产品质量、推动行业合规，为企业提供更多发展机会，也为消费者提供更可靠的产品和服务。此外，建立人工智能标准体系也将促进行业的合作与创新。成渝地区已在促进人工智能金融发展方面做出了许多努力。在政策和投资支持方面，重庆两江新区加快建设国家数字经济和新一代人工智能创新发展试验区。马上消费金融作为两江新区人工智能金融的代表企业，不仅在消费金融领域取得了卓越的成绩，还专门设立了人工智能研究院。这个研究院不仅拥有一支高水平的人工智能研究团队，还吸引了众多该领域的专家和高级人才。他们在人工智能领域开展了深入的研究，不仅提高了马上消费金融的核心竞争力，还将人工智能相关技术广泛应用于金融科技领域。这些人工智能相关技术贯穿马上消费金融的各个环节。从获客、客户服务、风险控制到贷后管理，这些技术都发挥了关键作用。例如，在获客方面，人脸识别技术可以用于客户身份验证，提高了安全性和

便捷性；在客户服务方面，语音识别技术可以使自动语音助手提供更高效的客户支持；在风险控制方面，风险识别技术有助于实时监测和识别潜在风险；在贷后管理方面，自动化处理和数据分析技术提高了客户体验和风险管理效率。

未来，成渝地区的人工智能金融将进一步发展，地区内的创新生态系统将继续吸引人才和投资，加速人工智能技术的演进，从而推动经济增长。在人才培养方面，成渝地区高校积极培养人工智能人才，联合企业吸引各方优秀人才参与人工智能金融体系建设。2022年，成都举办"金融大数据与可信AI专题论坛"，旨在探讨金融科技与人工智能领域的前沿技术。

（二）区块链金融

1. 重庆市国家区块链创新应用综合性试点

近年来，重庆市在区块链金融领域取得了显著的进展，以渝中区为国家区块链创新应用综合性试点，将应用服务、技术平台、安全监管以及产业生态作为创新的核心方向。在这一背景下，重庆市着重打造了28个区块链应用场景，包括"公积金信息共享联盟链"和"区块链数字身份"等。这不仅促进了政府部门之间的信息共享与协作，还提高了数据的安全性和可信度，对于提高行政效能和提供更好的公共服务具有重要意义。此外，重庆市成功创建了重庆市区块链数字经济产业园，吸引了一大批企业和创新者，推动了区块链金融的发展。

2. 重庆股份转让中心获批中国证监会区块链试点

2023年7月，重庆区域性股权市场区块链试点任务书正式获得批准，重庆股份转让中心就此获得中国证监会区块链试点资格，这将为重庆乃至全国的股权市场注入新的活力。这一试点计划旨在充分利用区块链技术的优势，提高股权市场的透明度和交易效率，为投资者和企业提供更加安全、高效的股权交易环境。此举也有望为中国证券市场带来更多的创新思路，为国内外投资者提供更多的选择。重庆股份转让中心作为重庆区域性股权市场的运营主体，积极探索建设符合重庆发展实际的"区块链+股权交易"体系，重点打造了"区块链+数据报送""区块链+企业画像""区块链+基金服务""区块链+认股权"4个项目，提升了重庆企业对接资本市场的质效。

3. 成都力促区块链金融发展

2021年末，成都市首次提出"强圈强链"理念，旨在充分发挥区块链金融的优势，赋能产业发展。作为国家首批区块链创新应用试点城市，成都市发布了《成都市建设国家区块链创新应用综合性试点专项政策实施细则》，明确在区块链金融领域的专项补贴和支持措施，以进一步激发市场活力和创新动力。此外，成都市积极推动区块链技术在金融领域的具体应用、致力于提升金融业务的透明度和可信度，降低金融风险，增强金融市场的稳定性，提升融资成功率，优化金融业务流程，推动区块链金融产业的集聚和发展。近年来，成都市成功推动了多个区块链金融应用项目的落地，这些项目不仅提升了金融服务的效率和透明度，还降低了金融风险。以跨境金融区块链服务平台为例，该平台利用区块链技术实现了跨境融资的高效对接，为跨境金融业务提供了更便捷、更安全的解决方案。通过区块链技术的应用，成都市金融业能够更好地服务实体经济，提升金融服务的智能化水平，从而增强城市的金融竞争力，促进经济的持续健康发展。

（三）信贷产品创新

1. 成都高新区赋能科技企业发展，引导信贷产品创新

2021年10月14日，成都高新区举办了首届"科创金融优质信贷产品"现场评审及表彰活动，22个信贷产品分别获评"成都高新区十佳特色信贷产品""优质投贷联动信贷产品""优质人才类信贷产品""优质知识产权信贷产品""优质供应链信贷产品"。近年来，成都高新区不仅在政策性产品方面取得了突破，还完善了金融产品的收集、评选、发布机制，鼓励市场化信贷产品的创新和推广，提高市场化信贷产品的服务能力。为了解决科技企业融资难的问题，成都高新区构建了梯度政策性信贷

产品链，以满足不同阶段科技企业的融资需求。此外，成都高新区还建立了创新的信用增进和风险缓释机制，如"一池一库一办一会"政府信用机制，以及"高知贷""成长贷""壮大贷""股改贷"等差异化贷款方案，以满足不同类型企业的需求，提高企业的融资能力，促进企业的健康发展。

2. 成都"人才贷""研发贷""成果贷"助力科技企业高质量发展

科技创新成果的转化离不开金融的支持，从事成果转化的科技企业往往具有人才资源、研发项目等科技要素，但是其"高风险、轻资产、缺抵押"的特征导致其难以获得传统信贷产品的支持。针对这一困境，成都创新财政科技资金使用方式，围绕科技成果转化全链条，推出"人才贷""研发贷""成果贷"等信贷产品。截至2022年底，"人才贷"累计支持四川省、成都市各类型人才213人次，金额达5.38亿元；"研发贷"累计为379家国家高新技术企业提供了16.59亿元的研发资金支持；"成果贷"累计支持新能源等科技成果833项，放款金额达36.39亿元①。

（四）支付科技集成创新

1. 数字人民币落地应用

《重庆市国民经济和社会发展第十四个五年规划和二〇三五远景目标纲要》强调积极推进数字人民币相关研究，积极探索数字人民币在国际应用场景的潜力，并鼓励创新移动支付体制。这一举措旨在加速数字人民币的推广，促进其更广泛的国际使用，同时为数字人民币的未来应用提供支持。数字人民币的研究和创新将在移动支付领域引领未来发展，提高金融体系的效率和便利性，推动金融科技的进一步发展。从数字人民币提高缴税效率的角度来看，重庆构建了"税务—中国人民银行—商业银行"协同联动工作机制，确保数字人民币支付对接渠道的顺畅。截至2023年10月26日，重庆所有商业银行均可办理数字人民币缴税业务，企业和个人也可通过重庆市电

---

① 资料来源：人民网。

子税务局、网上银行、银行柜台等渠道使用数字人民币缴纳税费。从数字人民币便利人民生活的角度来看，数字人民币落地重庆以来进展良好，充分利用消费金融领域人才、政策和产业优势，拉动民生消费、惠及百姓生活。数字人民币已经成功应用于各类消费场景，为市民提供了更加便捷的支付方式。这一趋势进一步促进了数字人民币的普及，为未来数字人民币的应用提供了坚实的基础，也有望提高金融体系的效率和用户体验，加速数字化支付的发展。从数字人民币丰富贷款方式的角度来看，2023年6月，重庆首笔数字人民币对公贷款在西部（重庆）科学城落地，这一举措不仅显著提升了金融服务能力，还推动了结算和转账手续费减免政策的落地，为市民和企业提供更经济实惠的金融服务，有助于普惠金融的普及。

2. 支付一体化建设

近年来，成渝地区营商环境持续优化，税收执法更为精准，逐步实现税收征管一体化。除此之外，在交通方面，启用成渝公交地铁"一卡通"，提供更为便捷的公交一体化支付方式，实现了线路和票务信息的共享。这一举措改善了市民和游客的出行体验，让他们能够更方便地在成渝地区使用公共交通。在社会保障方面，成渝地区推行社保"一卡通"，推进社保卡共享应用，建立了以社保卡为载体的"一卡通"服务管理模式。

3. 本外币合一银行结算账户体系建设

自2022年12月起，重庆开展了本外币合一银行结算账户体系试点。其核心在于以人民币银行结算账户为基础，将资金管理和账户管理在一定程度上分离，以满足外汇管理的需求。这一举措的目的是更好地利用中国（重庆）自由贸易试验区、西部陆海新通道等开放平台的优势，为推动人民币国际化奠定坚实的基础。主要举措包括：拓展人民币跨境应用场景，鼓励非银行支付机构开立跨境人民币备付金账户；探索外汇保证金交易试点，允许符合条件的个人居民参与；简化境内企业在境外上市的监管流程，同时支持银行代为处理境外上市的外汇登记手续；加强跨境金融领域监管，包括宏观审慎框架下的风险监测、数据保护等。在此基础上，探索建立统一的跨境电商金融服务平台，加强对跨境金融业务数据的保护，更好地促进本外币的自由兑换，推动跨境贸易和投资便捷开展。这有助于加强外汇管理，助力外贸外资企业融资和结算，对提升重庆作为国际贸易和金融中心的地位具有积极意义。

4. 跨境金融服务平台建设

重庆是国内较早参与跨境金融服务平台建设的城市之一，通过建立本外币账户管理体系，逐步健全本外币跨境资金池管理政策体系，已在跨境金融服务平台上线7个应用场景，成为国内应用场景上线数最多的城市之一。针对自由贸易账户互通机制，创新境外资金在渝支付模式，初步形成覆盖银企对接、结算、融资、展业监管等功能的金融生态平台。截至2023年6月末，重庆16家银行通过跨境金融服务平台为74家企业办理融资授信110笔，授信金额合计达8.7亿美元，授信成功率达到94%，实现银企高效对接。依托跨境金融服务平台上线出口信保保单融资、出口应收账款融资等融资类场景，实现银行间贸易融资信息实时共享，综合判断企业信用状况，实现融资业务流程优化升级。跨境金融服务平台同时上线企业跨境信用信息授权查证场景，各银行、外汇部门之间共享查验结果，提高授权查证效率，为加强银行展业监管提供了更为便捷的方式。

（五）智能风控集成创新

1. 重庆三峡银行："三峡盾"智能风控平台

大数据风控决策引擎作为推动信贷业务数智化的核心板块之一，承担了线上信贷业务实时智能审批、辅助线下信贷业务人工审批的职责。授信系统将客户信息传输至决策引擎，决策引擎根据业务场景、产品种类及客户身份等信息，执行反欺诈准入筛查、业务准入筛查、信用评估模型及额度利率计算策略，并将审批结果返给授信系统。在辅助人工审批的线下信贷业务场景，同时生成包含客户基本信息、风险特征、关键风险指标等信息的风险报告，供审查人员参考。

反欺诈风控决策引擎接入手机银行、"三峡付"、个人网银等各类电子渠道，结合专家经验与机器学习构建交易反欺诈模型。在交易发生的瞬间从账户、设备、IP、LBS等多维度识别并拦截盗用、欺诈、洗钱、刷单等高风险行为，对疑似欺诈的交易进行进一步识别，防范电子渠道各类交易风险。

重庆三峡银行推出的"三峡盾"智能风控平台整合了大数据风控决策引擎与反欺诈风控决策引擎，建立了以客户为中心，覆盖交易和信贷场景，支撑贷前、贷中、贷后等全生命周期的数智化风险防控体系。在客户发起交易或信贷业务时，该平台能结合客户的信贷信息及交易行为，对客户进行更全面、多维度的风险画像和评估，为信贷资金用途合规提供保障。

2.重庆打造全方位、立体化、智能化风控体系

近年来，重庆积极应对金融领域重大风险，坚决开展防范和化解非法集资风险的攻坚工作。通过建立全方位、立体化、智能化的非法集资风险防控体系，提高了金融体系的安全性，增强了监管的有效性，有力遏制了非法集资活动的蔓延，保护了投资者的合法权益，维护了金融市场的稳定。这一成果表明，重庆在金融风险防控领域取得了显著的进展，为金融市场的可持续发展创造了更有利的环境。

（六）智能监管集成创新

1.中国人民银行重庆市分行智能监管创新应用

2020年，原中国人民银行重庆营管部（现中国人民银行重庆市分行）发布了《关于征集重庆市金融科技创新监管试点项目的公告》，标志着重庆金融科技创新监管进入了新的探索阶段。随后，原中国人民银行重庆营管部发布了《关于重庆市金融科技创新监管试点第一批创新应用提供服务的公告》，公示了首批提供服务的创新项目（见表1）。通过建立金融科技创新监管试点，重庆为金融科技企业和项目提供了更大的展示平台。这有助于推动金融科技领域的发展，促进金融科技创新。同时，这也为金融科技监管提供了更多的经验和数据，有助于不断提升监管水平。

表 1 重庆市金融科技创新监管试点第一批创新应用

序号	创新应用名称	类型	申请机构
1	基于多方学习的涉农信贷服务	金融服务	重庆农村商业银行、腾讯云计算(北京)有限责任公司
2	支持重庆地方方言的智能银行服务	金融服务	重庆农村商业银行
3	基于5G的数字化移动银行服务	金融服务	重庆银行
4	基于区块链的数字函证平台	科技产品	中国互联网金融协会、厦门银行、重庆富民银行、博雅正链(北京)科技有限公司
5	"磐石"智能风控产品	科技产品	度小满(重庆)科技有限公司、中国光大银行重庆分行

资料来源：中国人民银行重庆市分行网站。

重庆市金融科技创新监管试点第一批创新应用表现出鲜明的特色，主要关注小微企业融资、涉农金融服务等。一是着力破解小微企业融资、涉农金融服务难题。其中，重庆农村商业银行运用多方学习和大数据等技术建立适用于涉农信贷的创新风控体系，强化银行KYC体系和风险建模基础，为"三农"客户提供更加便捷的金融服务。度小满科技运用人工智能和大数据技术提高对欺诈等金融风险的防控能力，助力提升小微企业的金融服务质效，为金融服务触达更多普惠群体提供更多可能。二是紧扣地域特点提升便民惠民服务水平。重庆农村商业银行开展"支持重庆地方方言的智能银行服务"，为客户群体提供智能语音服务，确保常见问题都能得到有效解决，满足普惠金融服务需求。重庆银行综合运用5G、人工智能等技术开展"基于5G的数字化移动银行服务"，重点为偏远地区客户提供安全、便捷、高效的特色化金融服务，拓宽金融服务渠道，推动普惠金融发展。三是聚焦科技赋能、降本增效。中国互联网金融协会基于区块链技术构建数字函证平台，为会计师事务所、银行等提供数字函证服务，解决传统银行函证效率低、成本高、可靠性差等问题。

2021年9月17日，原中国人民银行重庆营管部（现中国人民银行重庆市分行）发布了《关于重庆市金融科技创新监管工具第二批创新应用提供服务的公告》，标志着第二批的6个金融科技创新应用（见表2）开始提供服务，继续支持和推动重庆市金融科技领域的发展。这6个创新应用在金融科技创新监管领域发挥了关键作用，它们的服务范围涵盖了多个领域，如风险管理、数据分析、监管技术等，有助于提高重庆金融科技创新水平，增强监管效能，降低金融风险，同时为更多的金融科技企业提供机会，促进金融科技产业的发展。此外，这些创新应用进一步促进了重庆金融科技行业的发展，推动金融科技创新应用在更多领域普及。通过这一系列的金融科技创新应用，重庆不断强化金融科技创新监管体系，为金融业提供更多的创新工具和支持，促进金融科技的健康发展。

表2　重庆市金融科技创新监管工具第二批创新应用

序号	创新应用名称	类型	申请机构
1	基于图计算与人工智能技术的企业融资服务	金融服务	重庆银行
2	基于知识图谱和流式计算的风险交易预警服务	金融服务	重庆富民银行、同盾科技有限公司
3	基于电子证据保全的权益保护服务	金融服务	重庆农村商业银行、中金金融认证中心有限公司
4	基于智慧双录认证的融资服务	金融服务	重庆三峡银行、北京中关村科金技术有限公司
5	基于人工智能的收单风控服务	金融服务	中国银联股份有限公司重庆分公司、重庆三峡银行
6	基于人工智能的反洗钱监测分析系统	科技产品	中银金融科技有限公司、中国银行股份有限公司重庆市分行、中国银行股份有限公司上海市分行

资料来源：中国人民银行重庆市分行网站。

2022年3月21日，原中国人民银行重庆营管部宣布重庆市金融科技创新监管工具第三批创新应用（见表3）即将提供服务。第三批创新应用的特点在于广泛应用了量子安全技术，将银行客户经理展业终端与后台系统连接起来，提高了信息传输的安全性，保护客户隐私。第三批创新应用不仅有助于提高金融服务的效率和准确性，还有助于降低金融风险，创造更多普惠金融机会。这也表明金融科技在满足日益增长的金融需求方面发挥着越来越关键的作用，以推动整个金融业的创新和升级。在保障客户合法权益的基础上，促使银行提高自身防范化解数据泄露、数据滥用风险的能力，落实客户隐私数据安全保护措施，为企业提供更安全、便捷的融资服务，助力小微企业更便捷地获取资金。同时，加强风险防范和控制，确保资金的安全和有效利用，为实体企业提供更具保障的金融支持。

表3 重庆市金融科技创新监管工具第三批创新应用

序号	创新应用名称	类型	申请机构
1	基于量子安全技术的移动普惠信贷服务	金融服务	重庆银行

资料来源：中国人民银行重庆市分行网站。

2022年11月1日，重庆市发布了金融科技创新监管工具"小微企业融资"主题创新应用（见表4），专注解决小微企业融资难题。这批创新应用旨在通过前沿技术提升金融服务质量，为小微企业提供更便捷的融资渠道。中国农业银行重庆市分行采用物联网技术，实时监测生猪养殖情况，包括体温、数量、养殖环境等数据，从而实现对生猪抵押物的实时监控。同时，通过大数据技术分析历史交易信息、养殖企业数据、市场价格等，构建生猪养殖企业融资风控模型，提升贷款服务的质量。中国民生银行重庆分行采用隐私计算技术保护客户隐私、确保数据安全，加强内外部数据的整合，提供更全面的小微企业风险评估数据。这一批创新应用通过对数字技术的广泛应用，为小微企业提供了更便捷的融资方式，进一步促进小微企业的发展，为实体经济的增长做出更大贡献。

表 4 重庆市金融科技创新监管工具"小微企业融资"主题创新应用

序号	创新应用名称	类型	申请机构
1	基于物联网和大数据的生猪养殖企业融资服务	金融服务	中国农业银行重庆市分行
2	基于隐私计算技术的小微企业融资服务	金融服务	中国民生银行重庆分行

资料来源：中国人民银行重庆市分行网站。

2023年6月，中国人民银行重庆市分行发布金融科技创新监管工具新一批"小微企业融资"主题创新应用（见表5）。新一批"小微企业融资"主题创新应用综合利用机器学习、大数据、电子围栏等技术，打造智能数据中台、智能安全终端，聚焦初创企业、涉农企业等小微主体，针对小微企业融资需求难以精准匹配、涉农贷款风险识别不足等问题，提供更有效的金融支持，提升金融服务实体经济的能力。这有助于更多的小微企业顺利获得所需资金，加快发展步伐。

表 5 重庆市金融科技创新监管工具新一批"小微企业融资"主题创新应用

序号	创新应用名称	类型	申请机构
1	基于机器学习技术的小微企业融资服务	金融服务	重庆银行
2	基于定制智能安全终端的涉农融资服务	金融服务	重庆农村商业银行

资料来源：中国人民银行重庆市分行网站。

2. 中国人民银行四川省分行[①]智能监管创新应用

四川省（成都市）金融科技创新监管工具创新应用已公布3批，共有11项产品或服务，涵盖区块链、语言处理、多方数据学习、智能风控等多种前沿技术[②]。2020年8月24日，原中国人民银行成都分行公示了成都市金融科技创新监管试点第一批创新应用（见表6）。

---

① 前身为中国人民银行成都分行。
② 资料来源：中国人民银行。

表6 成都市金融科技创新监管试点第一批创新应用

序号	创新应用名称	类型	申请机构
1	基于区块链技术的灵活用工资金安全代付服务	金融服务	中国民生银行成都分行
2	基于多方安全计算的小微企业智慧金融服务	金融服务	四川新网银行
3	持四川方言的智能银行客服服务	金融服务	成都银行
4	基于区块链技术的知识产权融资服务平台	科技产品	迅鳐成都科技有限公司、成都知易融金融科技有限公司、中国农业银行成都分行
5	农村金融惠民服务系统	科技产品	四川商通实业有限公司、成都农村商业银行
6	基于多方数据学习的小微融资风控平台	科技产品	成都数融科技有限公司、华夏银行成都分行、成都金控征信有限公司

资料来源：中国人民银行四川省分行网站。

以上创新应用积极采用领先的信息技术解决金融服务领域的难题，从而提升金融服务的质量和效益。首要目标是运用大数据、人工智能等技术，加强对信贷风险的管理，进一步改善金融用户的体验。此外，这些创新应用还积极支持乡村振兴战略的实施，为农村地区的经济和金融发展提供了坚实支撑。

2021年2月26日，原中国人民银行成都分行公示了第二批提供服务的3个创新应用（见表7）。

表7 成都市金融科技创新监管试点第二批创新应用

序号	创新应用名称	类型	申请机构
1	基于迁移学习技术的小微企业融资服务	金融服务	四川新网银行、紫金诚征信有限公司
2	基于5G消息技术的手机号码转账服务	金融服务	泸州银行、中国电信股份有限公司四川分公司、中国移动通信集团四川有限公司
3	基于大数据的辅助风控产品	科技产品	四川享宇科技有限公司、渤海银行成都分行

资料来源：中国人民银行四川省分行网站。

第二批公示的创新应用包括2个金融服务类应用和1个科技产品类应用，涵盖了银行、征信机构、电信运营商、科技公司等多样化主体。它们致力于探索轻量化的移动金融服务，以提高金融服务的质量和效率，进一步增强金融服务的可得性和普及性。通过这些创新应用，中小微企业将获得更好的融资支持。这一系列创新应用将推动金融科技不断发展和创新，进一步提高金融业的竞争力，促进金融服务的现代化与全面化。

2022年1月29日，原中国人民银行成都分行发布了金融科技创新监管试点第三批创新应用（见表8）。此批创新应用着重关注通过大数据技术解决乡村客运信贷以及绿色信贷问题。乡村客运公司在经营发展过程中，面临融资难、贷款难、创新难等问题，而创新应用能够以大数据技术多维度评估经营者的信用风险水平，提高信贷风险识别效率，降低信贷门槛，提高信贷服务的可获得性，助力实现"村村通车"，优化农村客运体系，有效解决农民"出行难"的问题。绿色中小微企业在发展过程中，由于环境风险难以评估，面临信贷融资成本过高、放款迟缓、流程复杂等问题，而创新应用可以通过大数据技术整合司法、税务等部门的历史交易数据以及其他有记录的数据，构建绿色信贷风险评估模型和信贷决策模型，从而为绿色中小微企业信贷融资提供更便捷、更有效的服务，助力"双碳"目标的实现。

表8 成都市金融科技创新监管试点第三批创新应用

序号	创新应用名称	类型	申请机构
1	基于大数据技术的乡村客运信贷服务	金融服务	中国邮政储蓄银行四川省分行、四川省交通运输厅道路运输管理局
2	基于大数据技术的绿色信贷服务	金融服务	四川天府银行

资料来源：中国人民银行四川省分行网站。

二 重庆国家金融科技认证中心建设情况

（一）建设概况

为促进金融科技企业发展，重庆采取了积极措施，进一步完善了金融服务监管框架。2020年10月10日，在中国人民银行和国家市场监管总局的支持下，重庆建立了重庆国家金融科技认证中心。这一举措具有多重战略意义。首先，它有助于促进科技与金融的深度融合。在数字化时代，科技创新已经成为金融业的关键驱动力。认证中心将为科技公司和金融机构提供一个平台，以推动创新合作，创造更多智能金融产品和服务。其次，它有助于进一步完善金融服务监管框架。金融科技的快速发展带来了新的监管挑战，需要适应新技术和新模式的监管框架。认证中心可以协助制定相关标准和规范，确保金融科技的发展在合规的框架内进行，维护金融市场的稳定和安全。最重要的是，它标志着重庆在金融科技领域的领先地位。作为全国首家金融科技标准化认证机构，认证中心的设立展示了重庆在金融科技领域的决心和实力，将进一步吸引科技企业和金融机构前来合作。

2020年10月12日，重庆市人民政府办公厅发布了《关于推进金融科技应用与发展的指导意见》，提出建立重庆国家金融科技认证中心将有助于确保金融科技创新标准的适宜性和安全性，为金融科技行业的可持续发展提供有力支持。具体来说，重庆国家金融科技认证中心将提供金融科技认证及金融标准化服务，确保金融科技产品和服务的质量和合规性。这将提高金融科技行业的整体水平，增强金融科技在金融体系中的可靠性，对于金融科技行业和广大消费者来说都有积极意义。不仅如此，该指导意见还强调了国际合作的重要性，提出要逐步扩大我国在金融科技领域的国际影响力。这将有助于推动我国金融科技行业的国际化发展，为更广泛的国际合作和交流搭建桥梁。

重庆国家金融科技认证中心具备广泛的基础研究和综合服务功能，为我国金融科技的发展和国际合作提供了重要支撑。该中心的职责范围涵盖了区块链、数字货币、安全态势感知等多个领域，通过建立金融科技产品、服务、管理认证体系确保金融科技的标准化和合规性。这对于保障金融科技产品的质量和安全性至关重要，也有助于推动市场健康发展。同时，重庆国家金融科技认证中心积极加强国际合作。首先，该中心筹建了国家重点实验室，进一步促进了金融科技领域的研究与创新。其次，该中心与相关机构达成了战略合作协议，通过整合资源，共同推动金融科技创新，加速金融科技产品的研发和应用，为金融科技行业的健康发展创造更多机会。最后，该中心加强与新加坡金融科技协会的合作，促进金融科技领域的国际交流与经验分享，为我国金融科技企业提供了更广阔的国际市场。重庆国家金融科技认证中心为金融科技行业的发展贡献了重要力量，它不仅在建设西部金融中心方面发挥了积极作用，还在国际合作中发挥了桥梁和纽带的作用，为我国金融科技行业的未来发展注入了活力。

（二）实践成果

2022年11月，重庆国家金融科技认证中心与盛宝金科达成战略合作协议。作为两江新区重点金融科技企业，盛宝金科利用云技术、大数据、人工智能、区块链、知识图谱、NLP等技术打造了"一站式"综合金融服务平台，业务范围涵盖监管科技、交易科技、量化科技、资管科技、创新业务等。重庆国家金融科技认证中心与盛宝金科共同抓住国际陆海贸易新通道建设、成渝共建西部金融中心、数字经济发展等机遇，投入资源进行金融科技项目研发，联合打造金融科技产品生态场景，共建金融科技行业联盟，实现强强联手、共同发展。

三 中新金融科技合作示范区建设情况

（一）建设目标

中新金融科技合作示范区是一个具有创新性和实验性的合作项目，旨在充分发挥中国和新加坡在金融科技领域的优势，为双方企业提供更广阔的发展前景。它不仅是金融科技领域的政策"试验田"，也是一个创新生态系统，鼓励技术创新、创业和合作。中新金融科技合作示范区的设立有助于加速数字化金融服务的推广，促进金融科技领域的技术创新和商业发展。作为一个集聚创新思维和资源的核心地区，中新金融科技合作示范区吸引了国内外金融科技企业和初创公司入驻，推动金融科技行业的繁荣；为重庆和新加坡带来了更多合作机会，加强两地在金融科技领域的交流与合作，共同推动金融科技行业的可持续发展，为推动全球金融科技领域的发展做出了积极贡献。作为中新互联互通项目中的标志性项目，中新金融科技合作示范区由点及面，重点围绕重庆与新加坡的"点对点"合作、东盟国家与中国西部的"面对面"合作，依托"一带一路"建设，发挥中国和新加坡合作的示范引领作用，实现高效的互联互通。

（二）建设成果

自2019年中新金融科技合作示范区设立以来，中新双方为促进金融开放和创新合作推出了74项政策措施，这些政策措施旨在鼓励金融业的创新和发展；同时，52个具体项目顺利实施，为推动金融科技创新提供了坚实的基础。此外，中新金融科技合作示范区已经成功实施35个创新案例，展示了中新双方在金融科技领域的合作成果，推动了新技术和商业模式的发展，加强了双方在金融科技领域的协同创新。

在经过多年的合作，中国已经初步建成多元化的跨境融资通道，为重庆乃至整个西部地区的企业提供了融资机会，帮助它们在国际市场上获得了更多的资金支持，进一步促进经济发展。新加坡也逐渐崭露头角，成为全球第二大离岸人民币清算中心，在离岸人民币市场中的地位和影响力显著提升。值得一提的是，2023年第一季度，新加坡交易所美元兑离岸人民币的期货总成交量同比增长超过70%，这表明市场对离岸人民币的需求不断增长，新加坡成为满足这一需求的重要中心之一。以上数据再次凸显了新加坡在离岸人民币市场中的领先地位和市场活力，也证明了中新金融合作的巨大成功①。

---

① 资料来源：《中国经济周刊》。

四 问题剖析

（一）人工智能技术应用不足

人工智能技术的发展为金融服务提供了新的可能性，在提高服务效率和质量、创造新的业务模式等方面展现了巨大的潜力。然而，目前人工智能技术在成渝地区金融领域的应用明显不足，这可能是多种因素造成的。一是技术研发和应用基础相对薄弱。相比全球金融科技发展前沿，成渝地区在人工智能技术研发和应用方面还存在一定的差距，尤其是缺乏将人工智能技术深度融入金融服务的实践经验。二是专业人才短缺。人工智能领域的专业人才是推动技术创新和应用的关键因素，成渝地区面临人工智能领域人才供给不足的问题。三是金融创新环境有待优化。金融创新不仅需要技术和人才的支撑，还需要良好的创新环境和政策支持。成渝地区存在的政策限制、金融监管不足等问题，可能抑制人工智能技术在金融领域的广泛应用。四是数据处理和隐私保护挑战。人工智能技术在应用时往往需要处理大量的数据，而如何在保证数据安全和用户隐私的前提下有效利用这些数据，是一个需要解决的问题。

人工智能技术应用不足，将会限制金融服务效率和质量的提升，进而影响成渝地区金融服务竞争力的提升。首先，人工智能技术是推动金融创新的重要力量，其应用不足可能限制成渝地区金融业创新能力的提升，影响新产品、新服务的开发；其次，人工智能技术应用不足可能导致风险管理能力降低，因为人工智能技术在风险管理和欺诈检测等方面有着显著的应用价值；最后，人工智能技术与金融科技息息相关，人工智能技术应用不足可能导致成渝地区错失利用金融科技推动经济增长和转型的机会。

（二）区块链金融政策缺失

区块链金融是一个新兴领域，成渝地区目前缺乏专门的区块链金融政策,特别是在监管框架、业务准入、风险管理等方面。一是监管框架滞后。近年来,区块链技术快速发展,超出了现有金融监管框架的覆盖范围,成渝地区在更新监管政策、适应新技术发展方面可能存在滞后现象。二是风险管理和合规指导不明确。区块链金融应用涉及多个层面的风险,包括技术风险、操作风险、市场风险等,而目前成渝地区缺乏具体的风险管理和合规指导。

区块链金融政策缺失将导致以下几个问题。首先,因为缺少具体的区块链金融政策,金融机构和科技企业在探索区块链金融应用时可能过于谨慎,从而限制了金融创新的步伐和区块链技术在金融领域的广泛应用;其次,在缺乏明确政策指导的情况下,市场参与者面临较大的不确定性,可能在投资和参与区块链金融项目时产生犹豫情绪,影响区块链金融生态的建设和发展;再次,没有明确的风险管理和合规指导,区块链金融应用可能面临更多的风险,包括安全漏洞、欺诈行为等,这不仅会损害消费者和投资者的利益,而且会影响整个金融市场的稳定;最后,全球范围内许多国家和地区正加速推动区块链技术在金融领域的应用和区块链金融政策的制定,成渝地区在这方面的落后可能影响其在国际金融科技竞争中的地位。

(三)支付科技有待创新

创新支付科技是推动地区金融业发展、提升金融服务效率和质量、满足企业和消费者日益增长的金融服务需求的重要途径。但目前成渝地区支付科技创新不足,可能对经济发展、金融市场竞争力以及消费者体验等方面产生影响。创新支付科技可以大幅提高支付效率,减少交易成本;可以增强金融包容性,拓宽金融服务的覆盖范围,使更多的人群尤其是偏远地区的居民享受便捷的金融服务;可以促进金融市场的良性竞争,激发市场活力,通过引入更多的支付解决方案和服务模式增强金融市场的竞争力;还可以为电子商务、共享经济等新兴业务模式提供强有力的支持。基于此,有必要促进成渝地区的支付科技创新。

（四）国际金融科技合作有待加强

成渝地区与其他国家（地区）在金融科技方面的合作有待加强。成渝地区是中国西部地区的经济中心，具有较大的市场潜力和丰富的金融创新资源，但近年来成渝地区与其他国家（地区）在金融科技领域的合作不足，导致成渝地区错失了一些借鉴和引进先进经验和技术的机会，影响了国际金融科技合作的进程。随着区域经济一体化的推进，增强区域金融科技的整体竞争力显得尤为重要，成渝地区亟须进一步推进国际金融科技合作、拓展国际市场、加快创新步伐，提升本区域在国际金融科技领域的竞争力。

五　对策建议

（一）持续提升人工智能技术在金融领域的发展水平

作为科创高地，成渝地区要深化产学研合作，建立产学研深度融合机制，共享资源、共同攻关，提升人工智能技术在金融领域的发展水平。在此基础上，要加强跨区域合作，建立更加紧密的合作机制，促进相关企业的信息流通、资源共享，共同推动成渝地区双城经济圈人工智能金融的协同发展。与此同时，鼓励成渝地区的人工智能金融企业加强与国际企业和机构的合作，参与国际标准的制定，推动人工智能金融领域的国际合作与交流，通过人工智能示范基地建设提高国际影响力，为未来人工智能金融的可持续发展奠定坚实基础。

（二）加强区块链金融政策指引

首先，成渝两地政府应进一步制定与区块链金融有关的技术与应用政策，建立健全法规框架，明确区块链金融的监管规范，确保其健康有序发展。其次，成渝地区金融机构要加强在区块链金融领域的深度合作，推动更多核心企业参与区块链金融平台建设，扩大平台覆盖面，为破解中小企业融

资难题提供先进经验。最后，建设更多的区块链金融创新基地和产业园区，吸引更多优秀企业和创新者入驻，形成完整的区块链产业生态。

（三）探索支付科技集成创新

鉴于数字人民币在成渝地区的成功应用，成渝两地政府可以进一步加大数字人民币的推广力度，鼓励更多商户接受数字人民币支付，促进数字人民币在更多消费场景的普及，提高数字人民币的使用率。同时，进一步深化跨境金融服务，提供更为便捷的金融工具，支持本地企业更好地融入全球市场。另外，成渝两地政府可以进一步发展数字经济生态，培育新型产业，提高产业链数字化水平，推动整个地区数字经济的健康发展；打造国际创新中心，借助支付科技集成创新的成功经验，将成渝地区发展为国际性支付科技创新中心，吸引更多国际企业和创新团队进驻，推动本地金融科技水平和创新能力的不断提升。

（四）持续推进国际金融科技合作

成渝两地政府应出台更多支持国际金融科技合作的政策，优化监管环境，降低金融科技企业的创新门槛，鼓励企业开展更广泛的国际金融科技合作，形成更加完善的金融科技产业链和创新体系。同时，成渝地区应在巩固金融创新成果的基础上推动更多先进科技在金融领域的应用，增强本地区的国际竞争力。

参考文献

李艳玲：《我市给予区块链、大数据产业专项补贴》，《成都日报》2023年7月27日。

杨成万：《成都高新区赋能科技企业发展引导市场化信贷产品创新》，《金融投资报》2021年10月12日。

左黎韵：《重庆市国家区块链创新应用综合性试点（渝中区）建设启动》，《重庆日报》2022 年 6 月 26 日。

李争粉：《成都高新区加快打造科技型企业栖息地》，《中国高新技术产业导报》2021 年 10 月 25 日。

王柳、蒋君芳：《成都推出"算力券"》，《四川日报》2023 年 1 月 13 日。

李艳玲：《每年发放 1000 万元"算力券"参与区块链建设最高补贴 100 万元》，《成都日报》2023 年 1 月 13 日。

张亦筑：《火币中国区域总部落户重庆》，《重庆日报》2020 年 6 月 22 日。

赵白执南：《成渝共建西部金融中心规划出炉》，《中国证券报》2021 年 12 月 25 日。

王松涛：《重庆：打造"全方位、立体化、智能化"风控体系》，《金融世界》2019 年 3 月 1 日。

杨井鑫：《国资再度增持四川银行资产规模年增逾 30%》，《中国经营报》2022 年 3 月 28 日。

吴迪：《四川省金融科技创新监管工具第三批创新应用公示》，《金融时报》2021 年 10 月 14 日。

李冰、余俊毅：《两地更新"监管沙箱"出箱项目 银行参与率达 100%》，《证券日报》2022 年 3 月 17 日。

孟妮：《助推高新技术产业发展，重庆这样做》，《国际商报》2023 年 2 月 13 日。

黄光红：《重庆金融认证中心筹建国家重点实验室》，《重庆日报》2021 年 4 月 2 日。

《重庆市人民政府办公厅关于推进金融科技应用与发展的指导意见》，《重庆市人民政府公报》2020 年 4 月 9 日。

王翔：《有质有量 有颜有值 有滋有味》，《重庆日报》2020 年 12 月 29 日。

于晗：《重庆公示金融科技创新监管试点项目》，《中国银行保险报》2020 年 8 月 10 日。

许予朋：《成渝共建西部金融中心蓝图明确》，《中国银行保险报》2021 年 12 月 29 日。

黄光红：《中新金融合作带动中国西部与东盟互联互通》，《重庆日报》2023 年 4 月 19 日。

刘新吾：《加快推进金融科技发展》，《人民日报》2023 年 4 月 20 日。

B.8
成渝地区金融开放发展报告

郑强 叶繁*

摘　要： 在构建新发展格局的大背景下，金融开放成为我国对外开放战略的重要组成部分。近年来，成渝地区积极响应党中央的号召，推动金融对外开放，取得了显著进展。本报告以成渝地区金融开放情况为研究对象，主要阐述了成渝地区人民币跨境使用情况、跨境资本流动管理情况及跨境金融业务创新情况，发现成渝地区在推进金融开放的过程中存在国际化程度有待提高、金融监管体系需要进一步完善、跨境金融服务能力有限等问题，提出了提升金融开放国际化程度、完善金融监管体系、提升跨境金融服务能力等对策建议。

关键词： 成渝地区　金融开放　跨境资本流动

一　成渝地区人民币跨境使用情况

近年来，成渝地区在人民币跨境使用方面取得了显著成效，特别是与共建"一带一路"国家和地区的跨境人民币业务持续保持增长势头。数据显示，2019~2021年，成渝地区跨境人民币实际收付总金额不断提升，从2019年的2499亿元提升至2021年的3664亿元。同时，成渝地区与共建"一带一路"国家和地区的跨境人民币实际收付总金额呈逐年提升趋势，

---

* 郑强，博士，重庆工商大学经济学院副教授，主要研究方向为国际金融、外汇市场交易和跨国投资；叶繁，重庆工商大学金融学院硕士研究生，主要研究方向为跨境支付、国际结算和数字人民币等。

由2019年的617亿元提升至2021年的1129亿元；成渝地区与共建"一带一路"国家和地区的跨境人民币实际收付总金额占成渝地区跨境人民币实际收付总金额的比重也由2019年的24.7%提升至2021年的30.8%（见表1）。

表1 2019~2021年成渝地区跨境人民币实际收付情况

单位：亿元，%

指标	2019年	2020年	2021年
成渝地区实际收付总金额	2499	3054	3664
成渝地区与共建"一带一路"国家和地区实际收付总金额	617	829	1129
成渝地区与共建"一带一路"国家和地区实际收付总金额占成渝地区实际收付总金额的比重	24.7	27.1	30.8

资料来源：相关年份《重庆金融运行报告》《四川省金融运行报告》。

（一）重庆人民币跨境使用情况

作为西部内陆经济开放高地，重庆与共建"一带一路"国家和地区的贸易联系愈加紧密。截至2022年，重庆跨境人民币收支金额突破3000亿元，达到3260.2亿元，相比上年增长67.9%，在中西部地区中名列第一；跨境货物贸易人民币总结算量达2482.1亿元，相比上年增长124.6%，并高于同期全市增速56.7个百分点，凸显了重庆跨境人民币业务在外贸领域的重要性。

近年来，重庆围绕跨境投融资、跨境结算、人民币基金对外投资、银行跨境融资担保等领域进行创新，重点推动人民币跨境支付结算覆盖多个领域。2022年，重庆开展跨境人民币"首办户"专项行动，推动跨境人民币业务增量扩面，同时建立了企业跨境业务联系机制，引导相关企业将人民币作为跨境支付结算主要货币。截至2023年上半年，重庆已有373家"首办户"企业，跨境人民币实际收付结算金额达20.7亿元。

（二）成都人民币跨境使用情况

近年来，原中国人民银行成都分行（现中国人民银行四川省分行）积极创新跨境人民币业务，扩大共建"一带一路"国家和地区跨境人民币使用范围，推进成都乃至整个成渝地区与共建"一带一路"国家和地区的经济合作，对人民币国际化发展产生积极影响。首先，定期召开工作座谈会，加强与相关部门和企业的沟通，帮助市场主体提高对跨境人民币业务的熟悉程度，同时组织线上跨境人民币业务培训，向社会公众宣传跨境人民币政策。其次，在四川省范围内向各银行机构推送共建"一带一路"国家和地区重点项目，引导融资对接，针对重点企业提供有针对性的跨境人民币支付结算服务。截至2020年11月末，全省累计有6757家企业开展跨境人民币业务，比2019年末增加819户。

此外，为进一步提升人民币在四川自贸试验区成都区域与共建"一带一路"国家和地区的跨境贸易和支付结算中的地位，成都市政府积极督促各银行机构优化人民币跨境支付结算功能，鼓励跨国企业在成都建立人民币跨境支付结算中心，并提供一系列有针对性的支持。

二 成渝地区跨境资本流动管理情况

（一）合格境内有限合伙人[①]业务试点情况

2020年12月28日，重庆获国家外汇管理局批准开展QDLP业务试点，额度为50亿美元。这进一步促进了重庆金融市场的发展，加强重庆与国际市场的联系，推动重庆金融体系更好地融入全球金融体系。根据《重庆市合格境内有限合伙人对外投资试点工作暂行办法》的相关规定，不管是境

---

① 合格境内有限合伙人（QDLP）指以自有资金认购符合相关政策规定的试点基金的境内自然人、机构投资者或符合规定的其他投资者。

内自然人、机构投资者还是其他投资者,只要符合制度要求,具备风险识别和风险承担能力,均可作为 QDLP 投资试点基金。

2021年9月,毅德(重庆)私募基金管理有限公司、瀚华慧泰(重庆)私募基金管理有限公司正式获批重庆 QDLP 试点资格。2021年12月,重庆思佰益私募基金管理有限公司、捷元(重庆)私募基金管理有限公司、重庆心元私募基金管理公司正式获批重庆 QDLP 试点资格,试点额度共计7亿美元。截至2023年8月末,已有9家基金管理企业获得重庆 QDLP 试点资格(见表2),试点额度为 15.3 亿美元,首笔试点基金已成功落地。

表2 重庆 QDLP 试点情况

基金管理机构	相关资料
毅德(重庆)私募基金管理有限公司	中国首家获得 QDLP 试点资格的新加坡企业
瀚华慧泰(重庆)私募基金管理有限公司	业务涉及证券股票市场、不动产投资信托基金、锚定基金
重庆思佰益私募基金管理有限公司	投资标的为日本、东南亚以及欧美市场公开发售产品
捷元(重庆)私募基金管理有限公司	提供投资管理和咨询业务,投资领域涵盖消费、科技、制造、媒体娱乐、医疗保健和房地产等
重庆心元私募基金管理公司	专注中美两大市场,旗下基金管理金额超30亿元

注:政府新闻公布的数据是9家,可查到具体机构名称和业务的有以上5家。

(二)支持跨国企业开展金融业务情况

成渝两地金融机构依据中国人民银行、国家外汇管理局的金融外汇政策,采取多项措施积极支持跨国企业的稳健运行,着力稳住供应链,促进境内外资金、市场的循环畅通。

自2022年以来,美元、欧元等汇率波动较大,涉外企业套期保值的需求不断增长。对此,国家外汇管理局重庆市分局加强汇率风险管理,持续拓展汇率避险主体范围,支持重庆自贸试验区内银行为境外机构办理外汇衍生品业务,切实提升跨国公司汇率风险管理能力。例如,交通银行重庆市分行充分发挥离在岸一体化优势，运用全口径跨境融资政策，以外债、外汇衍生产品相结合的方式，成功为企业办理离岸外债融资1595万美元，同时帮助企业锁定汇率风险。截至2022年3月末，重庆自贸试验区内银行已累计为境外机构办理3.7亿美元的外汇衍生品业务。

为大力支持企业"走出去"、满足"走出去"企业的境外融资需求，国家外汇管理局重庆市分局通过5个方面的措施，发挥境外贷款政策对实体经济的支持作用。一是督促境内合法合规金融机构向境外企业发放经营范围内的贷款；二是指导银行在充分了解国际经营规则和风险管理标准的基础上，建立完善的境外贷款业务操作和内控制度，并综合考虑资产负债情况和币种结构等因素，在境外贷款余额上限内按照规定自主开展境外贷款相关业务；三是支持境内银行既可按现行制度规定为境外企业开立银行结算账户、办理境外贷款业务，也可通过境外企业在境外银行开立的账户办理；四是支持境内银行为境外企业偿还本银行境外人民币贷款所产生的跨境人民币结算需求提供外汇风险对冲和外汇结汇服务；五是规范资金用途、明确风险底线，确保发放至境外的企业贷款只能用于企业合法运营，不得用于证券投资和偿还内保外贷项下的境外债务，不得用于虚构贸易背景的交易或其他投机套利性质的交易，也不得通过向境内融出资金、股权投资等方式将资金调回境内使用。

（三）非银行金融机构开展外汇即期及衍生品交易情况

在成渝共建西部金融中心的背景下，成都和重庆的非银行金融机构在开展外汇即期及衍生品交易方面得到了政府的支持，这些机构包括财务公司和证券公司等。成渝地区符合条件的非银行金融机构可以获得结售汇业务资格，这意味着它们可以依法合规地开展外汇即期及衍生品交易。此外，为了帮助这些机构顺利开展相关业务，成渝有关部门提供了业务辅导，并支持符合条件的机构申请结售汇业务资格。同时，成渝两地还支持有条件的非银行金融机构设立海外窗口，特别是面向东盟、共建"一带一路"国家和地区，以促进国际贸易和投资。

（四）外商投资性公司设立情况

外商投资性公司指外国投资者在中国以独资或中外合资的形式设立的开展直接投资业务的公司。外国投资者可以通过收购或者成立境内子公司的形式开展直接投资，投资金额包括外资注入的本金和投注差，依法成立的境内子公司在经营范围内可利用本金和投注差投资境内项目。

从成渝两地外商投资性公司的类型来看，从事直接投资的公司相对较少，且范围比较单一（见表3、表4）。从新增外商投资性公司的数量和质量来看，成都在吸引外商设立投资性公司方面具有一定的优势。

表3　重庆外商投资性公司设立情况

机构名称	成立年份	注册资本/实缴资本	目标市场	企业类型	独资或合资背景
重庆正天投资有限公司	2007	5100万元/100万元	实业投资	外商投资企业投资	中国香港
重庆瀚曦股权投资基金管理有限公司	2010	140万美元/140万美元	股权投资	外商投资企业投资	中国香港
重庆弘远赤诚股权投资基金管理有限公司	2010	1087万元/1087万元	股权投资	中外合资	美国
萨固密（中国）投资有限公司	2011	7000万美元/7000万美元	资本投资	外国法人独资	德国
民商投资控股集团股份有限公司	2013	93717万元/67562万元	资本市场	外商投资企业投资	—
渝商投资集团股份有限公司	2013	342067万元/307860万元	资本市场	外商投资企业投资	—
重庆龙工场跨境电子商务投资有限公司	2013	5000万元/624.48万元	非金融性投资	外商投资企业投资	荷兰

资料来源：重庆市地方金融管理局。

表4 成都外商投资性公司设立情况

机构名称	成立年份	注册资本/实缴资本	目标市场	企业类型	独资或合资背景
启阳（成都）投资管理有限公司	2006	3.2亿元/3.2亿元	实业投资	外国法人独资	英属维尔京群岛
成都翔生投资有限公司	2012	5.28亿元/5.28亿元	资本市场	外商投资企业法人独资	中国香港
拓米（成都）投资管理有限公司	2020	2亿元/1.5亿元	资本市场	外商投资企业法人独资	中国香港
山田投资（成都）有限公司	2021	3000万美元/200万美元	资本市场	外国法人独资	日本

资料来源：四川省地方金融管理局。

三 成渝地区跨境金融业务创新情况

（一）域内融资租赁公司境外融资情况

《成渝共建西部金融中心规划联合实施细则》明确，鼓励符合条件、有产业背景的优质企业在成渝地区设立融资租赁公司、商业保理公司等地方金融组织。支持银行保险机构与融资担保公司、商业保理公司、融资租赁公司等地方金融组织合作，提升行业整体风控能力和经营水平。推动地方资产管理公司、融资担保公司、商业保理公司、融资租赁公司等地方金融组织在符合有关规定的情况下，接入中国人民银行征信系统。支持完善政府性融资担保体系，优化风险分担机制。

近年来，重庆的融资租赁公司在境外融资方面获得了一定的政策支持和监管指导。例如，在担保政策方面，境外公司可以为重庆的融资租赁企业提供外币贷款和人民币贷款的担保。在担保履约后，境内金融机构可以直接与境外担保人办理相关收款事宜。在外债登记方面，融资租赁公司在担保履约后需要在规定时间内到外汇管理部门办理短期外债签约登记及信息备案。

成都的融资租赁公司在境外融资方面展现了积极的姿态，通过多种渠道和方式获取资金以支持本地经济的发展。此外，成都积极推进外资总部型企业的引育，以推动当地融资租赁公司的国际化进程。

（二）开展外籍人才个人外汇业务便利化试点情况

为深化外汇管理"放管服"改革，支持重庆开放型经济高质量发展，优化高质量人才工作环境和金融科技创新环境，充分满足外籍人才需求，原国家外汇管理局重庆外汇管理部（现国家外汇管理局重庆市分局）于2020年11月在重庆开展外籍人才个人外汇业务便利化试点，支持辖内符合条件的银行作为外籍人才个人外汇业务便利化试点银行，对符合条件的外籍人才办理境内取得的经常项目合法人民币收入购付汇及以自身名义为随行子女办理不占额度的学费结汇业务给予便利。相关措施主要包括以下几点。一是优化合同审核流程。在外籍人才雇佣合同有效期内，允许银行办理外籍人才薪酬所得购付汇业务时免于逐次审核合同。二是允许用人单位代办。经外籍人才本人授权后，用人单位可为其代办薪酬所得购付汇业务。三是简化税务凭证。可用电子化税务凭证、代发工资银行的税务代扣代缴记录代替纸质税务凭证办理业务。四是学费结汇便利。允许外籍人才为随行子女办理不占额度的学费结汇。此外，上述措施支持银行在实现真实性审核、业务风险可控的基础上，通过线上渠道办理业务。

（三）中欧班列和西部陆海新通道融资服务开展情况

2020年，重庆推出了中欧班列和西部陆海新通道融资服务专项应用场景，通过对接本市、西部陆海新通道运营平台核心企业，整合上下游贸易和运输数据，为银行授信管理提供贸易信息、物流运费信息等的审查核验服务。该场景充分利用其在贸易真实性审核、融资核查、企业信用信息验证等方面的优势，为银行授信提供强有力的支持，也为企业的融资和结算提供便利。截至2023年上半年,该场景已成功推出物流企业运费融资、进出口贸易融资和境内外汇支付等功能,累计支持了680多家企业的融资和结算,金额达到37.5亿美元。

(四)跨境金融服务平台建设情况

跨境金融服务平台具有跨境支付结算、企业跨境信用授权查证等功能。近年来,成渝地区不断加强跨境金融服务平台建设,在解决外贸企业跨境业务难题、推进外贸市场拓展等方面取得了积极成效。

重庆方面,2023年3月,重庆正式启动跨境金融服务平台银企融资对接应用场景试点,利用区块链技术为银企双向融资搭建线上渠道。2023年5月,中国人民银行重庆市分行宣布,重庆在全国跨境金融服务平台上线了7个应用场景,这些应用场景可以有效促进企业融资需求与银行相关业务的对接,同时帮助银行获取企业跨境信用信息,有助于银行及时结合实际业务和风控要求为企业办理融资业务。此外,重庆还尝试推动银行前台系统逐步接入跨境金融服务平台,加速审核流程,提升跨境金融业务的便利化水平。

成都方面,随着成渝地区双城经济圈建设进入新阶段,成都为解决共建"一带一路"国家和地区的投融资信息不对称、投融资路径单一、人民币国际化场景和产品创新开发力度不足等问题,开发了跨境综合金融服务平台,旨在加强跨境投融资数字基础设施建设,立足西部金融中心和成渝地区双城经济圈建设,为全国乃至全球企业提供跨境投融资服务。

四 问题分析

(一)国际化程度有待提高

目前,成渝地区在金融开放发展的过程中面临国际化程度不高的问题。究其原因,主要涉及四个方面。一是金融市场结构有待优化。成渝地区的金融市场虽然活跃,但市场结构更偏向传统银行业务,资本市场、衍生品市场拓展不足，并且缺乏足够的金融创新产品和服务，限制了本地区吸引国际投资和参与国际金融市场的能力。二是国际金融合作与交流不足。因为文化、语言及业务习惯等的差异，成渝地区金融机构在与国际金融机构开展交流合作时可能遇到障碍，影响国际合作的效率和质量。三是金融政策和监管不足。推动金融国际化的政策支持不够充分，外汇管理、跨境资本流动等方面的政策有待细化；监管环境方面，相对保守的金融监管环境可能限制金融产品和服务的创新，影响成渝地区金融机构在国际市场上的竞争力。四是国际化金融人才缺失。人才结构方面，缺乏具有国际视野和经验的金融人才，特别是在高端金融管理和金融创新领域；人才培养和引进机制方面，成渝地区的金融人才培养和引进机制不能完全满足金融国际化的需求，金融服务的国际化水平有待提升。

（二）金融监管体系需要进一步完善

目前，成渝地区金融监管体系有待进一步完善，原因有以下几点。一是金融创新速度与监管力度不匹配。金融科技的迅速发展，尤其是数字货币、区块链技术的应用以及互联网金融产品的创新，往往超出了现有金融监管框架的预期和处理能力，这导致监管政策和技术的落后，无法有效监管新兴的金融活动和风险。二是金融全球化带来挑战。随着全球金融市场的相互依存性增强，外部冲击和国际金融市场的波动可能对成渝地区造成影响。现有的监管体系可能缺乏应对跨境金融活动和国际金融危机传导效应的有效工具和机制。三是地区金融市场的特殊性。成渝地区的金融市场结构可能与全国其他地区有所不同，具有自身的特殊性。这要求监管政策和措施充分考虑地方特色，而不是简单复制全国或其他地区的监管框架。四是监管协调与信息共享不足。成渝地区存在监管机构之间协调不足、信息共享机制不完善的问题，这会导致监管措施的不一致甚至监管空白。

金融监管体系不够完善，可能导致金融市场监测、预警和风险管理能力不足，增加金融系统性风险和市场动荡的可能性；可能影响金融市场的稳定和健康发展，导致市场参与者行为失范，出现过度投机、欺诈等行为，损害消费者权益，影响金融市场的稳定和健康发展；可能影响成渝地区金融机构

的国际形象和信誉,限制其参与国际金融合作的能力,降低其在国际金融市场的竞争力;还可能阻碍金融创新,限制新技术和新业务模式在金融领域的应用和发展。

(三)跨境金融服务能力有限

当前,成渝地区跨境金融服务能力有限,主要有四个方面的原因。一是金融机构的国际化程度不足。成渝地区的金融机构在国际业务开展、跨境风险管理、国际合作交流等方面存在不足,限制了它们提供跨境金融服务的能力。二是基础设施和技术支持不足。有效的跨境金融服务需要强大的基础设施和技术支持,成渝地区在这方面投入不足,影响了跨境交易的效率和成本。三是人才短缺。专业从事跨境金融服务的高端人才短缺,尤其是对国际金融市场有深入了解和丰富经验的人才,这限制了跨境金融服务的发展。四是法律和税收问题。与跨境金融交易相关的法律法规复杂、税收政策差异较大,增加了跨境金融服务的难度和成本。

跨境金融服务能力有限,可能影响国际贸易和投资,导致成渝地区企业交易成本增加,限制企业的国际扩张;可能影响外资机构对成渝地区的投资兴趣,限制外资流入,影响地区经济的开放度和吸引力;可能让风险管理能力受限,增加金融风险;还可能制约金融市场创新,影响成渝地区发展为国际金融中心的潜力。

(四)金融创新与国际接轨程度不高

虽然成渝地区在金融创新领域取得了一定的进展,但与国际先进水平相比,成渝地区金融创新产品和服务的国际接轨程度仍有较大提升空间,具体原因如下。一是政策和监管限制。严格的监管政策可能限制金融产品和服务的创新,尤其是在新兴金融领域。二是金融市场开放程度较低。成渝地区的金融市场相对于全球主要金融市场开放程度较低,国际金融机构和资本的参与度有限,这限制了国际先进金融产品和服务的引入及其在本地市场的应用和发展。三是人才和技术短缺。金融创新往往需要高端金融人才和先进技术的支持。成渝地区在这两方面存在不足,特别是在国际金融人才和金融科技方面,这影响了金融创新的质量。四是风险偏好和投资心态影响。地区内的投资者和金融机构可能更偏好传统的金融产品和服务,对于金融创新产品和服务持观望或谨慎态度,这影响了金融创新产品和服务的市场接受度和发展速度。五是国际合作与交流不足。成渝地区与国际金融市场的合作和交流不足,影响了金融创新。

金融创新是推动经济增长的重要动力,金融创新与国际接轨程度不高,可能限制成渝地区利用金融服务促进地方经济发展的潜力,减缓金融市场国际化进程,影响成渝地区吸引国际投资者和金融机构的能力;可能让成渝地区的风险管理能力受限,不利于风险分散和管理;还可能降低成渝地区在全球经济中的竞争力。

(五)区域金融合作机制不完善

成渝地区区域金融合作机制不完善的原因有以下几点。第一,协调机制不足。成渝地区涵盖多个行政区域,不同地区在金融政策、发展规划和优先领域上可能存在差异,缺乏有效的协调机制来统一规划、推动区域金融合作。第二,信息共享机制不健全。区域内金融机构和监管部门之间信息共享不充分,缺乏有效的信息交流平台,导致金融资源配置效率不高,合作机遇被忽视。第三,共同市场建设缓慢。成渝地区虽然在地理上相邻,但在金融市场一体化方面进展缓慢,缺少统一的市场规则和金融基础设施,影响了区域内金融服务的流动性和整合度。第四,创新与合作文化不足。地区内金融机构可能过于注重自身发展,缺乏跨地区合作和共享创新成果的文化和意识,限制了合作潜力的发挥。第五,外部支持和引导不足。成渝地区金融合作缺少专门的政策和资金支持,不利于区域金融合作的深入发展。

区域金融合作机制不完善可能导致资源配置效率较低,出现资源重复建设和浪费;可能让金融服务质量不均,影响一些地区的金融服务可获取性;还可能影响成渝地区在国际金融合作中的发言权和影响力,不利于成渝地区提升吸引外资和参与国际竞争的能力。

五 对策建议

(一) 提升金融开放国际化程度

一是加强金融基础设施建设。建设国际金融交易平台和金融服务体系，包括但不限于跨境支付系统、国际金融资产交易平台等。这有助于提高成渝地区金融市场的吸引力，吸引国内外投资者。二是推动金融政策创新。制定和实施更为开放的金融政策，鼓励和引导外资银行、保险公司等金融机构在成渝地区设立分支机构，提供更多元的金融产品和服务。三是提升人才国际化水平。加大对金融人才的培训和引进力度，特别是具有国际视野和经验的高端金融人才，通过提供优越的工作环境和有竞争力的薪酬福利吸引和留住人才。四是加强国际合作与交流。通过建立与国际金融中心的合作关系，参与国际金融会议和论坛，加强与国际金融市场的联系和交流。同时，积极参与"一带一路"建设，通过双边或多边合作项目，提升本区域在国际金融领域的影响力。五是优化营商环境。持续优化金融监管环境，提供稳定、透明、高效的金融服务环境，减少不必要的行政手续和审批，降低企业经营成本，吸引外资金融机构和国际金融市场参与者。六是促进金融科技发展。鼓励金融科技创新，支持区块链、大数据、人工智能等新兴技术在金融领域的应用，提高金融服务的效率和安全性，打造具有国际竞争力的金融科技生态系统。

(二) 完善金融监管体系

第一，加强监管框架建设。根据金融市场发展的实际需要，制定和完善相关的金融监管法规，确保监管框架与国际标准接轨，同时适应成渝地区金融市场的特点；清晰划分各金融监管机构的责任和权限，避免监管职责重叠或缺失，提高监管效率和效果。第二，采用包容性监管策略。鼓励金融创新，建立金融创新监管沙箱，为新兴金融服务和产品提供试验空间，同时确保风险可控；根据金融市场发展和金融科技创新情况，动态调整监管策略和手段，确保监管的灵活性和有效性。第三，强化风险防控和监管技术应用。完善金融风险预警和管理体系，加强对重点领域和关键环节的风险监测，提前识别和防范系统性风险；积极利用大数据、云计算、人工智能等科技手段提高监管效率和精准性，实现对金融市场的实时监测和分析。第四，促进区域内外金融监管合作。加强区域内监管协调，在成渝地区内部建立更加紧密的监管协调机制，确保监管政策的一致性和协同性，共同应对跨区域金融风险；深化国际监管合作，加强与国际金融监管机构和组织的合作，参与国际金融监管标准的制定，学习和引入国际先进的监管经验和做法。第五，提升金融监管人才的专业能力。加强金融监管人才培养，通过教育培训、国际交流等方式，提升金融监管人才的专业能力；组建具有较高专业能力的金融监管团队，适应金融市场发展和金融创新的需要，有效执行监管职能。

（三）提升跨境金融服务能力

一是优化跨境金融政策和监管框架。适当放宽限制，制定更加开放和友好的政策；加强国内外监管机构之间的协调和合作，推动实施跨境金融监管框架和标准，减少监管差异和冲突。二是推动金融机构国际化发展。与国外银行和金融机构建立合作关系，通过合资、联营等形式拓展国际业务，加大对跨境金融服务的投入力度，提升自身在国际金融市场中的竞争力。三是优化法律和税收环境。完善与跨境金融服务相关的法律法规，为外资金融机构提供清晰的法律指引和保障；出台适当的税收优惠政策，减轻跨境金融服务的税负，吸引更多外资金融机构参与成渝地区金融市场。

（四）提高金融创新与国际的接轨程度

第一，加强政策支持与监管创新。出台具有前瞻性的金融政策，鼓励金融创新，推动区块链、大数据、人工智能等在金融科技领域的应用；实施包容审慎的监管原则，允许金融机构在受控环境下测试创新产品，降低创新成本和风险。第二，推动金融市场开放。进一步放宽对外资金融机构的市场准入限制，特别是在银行、保险、证券等领域；加强国际合作，与国际金融中心和机构建立合作关系，促进金融知识和经验的交流，学习国际先进的金融服务和管理经验。第三，促进金融科技发展。设立金融科技创新园区，提供政策、资金、技术等方面的支持，吸引金融科技企业和人才集聚；鼓励金融机构与科技公司合作，推动云计算、大数据、人工智能等技术在金融领域的应用，提高金融服务的效率和质量。第四，提高法律和税收环境的国际兼容性。参考国际通行的金融法律法规，提高本地金融法律法规的国际兼容性和透明度。

（五）健全区域金融合作机制

一是加强政策协调与规划。成立成渝地区金融合作协调机构，负责统筹区域内金融政策的制定和执行，确保政策协调一致；制定共同发展规划，明确发展目标、重点领域和合作项目，提升区域金融服务的整体水平。二是促进信息共享与交流。定期举办金融论坛，邀请政府部门、金融机构和学术机构参与，分享金融发展经验，探讨合作机遇。三是推进金融市场一体化。推进金融市场规则和操作流程的统一，促进金融产品和服务的互认互通，加强区域性金融基础设施建设，提高金融交易的效率。四是创新合作模式和机制。鼓励和支持成立区域性金融机构或合作平台，服务区域经济发展，促进跨境金融合作，探索跨境金融服务和管理新模式，如跨境人民币业务、跨境资本市场合作等，增强区域金融市场的国际竞争力。五是强化外部支持和引导。向国家有关部门争取政策、资金等方面的支持，为成渝地区金融合作提供外部推动力；积极参与国际金融合作和交流，引入国际先进的金融服务理念和管理经验，提升区域金融合作的水平。

参考文献

许予朋：《27家银行境外贷款不得超限》，《中国银行保险报》2022年2月9日。
张明生：《银行业境外贷款新政解读》，《中国外汇》2022年第6期。

裴长洪：《海南建设中国特色自由贸易港"特"在哪里？》，《财经问题研究》2021年第10期。

黄光红：《新金融合作带动中国西部与东盟互联互通》，《重庆日报》2023年4月19日。

别致、杨涛、王婉玲：《与世界融通——第五届中新（重庆）战略性互联互通示范项目金融峰会观察》，《当代党员》2023年第9期。

廖蒙：《人民币结算扩大国际朋友圈》，《北京商报》2023年4月13日。

王方宏：《海南自贸港跨境资产管理试点政策分析》，《海南金融》2021年第9期。

莫壮才：《坚持"1348"战略推进自贸港金融创新成果落地转化》，《今日海南》2022年第9期。

吴迪、朱蓝澜、刘晓星：《成渝两地联合开展外债便利化试点》，《金融时报》2022年3月14日。

刘泰山：《成渝联合助推外汇管理业务区域一体化》，《成都日报》2022年3月15日。

殷欣然：《我国外国人永久居留制度完善研究》，硕士学位论文，扬州大学，2021。

徐佩佩：《中资企业境外发债市场概况》，《全国流通经济》2019年第5期。

王佳磊：《"走出去"企业境外美元债发行模式浅析》，《交通财会》2018年第6期。

邹沛思、王磊：《重庆长寿：为涉外经济发展注入"数字动能"》，《金融时报》2023年8月2日。

罗雯：《"财务人"眼中的进出口业务合规遵从和风险控制》，《财会学习》2018年第12期。

郭欣欣：《重庆获批QDLP对外投资试点》，《重庆商报》2021年7月6日。

罗曼：《州推动金融开放创新建设粤港澳大湾区重要金融平台》，《证券时报》2023年6月13日。

B.9
成渝地区新型金融发展报告

张维维 石晗玉*

摘 要: 当前,金融服务领域迎来一场革命性的创新浪潮,这一浪潮不仅为投资者提供了更多样的选择,还为经济发展和金融体系的完善注入了新的活力。成渝地区一直致力于推动金融改革和金融创新,在金融领域与多方开展合作,以加快新型金融的发展。本报告以成渝地区新型金融发展情况为研究对象,主要介绍了成渝地区与证券交易所的合作情况、区域性股权交易市场建设情况以及新型金融业态发展情况,发现当前成渝地区在新型金融发展过程中主要存在新型金融产业活力不足、消费金融发展受限、养老金融服务滞后等问题,提出了拓宽新型金融发展渠道、大力发展文旅与消费金融、积极探索养老金融发展路径等对策建议。

关键词: 成渝地区 新型金融服务 新型金融业态

一 成渝地区与证券交易所的合作情况

(一)与上海证券交易所的合作

2018年8月20日,上海证券交易所资本市场服务重庆基地(以下简称"重庆基地")在重庆江北嘴国际投融资路演中心正式授牌成立。重

---

* 张维维,博士,重庆金融学院、重庆工商大学金融学院副教授,主要研究方向为金融工程、小微金融、产业金融;石晗玉,重庆工商大学金融学院硕士研究生,主要研究方向为绿色消费金融等。

庆基地是上海证券交易所与重庆在西部地区共同建立的首个资本市场服务基地，代表上海证券交易所对西部资本市场服务的投入力度进一步加大，目标是通过创新地方政府与交易所的合作机制，充分利用交易所的资源、人才和专业优势，构建服务区域经济的新平台。重庆基地为重庆乃至整个西部地区提供了更为完善的资本市场服务，为经济高质量发展注入新动力。

2019年12月，上海证券交易所资本市场服务西部基地（以下简称"西部基地"）在成都正式揭牌。西部基地致力于为拟上市企业提供"一站式"服务，以满足其融资协助、并购重组和资本市场发展需求。此外，西部基地也与一些已上市公司开展合作，促进企业发展，为整个地区的经济增长做出积极的贡献。

随着重庆基地和西部基地的成立，成渝地区资本市场快速发展，上市公司数量不断增多，上市公司质量持续提升。截至2023年8月底，成渝地区共有上海证券交易所上市公司97家，首发募集资金达849.90亿元，总市值达14726.32亿元。其中，重庆拥有上海证券交易所上市公司36家，首发募集资金达439.27亿元，总市值达4885.72亿元；成都拥有上海证券交易所上市公司61家，首发募集资金达410.63亿元，总市值达9840.60亿元[①]。

科创板作为科创企业的集聚地，已经成为服务新时代实体经济高质量发展的重要力量。自科创板开板以来，上海证券交易所积极助推成渝地区的"硬科技"企业通过科创板上市融资。截至2023年8月，成都和重庆共有22家企业成功登陆科创板。值得注意的是，其中"专精特新"企业达到10家，占总数的45.45%，首发募集资金达283.60亿元，总市值达1851.41亿元。科创板的上市条件更具包容性和开放性，为成渝地区的科创企业提供了更为顺畅的上市通道，助力成渝地区打造具有全国乃至全球影响力的科技创新中心。

---

① 资料来源：西部金融数据平台。

（二）与深圳证券交易所的合作

2019年12月20日，深圳证券交易所重庆服务基地（以下简称"重庆服务基地"）正式揭牌，标志着重庆市政府与深圳证券交易所携手共建的综合性服务平台正式落地。重庆服务基地的主要目标是全方位推动重庆优质企业与资本市场实现高效对接，涵盖企业的规范化运作、改制上市、投融资对接、上市辅导以及多元化互动交流等层面。为了进一步强化重庆服务基地的服务功能，2023年4月，深圳证券交易所联合重庆市金融监管局及重庆证监局策划举办了重庆资本市场"千里马计划"暨深交所2023年资本市场服务周活动。此次活动旨在进一步助推重庆的创新型和成长型企业利用深圳证券交易所做优做强，为重庆资本市场的高质量、可持续发展注入新的活力。重庆服务基地坚持做深做实在地化服务，持续开展重庆资本市场服务周、重庆基地"开放日"、区县专项服务计划等常态化活动。2019年以来，重庆服务基地共组织走访接待重庆企业近300家次，举办50余场投融资路演活动，开展近440个服务项目，为重庆企业高质量发展赋能增效。截至2023年8月，重庆共有深圳证券交易所上市公司35家，其中主板25家、创业板10家，首发募集资金达178.32亿元，总市值达4581.43亿元。

2018年12月11日，深圳证券交易所西部基地在成都高新区正式挂牌运营，标志着各方合作进入新阶段。该基地以成都为支点，为成渝地区的新兴企业提供发展窗口及专业化、在地化服务。2022年，深圳证券交易所制定并实施支持成渝地区双城经济圈建设工作方案，提出一系列创新性强、可落实的具体措施，助力成渝地区唱好"双城记"。截至2023年8月，成都共有深圳证券交易所上市公司102家，其中主板58家、创业板44家，首发募集资金达598.52亿元，总市值达18731.04亿元。

（三）与北京证券交易所的合作

2022年5月18日，北京证券交易所、全国股转系统重庆服务基地正式揭牌成立。在揭牌仪式上，各方共同签署了一项战略合作协议，这一协议为金融创新提供了坚实的基础。该协议明确规定，北京证券交易所和全国股转系统将通过重庆服务基地与重庆股份转让中心展开深度合作，以提升在地化服务水平。合作的目标为满足当地企业的需求，推动区域多层次资本市场建设，进而助力当地经济的高质量、可持续发展。重庆服务基地将扮演一个关键的角色，积极参与创新型中小企业的培育和服务工作。此外，2022年4月14日，成都市人民政府办公厅发布《关于支持企业北京证券交易所上市的若干扶持政策》，明确提出对在北京证券交易所首发上市的企业给予奖励。截至2023年8月底，成渝地区共有北京证券交易所上市公司14家，首发募集资金达30.37亿元，总市值达124.05亿元。

二 成渝地区区域性股权交易市场建设情况

作为我国多层次资本市场的重要组成部分，区域性股权交易市场的主要作用是服务特定区域内的企业，为其提供股权、债券的转让和融资服务。通过区域性股权交易市场，企业能够获得更多的资本支持，进而推动自身的发展与创新。《成渝共建西部金融中心规划》明确提出，支持重庆开展区域性股权交易市场制度和业务创新，同步探索与新三板市场的对接机制；支持成渝地区股权交易平台依法开展登记托管、交易品种等业务创新，研究探索创业投资和私募股权投资基金份额转让的可行性。《成渝共建西部金融中心规划联合实施细则》提出，推动重庆股份转让中心与天府（四川）联合股权交易中心加强合作，积极争取开展直接融资产品创新试点，推动建设市场化债转股股权资产交易平台。天府（四川）联合股权交易中心和重庆股份转让中心是成渝地区区域性股权交易市场的重要组成部分，也是推动区域多层次资本市场高质量发展的重要抓手。

（一）重庆股份转让中心

2009年7月，重庆市委、市政府决定成立重庆股份转让中心，承担场外资本市场的建设任务。为了增强市场竞争力、更好服务实体经济，重庆市

政府于2012年11月决定对中心进行改制。随后，2013年2月6日，重庆渝富资本运营集团有限公司、西南证券股份有限公司和深圳证券信息有限公司合作成立了注册资本为1.56亿元的重庆股份转让中心有限责任公司（以下简称"重庆股转中心"），开启了新的发展篇章。重庆股转中心作为全国首批通过国务院验收的区域性股权交易市场，以股权业务作为"立身之本"，做好企业孵化培育工作，积极建设企业培育平台、投融资平台和综合金融服务平台。大力打造"科创资本通"平台，加速当地优质企业集聚，吸引全国知名风投、创投机构入驻。2022年2月，"重庆区域性股权市场制度和业务创新试点方案"获中国证监会批准，重庆股转中心成为中西部唯一、全国第二家创新试点单位。

（二）天府（四川）联合股权交易中心

天府（四川）联合股权交易中心前身为成都（川藏）股权交易中心，自2013年12月30日起运营。该中心由四川、西藏两省区政府共同建设，是全国唯一的跨省区区域性股权交易场所。天府（四川）联合股权交易中心致力于为企业提供股权融资、并购重组、规范培育等多元化资本市场服务，助力成渝地区双城经济圈的建设和发展。截至2023年6月末，天府（四川）联合股权交易中心累计帮助企业实现各类融资约220亿元，位居全国第二。此外，中心搭建了全国领先的新一代互联网证券市场及投融资对接业务总平台，实现了全面互联网化。如今，天府（四川）联合股权交易中心已成为我国多层次资本市场的重要组成部分，是四川、西藏两省区各级政府扶持中小微企业政策措施的综合运用平台，是非上市公司特别是中小微企业进行直接融资的核心平台和主要渠道。

三 成渝地区新型金融业态发展情况

（一）消费金融

成渝地区作为中国西南地区的经济中心，拥有较大的人口基数。根据第七次全国人口普查数据，成渝地区双城经济圈拥有约1.16亿人口，占全国人口的8.20%。《成渝共建西部金融中心规划》明确提出，要通过加大金融支持力度打造城市特色消费品牌。这不仅需要金融机构的积极参与，还需要引导消费金融公司、汽车金融公司、小额贷款公司等机构规范发展。近年来，成渝地区社会消费品零售总额呈整体增长态势（见图1），消费金融体系也在不断完善，这为居民消费提供了更多机会，推动了成渝地区消费金融行业不断发展壮大。

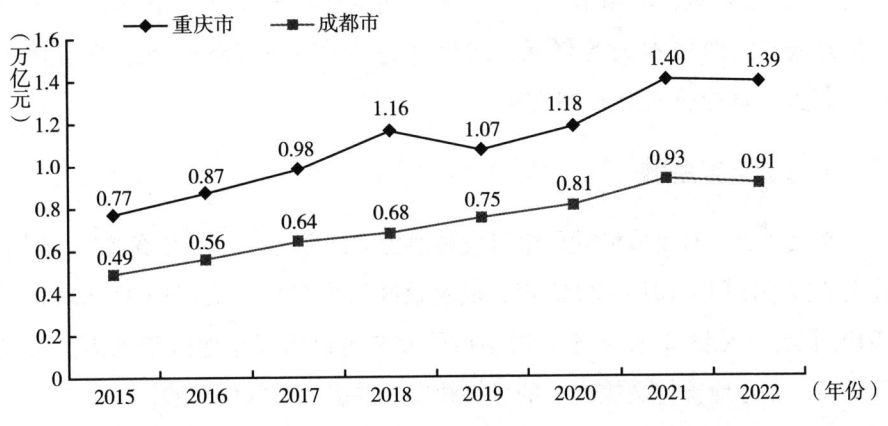

图1　2015~2022年重庆市、成都市社会消费品零售总额

资料来源：相关年份《重庆统计年鉴》《成都统计年鉴》。

2023年1~2月，重庆社会消费品零售总额达到2459.08亿元，其中城镇社会消费品零售总额达到2070.76亿元，同比增长2.3%；乡村社会消费品零售总额也表现出良好的增长态势，同比增长9.7%。这显示了重庆在消费领域取得了显著进展。2023年1~5月，成都社会消费品零售总额达到4063.3亿元，同比增长9.0%。其中，城镇社会消费品零售总额同比增长9.1%，乡村社会消费品零售总额同比增长7.2%。这表明成都逐渐成为国际消费中心城市的有力竞争者。

消费金融公司方面，截至2022年末，重庆共有3家消费金融公司，分别为马上消费金融股份有限公司、重庆小米消费金融有限公司、重庆蚂蚁消费金融有限公司，占全国消费金融公司数量的1/10，主要业务为发放个人消费贷款。截至2022年末，3家消费金融公司资产总额达1552.64亿元，各项贷款余额达1368.46亿元，负债总额达1385.25亿元，所有者权益合计达167.39亿元。成都共有两家消费金融公司，一家为四川锦程消费金融有限责任公司，主要由成都银行持股，2022年总资产为117.23亿元，净资产为15.7亿元，营业收入为10.35亿元，实现净利润2.565亿元；另一家为四川省唯品富邦消费金融有限公司，由唯品会（中国）有限公司、特步（中国）有限公司、富邦华一银行有限公司共同出资设立，于2021年9月获批开业，注册资本为5亿元，2022年总资产为37.55亿元，净资产为4.12亿元，营业收入为1.25亿元。

（二）文旅金融

文旅产业一直是成渝地区最具发展潜力的产业之一，对经济增长起到了较大的推动作用。2015~2022年，成渝地区的旅游收入从4291亿元增长到10403亿元（见图2）。文旅金融领域的发展可以为成渝地区带来更多的投资机会，更好地支持文旅产业的可持续发展并提高游客的体验。

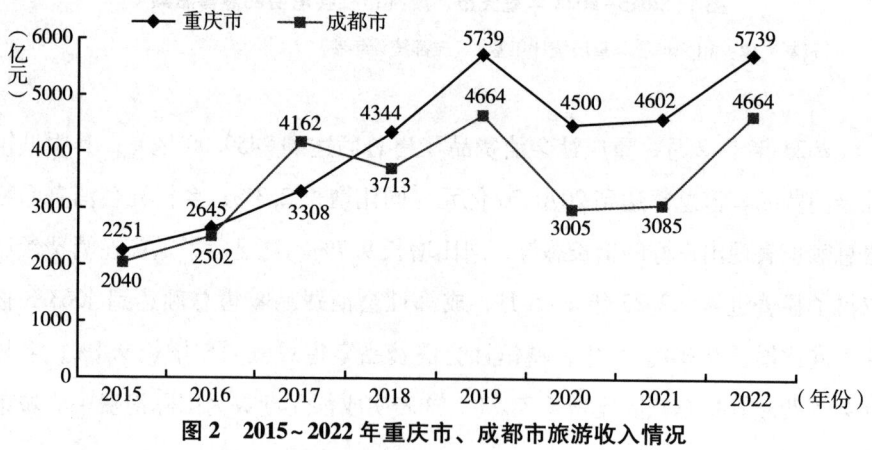

图2　2015~2022年重庆市、成都市旅游收入情况

资料来源：相关年份《重庆统计年鉴》《成都统计年鉴》。

随着成渝地区双城经济圈建设的不断推进，金融领域对文旅产业的促进作用逐渐显现。首先，成渝地区的金融机构，尤其是银行积极响应政府政策，采取了一系列金融支持措施，旨在促进文旅产业的进一步发展。这包括提供贷款和融资支持，以帮助文旅产业扩大业务规模、提升服务质量、增强市场竞争力。此外，金融机构积极探索文旅金融创新试点，加大金融支持文旅产业发展的力度，探索拓宽文旅企业抵质押物范围。

重庆研究制定了一系列金融相关政策措施，以支持文旅产业高质量发展，包括《重庆市银行业金融机构支持文化产业和旅游产业高质量发展政策措施》等。同时，重庆出台了贷款贴息政策、质保金暂退政策等，这些政策在减轻文旅企业经营负担方面发挥了积极作用。此外，重庆建立起文旅产业银企对接机制，推广"长江渝融通"贷款码，截至2022年4月，已帮助全市60余家文旅企业成功获贷近85亿元。

成都积极推动文旅与金融的融合创新，持续加大政策支持力度，充分激发全市文旅产业的潜力和活力，推动文旅产业创新发展。为进一步提高产融政策效能，推动金融机构与成都优质文旅项目进行有效对接，成都定期组织精品项目交流对接活动，以创建国家文化与金融合作示范区为指引，深化文旅金融融合创新，构建文旅企业"一站式"金融服务平台，为全市文旅企业提供文旅金融政策咨询、投融对接、上市培育等服务。未来，成都计划通过加强文旅金融配套基础设施建设、健全文旅金融融合发展体制机制等措施进一步推动文旅金融的发展。

（三）养老金融

《成渝共建西部金融中心规划》提出，要探索特色金融服务，鼓励金融机构为养老、托育、家政行业发展提供银行保险服务。随着成渝地区老年人对高水平养老服务的需求的不断增长，养老金融已成为成渝共建西部金融中心的重要发力点。在这一背景下，养老金融政策和服务体系变得至关重要，需要充分考虑个人养老金制度、银行保险服务、个人养老金投资产品。

重庆银行业、保险业在养老金融方面积极探索，持续丰富金融产品和服

务,切实解决老年人在金融消费中的突出问题。其中,国家开发银行重庆市分行创新融资模式,累计向重庆部分区县的养老服务设施建设项目发放贷款10.5亿元;中国银行重庆市分行上线"银发地图"养老社区模块;泰康人寿重庆分公司积极推动"泰康溢彩千家养老机构资助项目"落地重庆。同时,重庆有序落地商业养老保险等个人养老金投资创新产品,通过发布个人养老金知识手册等方式全面解读政策,就个人养老金开户、缴费、投资等环节进行详细说明,特别是做好养老金投资教育引导和合规管理,引导老年人树立正确的养老金投资理念。

成都不断加大对养老金融的支持力度,积极引导金融机构完善养老金融服务体系。中国银行与中国联通合作,成功在成都实施了全国首个数字人民币智慧养老场景,使老年人获得更便捷的金融服务,同时推动了数字货币在金融领域的应用;成都农商银行营业部成为西南地区首家通过适老服务认证的银行网点,为老年客户提供更加友好、贴心的服务。太平洋保险、泰康保险、中国人寿等知名保险机构纷纷在成都市兴建养老社区,提供综合的养老金融服务,为老年人提供更多选择。

四 问题剖析

(一)新型金融产业活力不足

当前,成渝地区新型金融产业活力不足,主要体现为产业结构单一、区域协同发展不足、经济转型升级受限、竞争力提升缓慢、政策和监管框架有待完善以及金融科技应用推广力度不足。同时,随着成渝地区双城经济圈建设的不断深入,基建扩容、产业转型、消费升级等对成渝地区新型金融产业提出了更大的挑战,相关行业企业能否提供有力的金融产品和服务至关重要。虽然成渝地区的银行业机构体系比较完善,但保理、担保等金融机构的发展相对滞后,限制了新型金融产业的整体发展和金融资源的有效配置。

（二）消费金融发展受限

成渝地区在消费金融方面虽拥有一定的基础和优势，但仍面临金融机构体系竞争力不足、金融资源配置能力有待提高、数字金融发展不均衡、金融服务创新能力不足、金融政策和监管框架亟须完善以及金融开放程度有待提升等困境。数字化是推动消费金融发展的关键因素。成渝地区虽然有像马上消费这样的公司在利用数字金融助力地区发展，但整体来看，成渝地区数字金融的发展还不够均衡，限制了消费金融市场的进一步拓展。

（三）养老金融服务滞后

随着成渝地区双城经济圈建设的加速，人才流动和经济融合带来的异地养老需求不断增长。目前，大多数老年人依靠社区居家养老，而专业化、多元化的服务需求在居家养老、社区养老中难以得到满足。同时，成渝地区对养老机构投入的金融支持力度仍有待加大，与东部地区相比在融资成本、速度和渠道等方面存在差距。

五　对策建议

新型金融的发展为成渝地区双城经济圈建设注入了新的活力，通过产业融合、创新驱动、区域协同、金融科技应用、国际合作等维度促进了成渝地区经济的增长和产业结构的优化升级，加强了资本、人才、信息等资源的流动，提升了金融服务的效率，增强了金融市场的稳定性。在此基础上，成渝地区要促进新型金融高质量发展和成渝地区双城经济圈高质量建设，可以从以下几方面发力。

（一）拓宽新型金融发展渠道

首先，成渝地区应通过共建西部金融中心促进金融机构集聚和金融市场发展，为新型金融提供更加广阔的发展空间，如打造特色金融集聚区和新型金融

机构体系，吸引各类金融机构和金融科技企业入驻。其次，成渝地区应持续致力于培育新产业、新业态和新模式，如数字经济、智能经济等，为新型金融发展打造坚实基础。最后，建立跨区域协同机制，共同搭建金融机构合作平台，促进成渝两地金融业务深度融合，为新型金融的发展提供政策支持。

（二）大力发展文旅和消费金融

首先，成渝两地政府和金融机构需要共同努力，建立健全政策体系，培育市场主体，拓宽融资渠道，创新金融产品，以支持文旅产业的可持续发展。其次，鼓励金融机构创新开发适应新消费趋势的金融产品和服务，重点开发个性化、差异化的消费金融产品，尤其是完善线上消费信贷场景，以满足不断变化的消费需求。最后，探索"金融+文旅+消费"新模式，进一步激发服务消费潜力，将金融服务融入服务消费的各个环节。

（三）积极探索养老金融发展路径

首先，积极推动养老金融的创新与发展，针对养老金融出台具体政策措施。其次，加大金融机构对养老产业的支持力度，创新推出更多针对个人养老需求的金融产品，如养老目标基金、养老型年金产品和养老保障管理产品等。

参考文献

吴科任：《北交所、全国股转系统重庆服务基地揭牌》，《中国证券报》2022年5月20日。

黄光红：《重庆组建股权服务集团》，《重庆日报》2022年6月7日。

祁豆豆：《上交所服务科技创新畅通融资渠道》，《上海证券报》2022年6月11日。

赵洋：《区域性股权市场迈上稳健发展之路》，《金融时报》2022年2月10日。

吴刚：《今年渝企上市跑出"加速度"》，《重庆日报》2023年4月11日。

谢陶：《"天府文创板"开板 成都文创按下"加速键"》，《每日经济新闻》2023年

3月6日。

刘琪：《优化区域多层次资本市场服务 拓宽科创企业融资渠道》，《证券日报》2021年12月25日。

杨洁、康文有：《金融集聚推动西部金融中心、成渝地区双城经济圈发展的理论逻辑、现实基础和建设路径——基于金融分权理论视角》，《北方金融》2022年第7期。

雍黎：《重庆：靠前服务精准培育，助企业"跑步"上市》，《科技日报》2023年4月11日。

黄光红：《深交所重庆服务基地揭牌》，《重庆日报》2019年12月21日。

刘欣：《西南证券完成控股重庆股交中心》，《东方早报》2013年2月18日。

B.10
成渝地区金融风险管理报告

邵腾伟　吴南清*

摘　要： 金融安全是国家安全的重要构成要素，也是确保经济稳健发展的重要基石。本报告聚焦成渝地区金融风险管理，分析当前成渝地区传统金融行业风险管理情况、政府债务风险管理情况、金融科技风险管理情况以及金融风险联防联控情况，针对成渝地区在金融风险管理方面面临的问题提出了提升地方监管执法效能、建设金融风险联合处置机制等对策建议。

关键词： 成渝地区　金融风险　系统性风险　金融监管

一　传统金融行业风险管理情况

2023年，成渝地区三大传统金融行业平稳发展，各项风险指标位于合理区间，整体风险可控。银行业方面，截至2023年9月末，成渝地区银行业整体不良贷款率为1.14%，较上年末下降0.16个百分点；拨备覆盖率达到269.53%，较上年末提高近50个百分点。证券业方面，2022年末，成渝地区上市公司资产规模同比增长8.89%，营业收入同比增长15.48%，净利润同比增长34.87%，整体表现强劲。保险业方面，整体上风险抵补资源相对充足。

---

* 邵腾伟，博士，重庆工商大学成渝地区双城经济圈建设研究院教授、博士生导师，主要研究方向为数字金融、数字经济领域的理论与应用；吴南清，重庆工商大学金融学院硕士研究生，主要研究方向为金融风险管理和金融监管。

（一）重庆地区情况

银行业方面，截至2023年9月末，重庆市银行业不良贷款率为1.18%，较上年末下降0.24个百分点，风险状况较为稳定；拨备覆盖率为249.10%，较上年末提高48.50个百分点；法人银行机构资本充足率为14.38%，高于全国平均水平。2023年，重庆市经济保持快速增长，银行业的盈利能力和资产质量有所提高。同时，重庆市银行业监管机构不断加大监管力度，对银行业风险进行有效控制。截至2023年9月末，重庆市银行业贷款余额为5.57万亿元，同比增长8.30%。新增贷款主要投入零售业、制造业、住宿餐饮、基础设施建设领域以及知识密集型产业等。

保险业方面，2023年，重庆市各保险机构偿付能力较强（见表1），整体风险可控。近年来，重庆保险业始终坚定不移深化改革开放，为提高服务实体经济的质量和效益做出了不懈努力，同时积极应对金融风险，确保整个行业的健康发展。2023年4月24日，国家金融监督管理总局重庆监管局发布《关于提升保险销售管理水平 推动人身保险业高质量发展的通知（试行）》，要求保险机构积极运用科技手段，探索建立智能化风险监测系统，将销售风险管理从事后处置向事前预警延伸，根据保费规模、保单继续率、人员留存率、业务集中度等关键指标监测识别风险人员和团队，实现精准防控。

表1 2023年重庆部分保险机构偿付能力充足率情况

单位：%

保险机构	偿付能力充足率
重庆财信企业集团有限公司	152.33
安诚财产保险股份有限公司	222.40
中国大地财产保险股份有限公司重庆分公司	236.10
中国平安财产保险股份有限公司重庆分公司	240.90
中国太平洋财产保险股份有限公司重庆分公司	261.70
泰康人寿保险有限责任公司重庆分公司	266.30
新华人寿保险股份有限公司重庆分公司	274.50
中国人寿保险股份有限公司重庆市分公司	300.31

资料来源：笔者根据保险公司年报自行整理。

（二）成都地区情况

银行业方面，截至2023年9月末，成都市银行业不良贷款率为1.18%，较上年末下降0.24个百分点，风险状况较为稳定；拨备覆盖率为289.50%，较上年末提高近50个百分点。2023年，成都市加强金融风险监测、预警、提示和处置，不断健全风险防控长效机制，推动金融风险化解取得积极成效，聚力增强金融服务实体经济的能力。截至2023年12月末，成都市银行业贷款余额为6.05万亿元，同比增长13.70%，新增贷款主要投入生物医药、制造业、数字技术、现代农业等领域。

保险业方面，2023年，成都保险业风险状况整体可控，行业发展态势良好。近年来，国家金融监督管理总局四川监管局不断加大监管力度，通过现场检查、非现场监管等方式，对成都保险公司的业务经营、风险管理、内部控制等环节进行全方位监管，同时强调对保险消费者的保护，加强对保险产品的信息披露和风险提示，保障保险消费者的合法权益。

二 政府债务风险管理情况

（一）重庆地区情况

从规模来看，重庆市地方政府债务规模在全国范围内处于较低水平，但城投平台的隐性债务压力不容忽视。从重庆市政府公布的债务数据来看，截至2022年末，重庆市地方政府显性债务余额为10071亿元，在全国万亿元GDP城市中排第2位，仅次于北京。考虑经济体量和综合可用财力，2022年重庆负债率、债务率分别为34.54%和163.00%，在31个省份（不含港澳台地区）中分别排第25位和第17位，负债率超过120%的国家警戒线。考虑城投平台隐性债务，重庆市债务规模和偿债压力明显上升。截至2023年9月，重庆市城投平台形成的有息债务总额为7665.18亿元。

从结构来看，2021~2022年及2023年6月底，重庆市发债城投企业全部债务资本化比率均值持续上升。中心城区中，除江北区、北碚区和大渡口区外，其他区域全部债务资本化比率均超过50%；主城新区中，江津区和荣昌区债务压力较大且持续上升。渝东北和渝东南地区中，万州区、丰都县、武隆区和酉阳县债务负担高于全市平均水平。

（二）成都地区情况

从规模来看，2021年末成都广义债务余额为2.1万亿元，位居全国地级市第一，其中融资平台有息债务为1.7万亿元，占广义债务余额的81%，该占比在全国地级市中居第11位。从债务分布来看，成都市政府债务集中于区县。区县平台数量多且债务规模大，债务分布与"东进、南拓、西控、北改、中优"的发展策略相关，"东进、南拓、北改"所涉及的区域，如郫都区、龙泉驿区、新津区、简阳市等，宽口径债务率居于前列；西部、中部区域债务规模相对较小；各区县的债务分布也与圈层划分相关，二圈层（近郊区）债务规模占比过半。部分区域城投债务呈短期化趋势，龙泉驿区、郫都区、都江堰市、新津区短债占比均超过35%。

近年来，成都市持续推进债务问题化解工作，措施包括：研究出台防范化解地方政府隐性债务风险的实施意见和工作措施；开展地方政府融资平台公司债务信息与银行共享比对工作，建立跨部门信息共享机制；安排县（市、区）化解隐性债务奖补资金，加大对债务风险较高地区的帮扶指导力度。从效果来看，成都城投平台债券融资整体顺畅，净融资维持正值，平均发行期限平稳，平均发行成本呈下降趋势。

三 金融科技风险管理情况

（一）重庆地区情况

为深入推动金融科技创新监管试点工作，自2020年4月起，中国人民银行扩大了金融科技创新监管试点范围。这一举措旨在引导持有金融牌照的机构和科技公司申请创新测试，探索解决普惠金融的"最后一公里"问题。

同时，重庆市发布了《关于推进金融科技应用与发展的指导意见》，提出打造金融科技监管先行区，提升金融科技风险管理水平。截至2023年6月末，重庆市已经公布了多批金融科技创新监管工具创新应用（见表2），涵盖多项前沿技术。

表2 重庆市金融科技创新监管工具创新应用

批次	创新应用名称	申请机构
第一批	基于多方学习的涉农信贷服务	重庆农村商业银行 腾讯云计算(北京)有限责任公司
	支持重庆地方方言的智能银行服务	重庆农村商业银行
	基于5G的数字化移动银行服务	重庆银行
	基于区块链的数字函证平台	中国互联网金融协会 厦门银行 重庆富民银行 博雅正链(北京)科技有限公司
	"磐石"智能风控产品	度小满(重庆)科技有限公司 中国光大银行重庆分行
第二批	基于图计算与人工智能技术的企业融资服务	重庆银行
	基于知识图谱和流式计算的风险交易预警服务	重庆富民银行 同盾科技有限公司
	基于电子证据保全的权益保护服务	重庆农村商业银行 中金金融认证中心有限公司
	基于智慧双录认证的融资服务	重庆三峡银行 北京中关村科金技术有限公司
	基于人工智能的收单风控服务	中国银联股份有限公司重庆分公司 重庆三峡银行
	基于人工智能的反洗钱监测分析系统	中银金融科技有限公司 中国银行股份有限公司重庆市分行 中国银行股份有限公司上海市分行
第三批	基于量子安全技术的移动普惠信贷服务	重庆银行
第四批	基于物联网和大数据的生猪养殖企业融资服务	中国农业银行重庆市分行
	基于隐私计算技术的小微企业融资服务	中国民生银行重庆分行
第五批	基于机器学习技术的小微企业融资服务	重庆银行
	基于定制智能安全终端的涉农融资服务	重庆农村商业银行

（二）成都地区情况

1. 探索金融科技创新监管试点工作机制

近年来，以中国人民银行四川省分行、国家金融监督管理总局四川监管局、成都市地方金融监督管理局为代表的金融管理部门联合成立工作组，共同推进金融科技创新监管试点工作，根据"成熟一批、发展一批"的原则，选择具有创新性的技术和业务应用进行测试，及时发现潜在风险，为金融科技创新创造有利环境。

2. 提升金融科技风险管理能力

成都金融机构利用多种技术进行金融风险监测，提升金融科技风险管理能力。比如，利用大数据技术对金融数据进行深入分析，以便更好地识别风险；运用人工智能技术如机器学习和自然语言处理分析金融市场数据和监管信息，识别异常情况；通过客群分析，将客户划分为不同风险水平的群体，了解不同客群的风险特征；建立监管系统，及时感知和预警潜在风险，对不同层级、不同机构和不同领域进行全面管理；建立风险事件快速响应和处置机制，降低风险对金融系统的影响。

3. 加强监督管理

一是风险排查。成都积极组织相关部门对支付安全和金融科技领域的潜在风险进行排查，对各类金融机构和企业进行风险评估，以便提前发现可能出现的问题。二是检查核实。近年来，四川及成都对20多家金融机构的8000多个风险指标开展了一系列检查核实工作，督促相关金融机构采取整改措施，规范管理和运营。三是监督管理。成都发布了一系列涉及金融机构的监督管理政策，确保金融机构按照法规履行职责，维护金融市场秩序。

四 成渝地区金融风险联防联控情况

近年来，随着金融业发展步入快车道，成渝地区金融机构数量日益增多，但机构合规程度却参差不齐，导致非法金融活动日益频繁，潜在风险

与日俱增。重庆两江新区与成都天府新区构建了跨区域金融风险联防联控机制，深入推进两地非法集资等风险线索的排查，强化了两地在监管信息共享、金融风险形势研判等领域的交流合作，实现了跨区域、跨业态、跨市场的金融监管协调配合，有效遏制了金融领域违法案件的发生，营造了安全、稳定的金融发展环境，助推成渝地区经济高质量发展，对加快推动西部金融中心建设具有重要意义。2023年6月，成都金融法院联手中国证券监督管理委员会重庆监管局就加强金融协同治理、防范化解市场风险等方面加深共识，签订了战略合作框架协议。该协议涉及建立联席会议、协同治理等互动协作机制及代表人诉讼等维权支持机制。成渝两地形成区域监管合力，有利于维护区域资本市场的健康运行并保障投资者权益，对共建西部金融中心、形成西部地区高质量发展重要增长极意义重大。

五　问题剖析

（一）金融科技创新与数据安全协调难

随着科技的迅猛发展，金融科技创新已经成为金融业的重要发展趋势。在成渝地区双城经济圈，金融科技创新成果不断涌现，包括智能投顾、区块链技术、大数据分析等。这些成果为金融服务提供了更加高效、便捷的渠道，但同时带来了新的风险挑战。主要包括以下几方面。

数据安全与隐私保护。随着金融业务数字化和网络化程度的提高，大量的金融交易数据被生成、传输和存储。这些数据可能包含用户的敏感信息，如个人身份信息、财务信息等。因此，保障金融数据的安全、加强隐私保护成为一项重要任务。数据泄露、黑客攻击、网络入侵等威胁一旦引发数据安全事件，不仅会给金融机构带来巨大损失，还可能影响整个金融系统的稳定性。

监管政策和法律法规的跟进。面对金融科技创新带来的新挑战，监管政策和法律法规也需要不断跟进和完善。政府和监管部门需要制定相关政策，加强金融科技创新监管，明确金融数据的收集、使用和共享规范，同时加强对金融机构的监督和检查，确保金融数据安全和隐私保护。

人才短缺与培训需求。金融科技领域的专业人才相对短缺，而金融机构需要具备相关技术知识和能力的人才应对金融科技创新和数据安全挑战。因此，加强金融科技人才培养尤为重要，提高金融从业人员的科技创新水平和安全意识，有助于有效应对金融科技创新和数据安全挑战。

（二）金融监管协调难

成渝地区双城经济圈涉及的金融机构跨越了成都和重庆两个行政区域，其监管也涉及多个地方政府和金融监管部门。因此，协调金融监管政策、制定统一的监管标准、建立有效的信息共享机制至关重要。

跨地域监管体系不完善。成都和重庆有各自独立的金融监管体系，当涉及跨境金融业务、金融机构跨区域经营时，需要多个地方政府和金融监管部门的协调合作。然而，地方政府之间的利益冲突、金融监管部门之间的权责划分等问题，可能会导致监管协调难度增加。

监管标准不一。不同地区的金融监管部门可能会制定不同的监管标准和政策，导致金融机构在不同地区面临不同的监管要求。这种监管标准的不一致可能会增加金融机构的运营成本，降低金融监管的效率，甚至导致监管漏洞。

信息共享不畅。金融监管涉及大量信息的收集、处理和分析，有效的信息共享对于金融风险管理至关重要。然而，成渝地区双城经济圈内地方政府和金融监管部门之间存在信息壁垒、数据孤岛，可能阻碍信息共享，从而降低金融监管的效率和有效性。

跨境金融业务监管难度大。成渝地区双城经济圈内的金融机构在开展跨境金融业务如跨境资金流动、跨境投资时，可能面临监管范围界定不清、监管政策不一致等问题，导致跨境金融业务的监管难度增加，引发监管套利等问题。

（三）跨境金融风险大

近年来，成渝地区双城经济圈的跨境业务规模不断扩大、业务种类逐步增多，跨境业务市场规模呈现稳步扩大趋势，为金融机构开展业务提供了更广阔的空间。但货币政策的不确定性、外汇风险、跨境资金流动的监管等因素可能影响金融体系的稳定。

政策差异与法规调整。不同国家的金融政策差异和法规调整对跨境金融业务产生显著影响。不同国家和地区可能采取保守或严格的金融政策，导致一系列市场准入壁垒出现。此外，不同国家和地区对金融业务的合规要求和报告义务提出了不同的规定，金融机构在开展跨境金融业务时需全面把握不同国家和地区的反洗钱、反恐怖融资及数据隐私等要求。这对金融机构的合规工作提出了较大挑战。

地缘政治风险。地缘政治因素也会对跨境金融业务产生影响，进而构成政策风险。政治紧张局势、战争、恐怖主义或其他国际冲突可能导致金融市场的不稳定甚至关闭，从而使跨境金融业务面临流动性下降、支付系统关闭或资产冻结等风险。

汇率风险。跨境资金流动涉及不同国家或地区的货币，汇率波动可能导致资金价值的变化。资金流出国家或地区的汇率下跌，可能影响投资回报率；资金流入国家或地区的汇率上升，则可能增加成本，降低投资收益。

数据跨境风险。跨境金融业务涉及相关数据的跨境传递，有可能产生跨境数据安全、数据合规风险。在跨境金融投资中，投资者在进行金融交易时，其持有的个人信息、机构信息、投资组合信息等敏感信息有可能被黑客、病毒软件窃取，导致数据泄露等信息安全问题。另外，跨境金融投资涉及不同国家和地区的法律规范以及国际协定。因此，金融机构在开展跨境业务时面临数据跨境合规风险。例如，对于 QFII 和 QDII[①] 来说，金融机构必须定期向监管机构提交投资数据和交易报告，确保其投资行为符合相关国家或地区的相关法律法规。

---

① QFII 即合格境外机构投资者，QDII 即合格境内机构投资者。

（四）风险识别和评估不足

成渝地区金融风险管理中出现风险识别和评估不足的问题，可能有以下原因。一是信息不对称。金融市场参与者之间存在信息不对称的问题，使某些风险难以被及时发现和准确评估，这种信息不对称问题在新兴金融产品和服务领域更为明显。二是金融创新存在风险。随着金融科技的快速发展，新的金融产品和服务不断涌现。这些新业务往往复杂多变，金融机构可能缺乏足够的经验和技术来准确评估这些新业务带来的风险。三是风险管理能力有限。成渝地区的金融机构可能在风险管理方面存在不足，特别是数据分析、风险预测模型等方面的应用不够广泛或不够精准。四是监管政策滞后。金融监管政策未能及时跟进金融市场的发展和金融产品的创新，导致监管框架与市场实际需要之间存在脱节现象，使风险识别和评估受到限制。五是风险意识不足。金融机构和市场参与者对风险的重视程度不足，缺乏全面和具有前瞻性的风险管理意识，对潜在风险的识别和评估不够重视。

六　对策建议

（一）提升地方监管执法效能

建立新型区域监管机制。运用"互联网+监管"工具，结合大数据监管等创新手段，借助现代技术和数据分析方法，不断探索和完善区域监管机制，以适应不断变化的金融市场和监管需求，从而保护金融系统的稳定性，提高监管的效力。

开展地方金融监管评价。分级分类持续推动问题机构市场出清，促进行业高质量发展。加快推动科技赋能金融监管数字化转型，推动建设区域金融综合监管信息平台，建立上下联动、多部门协同的风险分析和风险预警机制，利用科技手段提升金融综合监管能力。推动成渝地区金融监管执法机构联动，实现信息互通、执法互联、结果互认。

成渝蓝皮书

（二）建设金融风险联合处置机制

建设金融风险联合处置机制可以加强成渝地区金融监管合作和风险联防联控，共同维护金融安全和稳定，有助于提高区域金融监管效率和水平，促进区域金融稳定和发展。一是加快推动地方金融条例制定。明确市场准入、监管合规、信息透明等市场化规则，为绿色金融、金融市场、金融科技、金融开放等改革创新举措提供法律支撑。二是高标准建设成渝金融法院。重点跟踪金融法律和监管的最新动态，为法官提供法律依据和指导，确保金融案件的审理质量。三是探索建立在线审判机制。利用互联网技术和信息化手段，推动法院审理金融纠纷的程序和过程数字化，以提高审理效率并降低成本。四是加强区域司法协同。建立一个强有力的失信联合惩戒制度，致力于创建并完善通报机制，以合法合规的方式加大对恶意逃避金融债务、非法筹资、退保黑产、逃汇套汇等一系列违法和违规行为的惩罚力度，以进一步维护区域金融市场秩序、保护投资者权益。

（三）加强跨境资金异动预警及监管

一是建立跨境资金流动监测系统，对跨境资金流动进行实时监测和分析，及时发现异常情况。支持跨境金融服务平台在成渝地区设立实体企业，不断拓展应用场景，特别是促进中欧班列（成渝）融资结算应用场景以及西部陆海新通道融资结算应用场景的拓展。同时，积极探索试点项目，如普惠信用贷款。

二是根据跨境资金流动的特点和风险，构建相应的风险预警指标体系，及时发现跨境资金流动风险，及时进行风险预警，以便进一步采取适当的应对措施。

三是加强跨境资金流动监管，对异常情况及时采取措施，防范跨境资金流动风险。密切监控跨境资金流动情况，完善紧急异常情况预案，实现突发异常风险精准捕获、及时应对、合理化解，确保金融体系的健康和稳定。

四是加强跨境资金流动信息共享，提高监管效率和效果。在数据共享、联合研判、跨区域监管协查等方面加强合作，鼓励在有条件的地区创建防范非法集资示范区。深化成渝地区反洗钱合作，加强反洗钱监测、调查和监管等信息共享互通，在风险评估领域开展合作，协同打击洗钱及相关犯罪行为。

五是加强与国际金融组织和其他国家的合作，共同防范跨境资金流动风险。创新跨境资本管理模式，灵活运用物联网、人工智能、大数据、机器画像等前沿技术，推动传统监管模式向数字化模式转型；共建跨境资本流动监测新体系，对跨境资本流动进行全面监控，统筹推进风险的动态监测、识别和评估；共享跨境资本风险监测新工具，加强风险监管理论、风险监管技术的跨国交流。

（四）强化风险识别和评估

第一，加强风险管理体系建设。建立一个全面、系统的风险管理体系，包括风险识别、评估、监测、控制和报告等环节，明确分配风险管理职责，确保有专门的团队或部门负责风险管理工作。第二，提升风险识别和评估水平。引入先进技术和工具，提升风险识别和评估的准确性和效率，定期对市场环境和业务进行风险评估，及时发现潜在的风险。第三，加强风险管理相关培训。加大对员工的风险管理培训力度，定期举办风险管理培训活动，提高员工的风险意识和风险管理能力；积极引进具有风险管理专业知识和经验的人才，提升人才队伍的质量。第四，强化监管和指导。加强对金融机构风险管理工作的指导和监督，制定相关指引、标准和监管要求；推广典型案例，供金融机构学习和借鉴。第五，提高信息共享水平。建立行业信息共享平台，加强金融机构间的信息交流和共享，及时发现和评估跨机构风险。第六，加强跨行业和跨区域合作。鼓励金融机构之间、金融机构与非金融机构之间的合作，共同提升风险管理能力；加强区域合作，共享风险信息，共同提高风险管理水平。

参考文献

杨怡明：《重庆、四川银行业保险业"十年"发展结硕果》，《农村金融时报》2022年9月12日。

徐贝贝：《金融为成渝地区加快发展注入不竭动力》，《金融时报》2022年9月2日。

陈育林：《以金融力量助推治蜀兴川再上新台阶》，《中国农村金融》2022年第19期。

赵碧：《金融科技创新监管试点再推进雄安新区等6市（区）在列》，《中国产经新闻》2020年4月30日。

陈果静：《六地扩大金融科技试点》，《经济日报》2020年4月28日。

张漫游：《普惠型小微贷款超12万亿 数字赋能发展迎"窗口期"》，《中国经营报》2020年5月4日。

孟凡霞、刘四红：《金融科技创新监管试点扩围 为何选中这6地》，《北京商报》2020年4月28日。

李丹丹：《沪渝深等6市纳入金融科技"监管沙盒"试点》，《上海证券报》2020年4月28日。

黄国平：《数字金融促进中小微企业发展》，《中国金融》2021年第12期。

许予朋：《四川局：在稳大盘中勇挑重担》，《中国银行保险报》2022年9月2日。

雍黎：《中国版"监管沙箱"扩容 金融科技创新监管试点落脚"小微"》，《科技日报》2020年5月12日。

侯小丽：《中国版金融科技"监管沙盒"试点背景、本质及建设路径研究》，《中国经贸导刊（中）》2020年第11期。

张长荣：《"数字解密"重庆金融业》，《重庆政协报》2023年1月15日。

韩亚凯：《地方金融科技创新监管模式探究》，《金融科技时代》2022年第2期。

程远国：《强化银行分层分类风险化解和不良处置》，《中国金融》2023年第11期。

杜冰：《困境中崛起：银行业从"背水一战"到高质量发展》，《金融时报》2019年9月11日。

李兰英：《总体国家安全观视域下网络金融犯罪的综合治理》，《贵州省党校学报》2023年第2期。

逯彦萃、蔡星星：《深化改革 防范化解金融风险》，《河南日报》2019年3月20日。

郑礼肖：《习近平关于防控金融风险的重要论述探析》，《党的文献》2019年第4期。

胡萍：《金融科技创新监管试点扩容》，《金融时报》2020年5月18日。

《热词》,《方圆》2022 年第 11 期。

黄崇河:《中国共产党与资本"打交道"的百年演进历史经验》,《哈尔滨市委党校学报》2021 年第 6 期。

汪明亮:《证券犯罪刑事政策内涵及其实现路径——基于〈关于依法从严打击证券违法活动的意见〉的分析》,《犯罪研究》2022 年第 4 期。

陈波:《适应新形势 抢抓新机遇 促进支付清算行业新发展》,《中国信用卡》2023 年第 1 期。

刘颖:《探究金融改革背景下的我国地方金融监管模式》,《商业文化》2022 年第 7 期。

李丹:《坚定走好中国特色金融发展之路——金融机构扎实推进主题教育走深走实》,《中国金融家》2023 年第 5 期。

王俊寿:《走好中国特色金融发展之路》,《中国金融》2022 年第 18 期。

张宏斌、刘伟兵、齐娇娇:《四川成德眉资金融同城化添"硕果""天府金融风险监测大脑"投入使用》,《金融时报》2023 年 6 月 1 日。

李柯雨:《天府金融风险监测大脑正式落地德眉资》,《成都日报》2023 年 5 月 20 日。

张亦筑等:《成渝签署 5 个合作协议推进"双核"发展能级提升》,《重庆日报》2021 年 12 月 19 日。

张娟:《成渝金融法院与川渝两地证监局签订战略合作框架协议》,《经济参考报》2023 年 6 月 5 日。

《重庆市人民政府关于印发重庆市金融改革发展"十四五"规划（2021—2025 年）的通知》,重庆市人民政府,2022 年 1 月 14 日。

阳晓霞:《重庆、四川银行业保险业这十年 齐唱"双城记"共建"经济圈"》,《中国金融家》2022 年第 9 期。

韩宋辉:《银保监会副主席梁涛:加强金融监管合作 共同防范金融风险》,《上海证券报》2021 年 5 月 31 日。

李林鸾:《加强金融监管合作》,《中国银行保险报》2021 年 5 月 31 日。

杜川:《银保监会梁涛:部分大宗商品价格大幅上涨需高度关注》,《第一财经日报》2021 年 5 月 31 日。

王君晖:《银保监会副主席梁涛:防范热钱大进大出对新兴市场带来扰动》,《证券时报》2021 年 5 月 31 日。

汤莉:《深化国际合作 维护全球金融安全稳定》,《国际商报》2021 年 6 月 3 日。

罗静雯:《唐良智会见中国人民银行副行长范一飞一行》,《重庆日报》2020 年 10 月 11 日。

《重庆市人民政府办公厅 四川省人民政府办公厅关于印发建设富有巴蜀特色的国际消费目的地实施方案的通知》,《重庆市人民政府公报》2022 年 8 月 15 日。

魏良益：《着力提升金融集聚力辐射力》，《中国金融》2022年第8期。

宣昌能：《构建外汇监管能力建设新格局 服务好"十四五"高质量发展目标》，《中国外汇》2021年第7期。

韩亚凯：《地方金融科技创新监管模式探究》，《金融科技时代》2022年第2期。

许予朋：《成渝共建西部金融中心蓝图明确》，《中国银行保险报》2021年12月29日。

《对〈关于设立成渝金融法院的决定（草案）〉的说明——2022年2月27日在第十三届全国人民代表大会常务委员会第三十三次会议上》，《中华人民共和国全国人民代表大会常务委员会公报》2022年第2期。

梁科杰：《现代金融风险管控体系构建的路径选择》，《商业会计》2022年第1期。

廖凤华：《积极推动金融科技应用 努力探索服务四川乡村振兴》，《金融电子化》2021年第5期。

杨骞、方译翎、曹麒麟：《推动成渝地区双城经济圈建设的战略逻辑、动力及建议》，《决策咨询》2020年第5期。

单晓娅等：《成渝双城经济圈生态文明建设水平研究》，《贵州民族大学学报》（哲学社会科学版）2022年第2期。

《成渝地区双城经济圈是习近平总书记亲自谋划、亲自部署、亲自推动的重大战略》，《绿色中国》2022年第14期。

《奋进新征程 建功新时代——走进成渝地区双城经济圈》，《保密工作》2023年第4期。

金大伟、杨雪：《成渝地区双城经济圈协同创新能力评估与提升研究》，《决策咨询》2022年第2期。

胡小渝：《关于川渝毗邻地区一体化发展的对策建议》，《现代商业》2022年第10期。

魏再金、习丽嫔：《试论成渝地区双城经济圈公益诉讼检察协同化发展》，《绵阳师范学院学报》2022年第9期。

汪佳妮、朱书涵：《机动车"捆绑式"年检法律问题的思考与预判》，《中国检察官》2023年第17期。

刘丽生、丁明智：《金融数字化促进保险业发展的多重中介机制——基于2011—2020年省级面板数据》，《保险职业学院学报》2023年第3期。

B.11
成渝地区金融生态环境建设报告

许晓静 杨 冉*

摘 要： 目前，成渝地区积极推进西部金融中心建设，良好的金融生态环境对于完善金融组织体系、提升金融功能、防范和化解金融风险、推动金融业的高质量发展等都具有重要而积极的作用。本报告以成渝地区金融生态环境为研究对象，主要阐述了成渝地区金融人才环境、金融法治环境、金融政务环境以及清廉金融文化建设情况，发现成渝地区在金融生态环境建设方面存在金融法律人才欠缺、金融法治水平较低、金融监管与审查力度不足、金融政务环境有待优化等问题，提出了加强金融人才队伍建设、提升金融法治水平、加大金融监管与审查力度、优化金融政务环境等对策建议。

关键词： 成渝地区 金融生态环境 金融人才环境 金融法治环境

一 金融人才环境建设

（一）重庆建设成果

近年来，重庆不断加大金融人才环境建设力度。在人才引进和培养方面，重庆先后推出了一系列人才计划，旨在培育和引进一批高素质、高水平

---

* 许晓静，重庆工商大学经济实验中心副教授，成渝地区双城经济圈建设研究院博士研究生，主要研究方向为数字金融、金融法制、金融中心建设等；杨冉，重庆工商大学成渝地区双城经济圈建设研究院硕士研究生，主要研究方向为数字金融和金融生态。

的金融人才，充分发挥他们的作用，推动西部金融中心的建设和发展。这些金融人才通过扎实的工作，不断提升自己的专业素养和业务水平，积极学习和解读金融政策，为企业和关键领域的发展提供支持，推动形成了一批标志性的项目和成果。同时，重庆面向海内外人才建立了"一站式"服务平台，为人才提供更加便捷和高效的服务。

2023年7月18日，重庆金融人力资源服务产业园正式挂牌。作为江北嘴投资集团"三园"建设中的重要一环，重庆金融人力资源服务产业园与中新（重庆）跨境电商产业园、重庆江北嘴数字经济产业园共同助力重庆金融核心区发展，充分发挥西部金融人才市场形象展示窗口作用，重点服务金融行业，促进人才高效集聚。同时，重庆金融人力资源服务产业园与江北嘴博士后创新创业园、金融研究院建立深度合作关系，依托园区企业为重庆引进、培育金融人才；此外，园区依托飞驶特、智通美瀚、上江人力资本集团、诺姆四达等知名企业，创新探索人才胜任力模型、人才贷、人才保险、人才基金等金融人才服务产品，以新势能优化人才创新创业环境，打造"金融人才生态园区"。

（二）成都建设成果

2019年，成都市出台了《成都市引进培育交子金融人才实施办法》，旨在加强对"交子金融人才"的引进和培养。随后，2022年，成都市进一步加强金融人才引进和培养工作，出台了《成都市产业建圈强链人才计划实施办法》和《关于开展2022年度"成都市产业建圈强链人才计划"申报工作的通知》，进一步完善了金融人才引进和培养的政策体系。在金融人才培育方面，成都支持本地高校持续加强金融相关专业学科建设，打造一批金融实训基地、博士后工作站、企业大学等，形成西部金融教育品牌。联合国际知名培训机构开展国际金融资格认证等国际化专业培训项目，提高本土人才国际化水平。鼓励金融机构优化高端人才引进机制，加强人才柔性引进，提升人才市场化聘任水平，深化薪酬激励机制改革。同时，成都为各类专家发放"蓉城人才绿卡"，构建立体化服务系统，真正让各类人才在成都工作和生活得安心舒心。此外，为鼓励金融从业人员积极参加资格认证考试，成都还出台了相关的补贴政策。截至2023年7月底，成都特许金融分析师协会共有268名成员和持证人，反映了成都的金融人才引进和培养工作取得了一定的成果。

二 金融法治环境建设

（一）重庆主要举措和成效

2022年，重庆市委、市政府对重庆市地方金融监管局明确提出法治环境建设要求，重庆市地方金融监管局积极响应，紧紧围绕金融工作的"三项任务"，加快推动西部金融中心建设，努力提升金融监管领域的依法行政能力。重庆市地方金融监管局以法治为引领，通过严格的金融监管及依法行政，有效地维护了金融市场的稳定，保护了投资者的合法权益。在一系列举措之下，重庆市地方金融监管局在法治环境建设方面取得了重要的进展。

1. 贯彻习近平法治思想

2022年，重庆市地方金融监管局积极将习近平法治思想纳入党组理论中心组、各支部和干部培训中，组织开展了深入学习习近平法治思想的专题宣讲活动。配发《习近平法治思想学习纲要》、《习近平谈治国理政》第四卷和其他相关专题学习资料，以便干部职工更好地学习和理解习近平法治思想。为了营造浓厚的学习氛围，重庆市地方金融监管局在网站和微信公众号上转载了习近平法治思想相关宣传报道。通过系统学习习近平法治思想，相关干部职工的法治意识进一步增强。

2. 优化金融执法力量配置

重庆市地方金融监管局成立了专业法治处室，进一步配强配齐执法工作人员，通过公开招录、遴选等方式，增强了全局法治工作力量。此外，加强公职律师队伍建设，探索公职律师使用管理机制。为了进一步推动法治工作，重庆市地方金融监管局成立了局内法律专业研讨小组，统筹局内法律专

业人才力量，通过组织座谈研讨、案例分析、交流心得等活动，协同推动法治工作。积极发挥法律顾问参谋助手作用，在原有1家法律顾问单位的基础上，新增1家法律顾问单位，创新构建驻局办公和互补服务机制，服务满意度、便利度以及服务质量显著提升。

3. 增强依法行政效能

为了加强金融法治环境建设，重庆市地方金融监管局积极推进《重庆市地方金融条例》的立法工作，广泛征求各方意见和立法需求，从发展服务、地方金融组织、监督管理、风险防范化解处置、法律责任等方面起草条例。在此过程中，形成了条例草案、法条说明、立法报告、立法调研报告等材料，并完成了2023年市人大、市政府立法计划的申报工作。为了进一步规范行业监管，重庆市地方金融监管局进行分类研究，制定相应的行业监管规制，以补齐短板。同时，开展了政策解读工作，为金融机构和企业提供配套指导。

4. 建立健全工作机制

重庆市地方金融监管局在全面落实相关规定的基础上，进一步增强重大行政决策的规范性和科学性。严格执行决策程序，提高决策效率和质量，确保行政决策的科学性、民主性和法治性得到持续增强。为了健全依法决策的工作机制，重庆市地方金融监管局完善了局党组会、局长办公会、专题会等议事规则，规范了重大行政决策的流程。同时，落实重大行政决策的合法性审查制度，加强科学论证和风险评估工作，及时提出法律意见和建议，以提升依法决策的质量和效果。

5. 完善金融监管工作链条

为了依法加强行政监管执法，重庆市地方金融监管局进一步加强了行业分级分类监管，加大对重点问题企业的查处力度，以精准管控行业风险，推动行业和市场规范发展。为了确保监管工作的全面覆盖，重庆市地方金融监管局分批组织了现场检查活动，在2022年对40家典当行、10家融资担保公司、12家商业保理公司、4家交易所、10家融资租赁公司、100家小贷公司和2家地方资产管理公司进行了检查，有效规范了金融市场秩序。为了发挥现场检查和非现场监管的协同作用，重庆市地方金融监管局通过数据分析等手段不断完善监管链条。

6. 建立健全应急处置工作机制

根据《重庆市金融突发事件应急预案》，重庆市地方金融监管局建立了完善的金融突发事件应急处置工作机制，遵循"分级负责、各司其职、分类应对、科学研判、及早预警、有效防范、依法有序、稳妥处置"的工作原则，致力于有效预防和化解各类金融风险，维护经济社会的平稳运行。

为了加大对重大非法集资刑事案件的处理力度，重庆市地方金融监管局建立了局领导包案制度。局领导严格落实工作，牵头联系并指导相关市级部门、涉案区县开展案件办理和风险管控等工作。同时，贯彻执行《防范和处置非法集资条例》，印发了关于开展防范非法金融活动和打击非法集资宣传工作的通知和方案。2022年6月，重庆市地方金融监管局在全市范围内开展了防范非法集资风险集中宣传月活动，组织了3600多场户外宣传活动和近3.6万批次的"五进"活动。

7. 积极畅通投诉举报渠道

为全面贯彻落实《信访工作条例》，重庆市地方金融监管局采取了一系列措施。首先，组织专题培训，提高工作人员的信访事项办理能力。其次，制定信访事项办理工作指引，明确办理流程和要求，确保工作的规范性和高效性。最后，积极完善非诉讼协调机制，畅通投诉举报渠道，以促进矛盾纠纷多元化解。通过这些措施，重庆市地方金融监管局及时回应了群众的合法合理诉求，有效防范了社会风险。另外，为进一步规范行政应诉工作，重庆市地方金融监管局研究制定了《行政应诉工作办法》。这一办法明确了机关的职责边界，明晰了工作流程，并明确了出庭应诉的要求。

8. 扎实做好督察整改工作

重庆市地方金融监管局充分认识到接受各方监督的重要性，积极参与督察整改，在整改过程中明确了责任处室、整改方式、检验标准、工作成果和完成时限，确保整改任务取得显著成效。此外，重庆市地方金融监管局认真对照市人大常委会对当地法治政府建设工作提出的审议意见，逐一进行检查和整改，从完善执法工作机制、坚持分级分类监管、加大宣传培训力度、夯实法治工作基础等方面进一步完善和改进了相关工作，不断推动地方金融领域的法治政府建设工作朝更深层次、更实质化的方向发展。

9.强化智慧监管平台建设

重庆市地方金融监管局在数字化监管方面取得了显著成果，完成了地方金融综合监管信息平台一期建设，并成功上线运行。正在加快推进二期项目建设，计划完成融资租赁、典当行、商业保理等5个监管子系统的建设。这些系统将覆盖市、区（县）两级地方金融工作部门及行业协会和金融机构，成为重庆金融监管科技智能中枢，为监管、执法等提供支撑。

此外，重庆市地方金融监管局建成了小额贷款公司监管系统和融资担保机构监管系统，有效提升了风险监测和预警水平。这些系统不仅可以帮助监管部门更好地了解监管对象的业务情况和经营状况，还可以提供更加精准的风险预警和监测服务，为监管工作提供了强有力的支撑。

10.完善法治政府建设推进机制

通过构建行政应诉、法制审核、合法性审核、公平竞争审查、政府信息公开等依法行政工作机制，重庆市地方金融监管局成功提升了依法行政工作的质效。2022年共开展了28次规范性文件的合法性审查，处理了15件政府信息公开申请事项，并进行了50余次合同审核。这些举措进一步优化了审核流程，通过创新构建标准化模板和明确审核要点，大幅提高了审核效率。

（二）成都主要举措和成效

1.加强金融重点领域法治建设

一是健全金融政策体系。高标准完成《成都市"十四五"金融业发展规划》编制工作，为全市金融业高质量发展提供有力保障和方向引领。同时，为了配合《成渝共建西部金融中心规划联合实施细则》和《四川省〈成渝共建西部金融中心规划〉实施方案》等相关文件的起草工作，成都市制定并出台了《成都市推动成渝地区双城经济圈建设共建西部金融中心专项行动计划》。该计划旨在全面推动重大国家战略在成渝地区的落地。为了确保该计划的顺利实施，成都市加强组织领导，建立健全工作机制，加强对各项任务的督导和考核，并加强与相关部门和地区的沟通和协调。

二是强化企业上市服务法治建设。成都市采取了一系列措施提升资本市场的融资功能，推动企业上市和股权投资市场的发展。同时，出台一系列专项支持政策，包括《成都市关于支持企业北京证券交易所上市的若干扶持政策》《推进成都市企业上市专项工作机制（试行）》《成都市拟上市企业历史沿革等相关事项审查确认管理办法（试行）》《成都市上市后备企业资源库管理方法（试行）》等，以进一步提升资本市场的融资功能。这些政策取得了显著成效。2022年，全市新增境内外上市公司16家，境内外上市公司总量达到了142家（其中A股公司114家），在中西部地区名列第一。这不仅体现了成都市资本市场的活力和吸引力，也为企业提供了更多的融资渠道和发展机会。为了进一步推动股权投资市场的开放，成都市还印发了《成都市关于开展合格境外有限合伙人（QFLP）境内股权投资试点管理办法（试行）》，以吸引更多的境外投资者参与成都市股权投资市场。这一举措将为成都市的股权投资市场注入更多活力和资金，促进企业的发展和成长。总的来说，成都市通过一系列政策和措施，为经济发展提供了更多的支持和动力。

三是规范发展特色金融。2022年，成都市出台了《成都市持续深化数字人民币试点工作方案》，首创养老特色场景，并创新研发了数字人民币智能合约监管平台，充分展示了数字人民币试点工作的积极成果，进一步推动了成都市金融领域的改革和创新。

2. 推动法治护航金融服务实体经济

一是加大企业融资政策支持力度。近年来，成都市通过印发一系列专项政策，积极推动金融业的恢复和发展，精准支持重点领域和薄弱环节，为企业提供了更多金融支持和服务。全市各类金融机构也积极响应，降息减费，为企业减轻负担，提供更多的融资机会。截至2022年底，成都市本外币存款余额达到5.32万亿元，同比增长10.9%；贷款余额达到5.31万亿元，同比增长14.3%。

二是强化普惠金融制度建设。动态优化"蓉易贷"普惠信贷体系，印发《成都市"蓉易贷"风险补偿资金池管理办法（2022年修订版）》等三项配套制度。截至2022年12月末，"蓉易贷"普惠信贷规模累计达到683.26亿元，累计支持4.1万户中小微企业（含个体工商户）获得贷款10.99万笔，带动全市普惠小微贷款余额、户数同比增长均超过30%。这一成绩充分体现了成都市普惠金融制度的建设成果，为中小微企业提供了更多的融资支持和服务。

三是扎实开展产融对接活动，搭建融资服务平台，拓宽银企对接渠道。2022年共开展产融对接活动257场，达成意向协议金额2471.73亿元。成德眉资"金融顾问"服务团累计开展100余场活动，涉及融资与授信金额上百亿元。这一系列活动为企业提供了更多的融资机会和资源，促进了产业与金融的深度融合。

3. 认真履行地方金融监管职责

一是规范地方金融监管。立足地方金融监管工作职责定位，成都市制定并实施了《成都市商业保理公司监督管理工作指引实施细则》，以推动行业规范经营。同时，成都市组织开展了对担保和小贷行业及融资租赁行业的全面合规检查，督促企业加强合规管理。

二是依法开展扫黑除恶专项斗争。成都市政府印发了《金融监管部门涉黑涉恶线索管理制度》和《〈反有组织犯罪法〉宣传活动实施方案》，针对无明确监管部门的非法金融机构、金融中介服务机构等重点市场和领域展开了黑恶势力线索摸排和整治工作。这些举措有助于打击非法金融活动，维护金融市场的正常秩序。

三是提升数字化风险防控水平。成都市政府全面推广天府金融风险监测系统，以提高全域风险监测和预警的数字化水平。该系统已经覆盖全市300余家地方金融组织和超过200万家企业，有效发挥了甄别和防范金融风险的作用，为金融市场的稳定运行提供了有力支持。

4. 依法防范化解金融风险

一是妥善处理不良资产。成都市政府稳妥推进不良资产处置和清收工作，以确保金融市场的稳定。积极开展了对村镇银行的风险排查工作，对全市13家村镇银行的资产质量进行了全面评估，结果显示总体平稳，没有高风险机构的存在。这些举措有助于防范和化解金融风险，保障金融市场的健康运行。

二是依法防范化解资本市场领域风险。在资本市场领域，成都市与中国证券监督管理委员会四川监管局合作，共同推进上市公司风险化解工作。同时，积极推进私募投资基金的风险防范和处置工作。针对全市123家机构实施了分类整治，有效降低了行业风险，缓解了市场压力。

三是严厉打击非法集资活动。市政府制定了《非法集资案件风险防范处置专项方案》，并建立了疑难存案化解会商机制，全力解决存量案件。通过这些措施，各项指标呈明显下降趋势，非法集资活动得到了有效遏制。这些举措有助于保护市民的财产安全，维护金融秩序，促进经济的健康发展。

5. 做好法治培训和普法宣传

一是加强金融法治宣传教育。成都市积极组织了一系列宣传活动，如"宪法宣传周"和"民法典宣传月"，旨在提高公众对宪法和民法典的认知和理解。通过各种形式的宣传，帮助相关人员更好地运用法治思维和法治方式开展工作。这些活动的开展有助于增强公众的法律意识，推动社会的法治化进程。此外，成都市通过举办讲座、展览、宣传片等形式，向公众普及非法集资的危害和防范知识，提高公众的风险防范能力。其中，短视频作品《让我告诉你》荣获2022年防范非法集资短视频征集大赛二等奖，进一步激发了公众对非法集资问题的关注和警惕。

二是加强干部行政执法管理培训。为了加强行政执法的规范化和专业化，成都市严格落实行政执法人员持证上岗和资格管理制度。针对金融执法人员，市政府组织他们参加年度学法考试和行政执法培训，以提升他们的法律素养和行政执法水平。为了保证培训的效果和质量，成都市提供专业的学习资源和考试平台，并将学法工作纳入全面依法治市的考核范畴，这意味着行政执法人员的学法成绩将被列入个人年度学法档案，并作为评价其工作表

现的重要依据。通过这样的考核机制，市政府鼓励行政执法人员不断提升法治素养，提高行政执法水平。截至2022年，相关机关的干部和事业单位人员已经全部通过了学法考试。这些举措有助于提高行政执法的专业化水平，保障执法的公正性和合法性，推动全市法治建设和治理能力的提升。

三 金融政务环境建设

（一）重庆建设情况

2022年，重庆市地方金融监管局全面贯彻党的二十大、重庆市第六次党代会精神，深入贯彻党中央、国务院以及市委、市政府有关政务公开工作的安排部署。该局持续按照相关要求进一步加强政府信息公开工作，提升法治化和规范化水平，以促进行政决策和管理服务的透明化和规范化。通过加强制度建设和规范化管理，该局不断提高政务公开的水平和质量，为公民、法人和其他组织提供更加透明、规范的政府信息服务。

1. 持续深化主动公开

截至2022年末，重庆市地方金融监管局累计在网站平台发布政务信息5232条，其中2022年发布政务信息617条。一是及时更新本部门执行的行政法规、部门规章、行政规范性文件。二是加大政策解读力度，坚持与政策文件同部署、同推进、同落实，高标准严要求提高解读质量，丰富解读形式。2022年共发布文字、图片类政策解读7篇。三是设立"企业上市"专栏，及时发布企业上市政策文件和权威信息，宣传企业上市最新进展，持续营造企业上市氛围。2022年重庆市有10家企业成功上市。四是开通"重庆金融安全卫士"微信公众号，向社会普及防范非法集资知识，鼓励引导群众远离非法集资、主动举报非法集资。五是及时回应群众关切。2022年重庆市地方金融监管局公开信箱共收到群众来信8672件，已办结8365件，办结率达96.46%。六是准确发布该局所属事业单位决算、预算等信息，通过政府采购云平台及成都市地方金融监管局网站，公开集中采购相关信息。七是集中发布人大代表建议和政协委员提案办理情况。八是及时发布该局所属事业单位公开招聘（遴选）简章及结果。

2. 规范办理公开申请

重庆市地方金融监管局注重推动政务公开工作的法治化进程，严格按照法律法规的要求和程序办理信息公开申请，确保公开的信息真实、准确、完整。严格执行办理程序，加强与申请人的沟通交流，精准掌握实际诉求，有针对性地提高办理质量。

3. 加强政府信息管理

重庆市地方金融监管局注重加强内部管理和监督，确保信息公开工作的公正性、透明度和公信力。定期对各处室政府信息公开情况进行检查，确保在法定期限内完成信息主动公开、依申请公开工作。

4. 推进公开平台建设

为了提高政务公开工作的效率和质量，重庆市地方金融监管局严格按照政府网站检查指标和政务公开第三方评估要求，持续完善政府信息公开板块栏目设置，及时进行网页归档，定期进行网站改版，做好信息更新、改版建设、内容监测等政府网站管理运行工作。重点规范文件类信息全要素发布，实行"三统一"（统一名称、统一格式、统一位置），保障所有政策文件能够在线浏览、下载。

5. 加大监督保障力度

重庆市地方金融监管局党组高度重视政务公开工作，多次召开专题会议听取汇报、研究部署，形成了由党组抓总、政策法规处牵头、各处室负责人具体负责的工作机制。每个处室均配备专职经办人员，负责本处室政府信息公开工作。针对相关干部组织开展政务公开工作开展专题培训，进一步提升政务公开工作水平。

（二）成都建设情况

1. 政府信息公开情况

近年来，成都市地方金融监管局贯彻落实国家政务公开工作要点和四川

省政务公开重点工作有关要求，不断加强政务公开工作，提高公开质量，制定并完善信息公开工作流程和标准，加强信息公开的监督和管理，确保公开的信息真实、准确、完整。同时，成都市地方金融监管局积极开展公开宣传和培训，加强与社会各界的沟通和交流，促进政府与公众之间的互动。截至2022年，成都市地方金融监管局通过门户网站、微信公众号、微博主动公开《成都出台金融业有序恢复正常经营秩序工作方案》等金融扶持实体经济举措101条，发布《2022中国资本创新（成都）峰会成功举行》等金融概况类信息411条，为建设开放、透明、阳光的金融政务环境提供了坚实的基础和保障。

2. 申请公开情况

成都市地方金融监管局高度重视信息公开工作，建立了健全的信息公开申请受理和处理机制，明确了申请流程和时限要求。申请者可以通过多种渠道提交信息公开申请，包括书面、电子邮件、传真等，并提供必要的申请材料。同时，该局还注重对信息公开申请的宣传和引导，提供相关的指南和说明，帮助申请者了解申请流程和注意事项，提高申请的效率和成功率。2022年，成都市地方金融监管局共收到公开申请24件，所有申请均按要求办理，回复率达100%。

3. 政府信息管理情况

成都市地方金融监管局在多渠道开设政策法规专栏，对中央、省、市金融相关政策法规、行政规范性文件进行公示，并发布配套政策解读文件，持续提高政府信息公开工作的有效性、实用性。

4. 政府信息公开平台建设情况

成都市地方金融监管局不断建立和完善动态更新、互动交流、技术保障等机制，持续丰富和优化相关网站和平台的结构布局，内容领域划分更为细致、精确，用户体验进一步提升。同时，成都市地方金融监管局不断对相关网站和平台发布的信息进行监督管理，确保信息的完整性和准确性。截至2022年，成都市地方金融监管局网站共有专栏22个；微信公众号订阅人数达到5090人，较2021年提升22.5%。

四 清廉金融文化建设

（一）重庆建设成果

近年来，重庆高度重视在金融领域推广清廉文化工作，全面贯彻落实中央部署要求，加强金融业的清廉文化建设，提升金融业从业人员的职业道德水平，推动金融业的规范化发展。

1. 聚焦内部管理和外部服务

重庆聚焦金融业内部管理和外部服务两个方面，对内加强制度建设，完善监督机制，注重对从业人员的教育和培训；对外优化金融服务，提升服务效率和质量，树立良好的行业形象。此外，重庆不断完善金融监管机构、金融业协会、金融企业和社会公众"四位一体"共建模式，金融监管机构在政策制定和执行方面起到引领作用，维护市场秩序，规范行业环境；金融业协会作为行业组织提供平台和桥梁，促进金融企业间的交流合作；金融企业与社会公众共同参与清廉金融文化建设，维护良好的从业和服务环境。

2. 推动工作落地落实

2020年以来，重庆陆续发布了《关于推进重庆银行业保险业清廉金融文化建设的指导意见》等政策文件，并通过部署相关行动，确保清廉文化建设工作在金融领域落地落实。重庆金融部门联合重庆市银行业、保险业协会成立了清廉金融文化建设工作委员会，定期召开工作委员会主任会议，组织会员单位签署了清廉金融自律公约，推动行业的合规发展，助力行业稳健前行。同时，重庆金融机构和企业积极推动清廉金融文化融入党建工作、公司治理、日常经营和行规司纪。

3. 统筹推进对金融腐败的惩罚治理

重庆金融部门与市公安局、市检察院加强合作，形成合力，建立全方位的金融监管体系。印发《进一步共建清廉金融文化的倡议书》及《廉洁纪律告知书》，统筹构建亲清监管、营商关系，分类选取机构开展调查，推广

优秀机构,进一步打造清廉环境。此外,重庆重点将清廉金融文化建设工作与金融人才培养相结合,与西南政法大学在清廉金融文化研究、金融从业人员清廉金融文化培训等方面开展密切合作,同时与重庆工商大学共建教育培训基地,培训指导金融专业学生接好廉洁从业"第一棒"。

(二)成都建设成果

成都是全国首批社会信用体系建设示范城市和全国金融生态环境建设试点城市,历来高度重视清廉金融文化建设。近年来,成都致力于在金融领域培养风清气正的行业生态,加强典型案例宣传,压实清廉金融文化建设主体责任,通过制定严格的规章制度,加强对金融从业人员的教育培训,增强金融从业人员的廉洁自律意识和风险防范意识,推动清廉金融文化建设不断深入。

1.强化清廉金融文化建设的系统性

成都市在全国率先出台清廉金融文化建设相关工作指导方案,明确了清廉金融文化建设的时间表、路线图。成都市纪委监委以指导方案为引领,加强对金融领域的监督检查,及时发现和纠正金融机构和从业人员的不正之风和违纪违法行为,保障金融市场的稳定和健康发展。成都市地方金融监管局充分发挥行业主管部门的职能,将清廉金融文化建设工作融入日常工作规划,加强对金融业的监管和规范。各层级、各部门通过紧密合作和协调,发挥各自的职能优势,共同推动清廉金融文化建设工作取得积极成效。

2.强化清廉金融文化建设的广泛性

成都市纪委监委依托"清廉蓉城·金融卫士"网站和微信公众号,打造了一个集党纪法规学习、警示案例通报、廉情信息发布、清廉文化展示等功能于一体的清廉金融文化宣传教育平台。该平台为成都市金融从业人员提供了一个全方位、多功能的学习和交流渠道,同时展示了成都市清廉金融文化建设工作的成果和亮点,通过宣传典型代表和先进事迹引导金融从业人员树立正确的价值观,促进清廉金融文化建设工作的深入开展,为金融市场的健康发展和社会的和谐稳定做出积极贡献。

3. 强化清廉金融文化建设的规范性

成都聚焦金融领域的重点问题，督促驻蓉金融监管部门和金融机构梳理廉洁风险点，并有针对性地制定防控措施，以加强对金融领域的监管，提高金融机构的廉洁意识和风险防范能力。为了更好地排查金融领域的廉洁风险，成都市纪委监委建立了大数据监督模型，针对潜在风险和违规行为发出纪检监察建议书，督促相关机构进行整改。为了规范清廉金融文化建设工作，成都市纪委监委还督促相关部门及时建章立制，提升金融机构的规范化运作水平，为成都的清廉金融文化建设工作明确方向。

4. 强化清廉金融文化建设的实效性

为了确保清廉金融文化建设工作的有效推进，成都市纪委监委建立了跟踪督办机制，通过发布通知书、督办书、整改函等文件，督促金融机构和从业人员遵守相关的规章制度，同时跟踪整改进度，确保整改到位。这种做法有效推动了清廉金融文化建设工作的开展，并对金融机构和从业人员提出更高的要求，促使他们更加自觉地遵守相关规定和制度，推动金融市场的健康发展。

5. 强化清廉金融文化建设的标杆性

为了全面推进清廉金融文化建设工作，成都开展了清廉金融文化示范单位创建工作，并以"可观摩、可复制、可推广"的标准培育和打造10家市级清廉金融文化示范单位。这一举措有效地传导了典型单位的示范效应，为全市金融机构树立了榜样，擦亮了"清廉蓉城·金融卫士"廉洁文化品牌，推动清廉金融文化建设工作向更高水平迈进。

6. 强化清廉金融文化建设的协同性

为了提升清廉金融文化建设的品质，成都市纪委监委不断加强与高校、党校、文联等单位的协作，借智借力，共同推动清廉金融文化建设工作的开展。与高校开展相关课题研究、组织学术交流和研讨会，探讨清廉金融文化建设的理论和实践问题；与党校合作开展金融领域党风廉政建设和干部教育培训，加强对金融机构和从业人员的党风廉政教育，提高他们的道德修养和职业素养；与文联合作开展文化活动，利用文联的广泛资源和影响力凝聚社会共识，推动清廉金融文化的普及和深入。

五 问题分析

(一) 金融法律人才欠缺

一是教育和培训机会有限。缺乏针对金融法律专业人才的教育和培训机构，现有的教育培训项目不能完全满足金融法律人才培养需求，导致专业人才供给不足。二是职业发展路径不明确。金融法律领域的职业发展路径不够明确，缺乏吸引力，使有能力的人才选择其他看起来更有前景的领域。三是市场需求与人才培养脱节。成渝地区的金融市场快速发展，特别是金融科技等新兴领域，但金融法律人才的培养未能及时适应市场需求的变化。四是人才流失。与国内外一线金融中心或更成熟的金融市场相比，成渝地区面临人才吸引和留存方面的挑战，尤其是高端金融法律人才。

金融法律相关人才欠缺，会增加金融监管与合规风险，影响金融机构的稳定性和市场的健康发展；会让金融创新受阻，影响金融创新的推进；会降低金融交易安全性，影响金融交易的法律审查和合同制定等程序，增加金融交易的法律风险；还会影响成渝地区在国际金融市场中的竞争力，不利于国际金融合作项目的推进和执行。

(二) 金融法治水平较低

一是金融法律法规亟待完善。成渝地区金融市场快速发展，特别是金融科技、跨境金融等新兴业务迅速崛起，现有的金融法律法规难以全面覆盖这些新兴领域，相对滞后。二是监管框架不完善。金融监管体系未能适应金融市场的快速变化，导致监管框架存在漏洞，监管措施难以有效应对新出现的风险和挑战。三是法律执行力度不足。监管执行力度不足、执法不严使相关法律法规的实际效力受限。

金融法治水平较低，会导致金融市场监管不严、风险预防和控制机制不完善，增加金融市场的系统性风险；会阻碍金融市场的稳定和健康发展，限制金融服务的创新和优化；还会损害消费者和投资者的利益。

（三）金融监管与审查力度不足

一是资源和技术限制。有效的金融监管需要充足的资源和先进的技术支持。成渝地区面临监管资源不足、技术应用落后等问题，限制了监管机构审查能力和效率的提升。二是监管政策滞后。监管政策存在滞后性，导致新兴金融业务在一定时间内处于监管"真空"状态。三是跨区域监管协调不足。成渝两地在金融监管政策和执行力度上存在差异，缺乏有效的跨区域监管协调机制。

金融监管与审查力度不足，会导致金融市场风险加大，包括信用风险、市场风险、操作风险等；会影响市场公平和效率，导致市场失衡；会使消费者面临欺诈风险和金融服务质量问题，损害其利益；还会限制金融机构的长期健康发展，导致金融市场不稳定。

（四）金融政务环境有待优化

第一，政策缺乏连贯性。金融政策频繁变动，导致金融政务环境不稳定，给金融机构和投资者带来不确定性。第二，政策执行效率较低。部分政策落实不到位，导致金融政务环境的优化进程缓慢。第三，监管协调不足。成渝地区内部，尤其是跨市、跨省金融活动的监管协调不足，导致监管政策执行出现差异，影响金融市场的一体化发展。第四，金融创新支持不足。针对金融科技等新兴领域的支持政策不够完善，缺乏足够的激励和保护措施，限制了金融创新。第五，金融服务体系不完善。针对中小企业、初创型企业等的金融服务体系不够完善，影响了金融资源的有效配置。

金融政务环境的不稳定会影响金融机构和投资者信心，从而影响资本的引入和金融市场的稳定发展；还会导致金融资源配置效率降低，增加金融市场的操作风险和系统性风险，影响金融系统的稳定性。

六 对策建议

（一）加强金融人才队伍建设

首先，人才培育是一个系统性的过程。要给予人才全方位的支持和关怀，激励人才不断学习、提升能力，以适应金融业的快速发展变化。其次，吸引和留用政策也是至关重要的环节。要不断完善人才政策，通过提供良好的薪酬待遇、职业发展机会、工作环境等吸引更多优质人才。最后，要提供更大的发展空间和更好的发展前景，让现有人才带动新人才共同进步，从而形成良性循环。通过加强金融人才队伍建设，成渝两地可以共同打造一个具有竞争力和影响力的金融人才生态环境，为整个区域的金融业发展注入新的活力和动力。

（二）提升金融法治水平

要树立正确的观念，创新资本监管和风险监管理念，做好监管工作。要深入进行以诚实守信为核心的教育培训，增强全民的信用意识和风险意识。要加强金融从业人员的法治教育，增强他们的遵纪守法意识、风险防范意识和合规经营意识，预防各类职务犯罪。要在报刊、网络上建立金融法治宣传阵地，以文艺作品的形式大力宣传金融法律知识。要制定合理的市场退出机制，减少金融机构退出的风险，维护社会的稳定。

（三）加大金融监管与审查力度

一是加强金融从业者的教育和管理，完善内部审查机制。金融从业者必须具备良好的职业道德，保持高度的自我约束，不断提高自身的诚信意识和风险防范能力。成渝地区金融企业应针对员工定期开展行业道德和合规培训，建立健全公司内部审查机制和内部控制体系，帮助员工自觉遵守公司规章制度，维护公司声誉和市场信誉，增强员工的自觉意识和责任感。

二是加大监管力度，打击违法违规行为。成渝地区监管机构应加强对金融市场的监管，严格打击违法违规行为，积极推进金融市场的合规化建设，建立健全信息披露和投资者保护机制，提高市场的透明度和公正性。

三是加强对金融产品的审查和评估。监管机构应加大对金融产品的审查和评估力度，提高产品合规化水平，倡导合规销售和长期投资理念，增强投资者的风险识别和防范意识，最大限度地保护投资者利益。

（四）优化金融政务环境

一是推动数字化转型，提高政务效率。金融政务与金融业紧密相关，"一站式"服务、数据共享、信息保密性等要求都会影响金融业的发展。要持续推动数字化转型，构建高效的金融政务服务平台，实现信息共享、流程协同、业务一体化。

二是完善金融政策法规，保障稳健发展。金融政策法规是金融业稳健发展的重要保障，在创新金融服务、推动金融改革以及维护金融市场稳定等方面发挥着重要作用。因此，成渝两地政府应该及时制定并完善金融政策法规，为金融业提供稳定的政策环境。此外，在金融政策法规的实施过程中，应强调公平公正，确保各利益主体平等参与，有效保障金融市场的经济秩序。

三是建立金融投诉处理机制，维护市场秩序。建立金融投诉处理机制是优化金融政务环境的重要举措。针对金融业出现的各种纠纷建立立体化的金融投诉处理机制，可以实现对投诉内容的准确定位，针对问题难点提供有针对性的培训和辅导，并快速调解、消除纠纷，提高金融业的服务质量和公信力。同时，建立合规评估与监督流程，及时发现并处理各类违规现象，进一步规范金融市场秩序。

参考文献

《重庆银保监局：坚持党管金融人才 助力打造西部金融人才高地》，人民网，2023

年4月4日，http：//cq. people. com. cn/n2/2023/0404/c367643-40364653. html。

《重庆市人民政府关于印发重庆市引进海内外英才"鸿雁计划"实施办法的通知》，重庆市人力资源和社会保障局网站，2021年2月26日，https：//rlsbj. cq. gov. cn/zwgk_182/fdzdgknr/lzyj/xzgfxwj_1/szfgfxwj/202102/t20210226_8944139_wap. html。

《正式挂牌！重庆金融人力资源服务产业园"持证上岗"》，华龙网，2023年7月13日，https：//news. cqnews. net/1/detail/1129087714202312704/web/content_1129087714202312704. html。

《聚力推动金融机构、功能、人才"三集聚"江北 勇挑西部金融中心核心承载区建设重担》，《重庆日报》2023年8月30日。

《成都市引进培育交子金融人才实施办法》，成都市地方金融监管局网站，2019年4月1日，https：//jr. chengdu. gov. cn/jinrongban/c139004/2019-04/01/content_c99e4dd22e8641cd85e78938bee2cdf0. shtml。

《全国人民代表大会常务委员会关于设立成渝金融法院的决定》，《人民日报》2022年3月1日。

《全国首个跨省管辖法院 成渝金融法院揭牌》，《重庆日报》2022年9月29日。

《最高法发布成渝金融法院案件管辖司法解释》，《人民法院报》2022年12月31日。

许晓征：《积极构建具有重庆特色的清廉金融文化建设体系》，《中国银行业》2022年第9期。

夏美妮：《促进审判实务与理论研究良性互动》，《四川法制报》2023年7月14日。

余嘉欣：《重庆、四川银保监与成渝金融法院签订》，《金融时报》2023年6月5日。

卢薇：《四川到2025年基本建成金融强省》，《四川经济日报》2023年1月13日。

《助推成渝共建西部金融中心 川渝银行业保险业携手推出20条新举措》，《重庆日报》2022年9月5日。

程颖：《支持成渝共建西部金融中心》，《重庆政协报》2022年3月8日。

《成渝共建西部金融中心规划》，四川省人民政府网站，2021年12月28日，https：//www. sc. gov. cn/10462/c108550/2021/12/28/25b7a5beee4e46c1af055bf1301b7e79. shtml。

张娟：《成渝金融法院与川渝两地证监局签订战略合作框架协议》，《经济参考报》2023年6月5日。

吴迪：《推进共建西部金融中心取得实效》，《金融时报》2023年7月11日。

《重庆市人民政府关于印发重庆金融改革发展"十四五"规划（2021—2025年）的通知》，重庆市人民政府网站，2022年1月30日，https：//jrjgj. cq. gov. cn/zwgk_208/fdzdgknr/ghxx/202201/t20220130_10366283_wap. html。

专题篇

B.12 成渝共建西部金融中心研究

马玺渊 赵宛旭*

摘 要： 共建西部金融中心是党中央赋予成渝地区双城经济圈的重大使命，成渝两地需要充分发挥各自比较优势，进行错位布局。近年来，成渝地区不断深化在金融领域的合作，从金融监管、金融服务、新兴业态等方面协同发展，共同推动西部金融中心高水平建设。本报告以成渝共建西部金融中心为主题，评价了成渝地区金融发展水平，分析了成渝在西部金融中心建设中的竞合关系，总结了成渝共建西部金融中心的进展，发现当前成渝两地在共建西部金融中心的过程中主要存在目标责任不明确、政策体系不完善、制度创新不充分的问题，并提出以下对策建议：明确目标、内容和责任；正视竞合关系；建立长效机制；加强体制创新；等等。

关键词： 成渝地区 西部金融中心 体制创新

---

* 马玺渊，重庆工商大学成渝地区双城经济圈建设研究院博士研究生，重庆财经学院讲师，主要研究方向为科技金融、数字金融和绿色金融等；赵宛旭，重庆工商大学金融学院硕士研究生，主要研究方向为金融集聚、金融中心建设。

一 成渝地区金融发展水平评价

（一）"中国金融中心指数"评价体系

由综合开发研究院（中国·深圳）发布的"中国金融中心指数"（以下简称 CDI-CFCI）是国内目前最具权威性的区域金融中心评价指数之一。CDI-CFCI 评价体系共包含 4 个一级指标和 17 个二级指标。4 个一级评价指标包括金融产业绩效、金融机构实力、金融市场规模和金融生态环境。除金融生态环境指标为解释性指标外，其余 3 项均为现实性指标（见表 1）。其中，"金融产业绩效"是对区域金融发展水平的直观评价，体现了区域金融中心给区域经济发展带来的直接贡献；"金融机构实力"是对区域金融发展能力的直观评价，体现了区域金融中心和金融市场参与主体的发展水平和业务能力；"金融市场规模"是对区域金融发展活力的直观评价，体现了区域金融中心吸引金融资源的能力；"金融生态环境"是对区域金融中心绿色发展潜力的评价，体现了区域金融中心发展的稳定性。

表 1　CDI-CFCI 评价体系

一级指标	二级指标
金融产业绩效	金融增加值
	金融从业人员数量
	金融深度
金融机构实力	本地商业银行法人数量
	本地证券机构法人数量
	本地保险机构法人数量
金融市场规模	银行间同业拆借成交额
	回购协议市场交易额
	商业票据贴现额
	股票市场人均交易额
	债券市场现券交易额

续表

一级指标	二级指标
金融市场规模	基金管理公司发行基金只数
	外汇市场交易额
	保费收入金额
	存贷款余额
金融生态环境	金融监管政策
	金融稳定性

（二）成渝地区金融发展水平评价

本报告选用"CDI-CFCI评价体系"来评价成渝地区金融发展水平。由表2可知，从全国范围来看，成渝地区金融发展水平与上海、北京、深圳等城市存在较大差距。成都与重庆分别位居全国第六、第七，总得分为134分；北京与天津分别位居全国第二、第九，总得分为340分；上海、杭州、南京分别位居全国第一、第五、第八，总得分为456分；深圳、广州分别位居全国第三、第四，总得分为171分。此外，成渝地区在金融产业绩效、金融机构实力、金融市场规模3个维度的表现与其他地区相比仍存在较大差距。

表2　2022年中国金融中心城市排名（前十）

金融中心级别	金融中心城市	得分	排名
全国金融中心	上海	312	1
	北京	278	2
	深圳	89	3
区域金融中心	广州	82	4
	杭州	77	5
	成都	67	6
	重庆	67	7
	南京	67	8
	天津	62	9
	武汉	59	10

资料来源：CDI-CFCI。

从区域范围来看，成渝地区的金融综合实力持续增强。其中，成都、重庆的金融产业绩效在33个区域金融中心中分别排第3、第4位，金融机构实力分别排第1、第2位，金融市场规模分别排第3、第4位，金融生态环境分别排第2、第5位。

二 成渝在西部金融中心建设中的竞合关系

成渝共建西部金融中心反映了国家战略需求和时代需要，是一项既需要立足当下也需要谋略未来的系统性工程，成渝两地应树立全局观念，全力推进合作，自觉承担共建西部金融中心的责任与义务。

（一）成渝两地在共建西部金融中心过程中的责任和义务

首先，成渝地区应依托自身资源禀赋和比较优势，在经济区和行政区适度分离的情况下建立完善跨区域合作机制，加强区域协同创新和政策协调，从成渝地区双城经济圈建设的需要出发，培育跨省市的产业集群和一体化要素市场、金融市场，消除行政和制度隔阂，优化成渝两地金融功能布局；其次，成渝两地应以西部金融中心建设为抓手，在西部金融中心跨境和跨区域金融基础设施、金融组织体系和金融市场体系建设上加强合作，提升两地金融融合水平；最后，成渝两地应加强西部金融中心金融功能监测、效果评价反馈、协作纠偏，完善合作体制机制和软硬件条件，有效推动区域金融协同发展，进而提高西部金融中心服务西部大开发、共建"一带一路"以及长江经济带和西部陆海新通道建设的能力，助推重庆和成都成为具有全球影响力的重要金融中心、科技创新中心和高品质生活宜居之地。

（二）成渝两地在共建西部金融中心过程中的竞争问题

由于多种原因，成渝两地的实体产业与金融产业在长期发展过程中逐渐呈现同质化特征，且存在一定的区域竞争问题。区域一体化发展能够促进产业链、供应链、价值链的分工协作和高质量发展,增强区域经济的韧性。但成渝两地在竞争过程中形成了众多的金融分中心,不利于区域一体化发展。如何协调两地金融中心的发展,促进两地加强合作,是必须解决的问题。

(三)成渝两地在共建西部金融中心过程中的合作机遇

从建设成渝地区双城经济圈到共建西部金融中心,成渝两地逐步将各自的经济金融系统整合成一个完整的经济金融生态圈。这种融合发展必然会带来体制机制创新,也必然会为共建西部金融中心带来新的机会。在成渝地区双城经济圈建设过程中,成渝两地的合作将会更加有序,这将为两地产业集群的发展提供经验,促进本土头部企业发展。成渝共建西部金融中心的着力点在于科技金融和绿色金融创新,相关措施可以为两地在科技创新市场准入机制、人才政策、人才培养等方面提供机遇。

三 成渝共建西部金融中心的进展

(一)金融监管协同发展

2022年9月,中国银行保险监督管理委员会四川监管局和重庆监管局联合发布《推动四川省重庆市银行业保险业高质量发展更好服务于成渝地区双城经济圈建设的意见》。一是明确九大重点领域,即支持重点区域协同发展、共建基础设施网络、共推产业转型升级、共建科技创新中心、共建巴蜀特色国际消费目的地、共筑长江上游生态屏障、共建改革开放高地、支持乡村振兴战略、支持公共服务共建共享。二是提出健全银行保险机构体系五大任务,即优化机构布局、坚持差异发展、完善公司治理、推进数字化转型、强化改革化险。三是提出从建立跨区域合作机制、开展多层次业务协作、推动资源要素共建共享三个方面深化两地银行保险机构融合发展。四是提出从政策协同、风险处置、监管提效三个层面明确监管合作事项。

2023年5月19日，国家金融监督管理总局重庆监管局、四川监管局与成渝金融法院签订战略合作框架协议，全力服务和保障成渝地区双城经济圈建设，推动金融监管与金融审判一体协同，在金融纠纷化解、金融法治宣讲、金融党建、金融课题研究等重要领域率先架起合作桥梁。签约三方将从党建合作、法治共建、案件共审及合作宣传等方面探索金融监管与金融司法协同新机制、新模式。

（二）金融服务协同发展

2022年12月，重庆渝富集团、成都交子金控集团、成都交投集团等共同发起设立的成渝地区双城经济圈发展基金完成项目签约工作，基金总规模为100亿元，是全国唯一以"成渝地区双城经济圈"命名的基金。从资金投向来看，该基金将投资布局国家及成渝地区双城经济圈重点扶持产业，包括清洁能源、生物科技、芯片制造、人工智能、医药养老等。通过基金的引导作用，拓展产业融资渠道，促进资本、人力、技术等各类生产要素的有效流动，加速成渝地区金融服务与产业一体化发展，推动成渝地区成为具有全国影响力的重要经济中心、科技创新中心、改革开放新高地、高品质生活宜居地。此外，重庆银行与成都银行签署战略合作框架协议，重点在公司银行业务、金融市场业务、零售银行业务、经营管理事项等领域开展12个方面的合作，实现融合发展。锦泰财产保险与安诚财产保险签订战略合作协议，在保险创新、业务发展、资金运用、共保再保等方面开展深度交流与合作，实现优势互补。

（三）外汇管理协同发展

2022年1月，原国家外汇管理局重庆外汇管理部（现国家外汇管理局重庆市分局）、国家外汇管理局四川省分局联合印发了《外汇管理服务成渝地区双城经济圈建设的指导意见》，提出了以下要点。一是建立多层次服务协作机制，包括外汇管理部门协作机制、金融机构协作机制和银行外汇市场自律机制协作机制。二是进一步深化外汇管理改革创新，联合推动外汇管理改革试点,允许外汇业务跨区域办理,优化外汇服务环境。三是进一步支持开放平台、开放通道建设,支持共建"一带一路"金融服务中心,持续深化金融双向开放,提升开放通道金融服务水平。四是强化跨境资金流动风险防范协作,推进区域风险防控一体化。

四 成渝共建西部金融中心面临的主要问题

(一)目标责任不明确

成渝两地在共建西部金融中心的过程中,对各自的职责和任务并未进行明确的划分,导致在实际推进过程中出现一些重复建设、重复投资等资源浪费的情况。同时,成渝两地并未明确规划共建西部金融中心的具体目标,缺乏发展规模、业务范围、服务对象等方面的具体指标,在一定程度上影响了实际工作的推进和效果评估。此外,监管责任不明确,成渝两地在金融市场监管、金融机构监管以及西部金融中心整体工作进度监管等方面的责任划分不清。

(二)政策体系不完善

目前,针对成渝共建西部金融中心的顶层设计仍相对较少,虽然《成渝共建西部金融中心规划》的出台使西部金融中心建设进入了新阶段,但政策短板仍较为明显,金融生态环境优化、特色金融服务体系完善、金融要素市场统一等方面仍需要国家和地方层面的规划与政策指引。此外,对于已有政策的执行情况,也需要制定相应的监督措施,以保障政策体系的有效性。

(三)制度创新不充分

制度创新是解决区域协同发展问题的重要途径。成渝两地共建西部金融中心,必然面临复杂的资源调配工作和利益权衡工作。目前,成渝两地在金

融体制优化、金融开放及金融科技发展等方面并未开展相应的制度创新,不利于工作的统筹推进。

五 成渝共建西部金融中心对策建议

(一)明确目标、内容和责任

成渝共建西部金融中心的目标是增强跨区域、跨国资本配置与辐射带动能力,使西部金融中心成为成渝地区双城经济圈合作共建的标杆项目;内容涵盖提供跨区域服务的金融基础设施、金融组织体系、金融市场、金融改革创新、跨境贸易结算与投融资、金融文化挖掘与宣传等;责任是明晰两地金融中心功能定位与分工协作,加强政策协调,消除制度障碍,完善合作机制,实现优势互补。

(二)正视竞合关系

在市场经济条件下,自由竞争是金融市场高效运转的驱动力,成渝共建西部金融中心必然要求推动两地金融机构在跨区域服务中自由竞争。一方面,开放本土金融市场,统筹城乡金融资源配置;另一方面,鼓励成渝两地经济主体自主选择两地金融机构,监督金融机构在两地提供无差别的金融服务,推动成渝两地金融服务同城化、便捷化、高效化。在自由竞争的基础上,要重视协同合作的必要性。首先,鼓励地方金融机构在成渝地区相互设立分支机构,加强合作交流;其次,强化成渝两地重点领域政银企融资对接服务,共同建设区域一体化金融市场;最后,大力推动成渝地区保险业协同发展,依托两地保险行业协会的制度基础,加快建立和完善成渝地区保险行业管理协调机制,促进成渝两地保险理赔勘察结果互通互认,简化跨区理赔流程。

(三)建立长效机制

一是完善包括支付清算系统、信用基础管理系统在内的跨区域金融基础设施共投共建共用共享机制。二是建立金融服务与利益共享机制。打造西部金融中心建设利益共同体，建立风险共担的利益分配机制，成立专门的利益协调机构，设立西部金融中心专项合作基金，保障利益共享合作协议顺利执行。三是完善成渝地区金融稳定统筹协调机制和成渝地区金融风险联防联控机制，共同保护金融消费者合法权益。四是在中央有关部门支持下加强业绩考核，建立考核管理机构，完善考核办法，强化考核结果运用，提高共建质量。

（四）加强体制创新

一是加快成立由重庆、四川省级部门领导带头的成渝共建西部金融中心领导小组，做好统筹协调规划。二是组建两地金融主管部门参与的西部金融中心建设管委会，成立西部金融中心发展服务中心，助力金融机构和金融市场招商引资，并提供各种公共服务。三是建立西部金融中心建设协调沟通机制，做好战略方向性工作，强化各参与部门的协作。四是建立法制体系，加快金融"放管服"改革，强化金融司法协同，完善跨地区金融司法合作和监管机制，加快推动金融风险监测分析系统互联互通，实施专业、统一和"穿透式"监管，改善区域金融生态环境。

（五）联合争取政策支持

一是建立统筹协调机制，明确成渝共建西部金融中心的责任与考核边界。二是做好顶层设计和制度安排，提前布局软硬件基础设施。三是联合争取政策支持，打破西部各省份间金融要素流通的行政壁垒，鼓励西部其他省份投资入股西部金融中心相关项目，调动其他省份的积极性，集聚多方力量合建西部金融中心。

（六）强化要素保障

一是加快推进金融高端人才集聚，组建金融高端人才综合管理平台，

加强金融高端人才培育和引进,优化人才引进和落户政策,为人才提供优质的医疗康养、子女教育、养老等保障条件。二是夯实实体产业基础,推动数字经济与实体经济深度融合发展,打造现代化产业集群,促进实体经济绿色高质量发展,为金融中心发展创造良好的经济基础。三是优化营商环境,完善交通、通信、能源供给、信息、监管等基础设施,提供以金融为本的政商服务,营造良好的金融法治环境,建设和谐的人文环境,促进金融创新。四是加强国际国内交流与合作,借助中新互联互通项目,办好中新金融峰会;加强西部金融中心与共建"一带一路"国家的金融合作,积极举办西部金融中心国际论坛;加强与北京、上海、深圳金融中心的交流合作。

(七)优化政策支持体系

一是对新引进金融机构实施一定期限和"一户一策"的税收减免政策,设立金融产业投资引导基金、支农支小支科技型企业信贷风险补偿基金,加大对金融创新和数字化转型的财政奖补力度,加大金融基础设施与公共服务财政投入力度。二是在江北嘴等金融功能区合理预留金融机构和要素市场集聚的有效土地空间,合理划分金融功能区,形成错落有致的发展格局。对新引进的金融机构给予适当的营业用房租金补贴,或提供必要的营业条件支持。三是保障金融中心能源供应,随时做好预案准备,完善差别用电政策,给予必要补贴。四是加强各类市场主体信用信息征集与管理,提高征信管理水平;落实私人信息安全保护政策,筑牢数据和信息安全屏障;加快建设成渝一体化金融大数据与征信信息平台,降低金融机构信息获取成本。

综上所述,协同发展是成渝共建西部金融中心的关键,必须统筹重庆和成都在建设西部金融中心过程中的功能定位,优化金融结构,提升金融功能能级,大力发展西部要素市场和跨境资本市场,夯实西部金融中心的发展根基。

参考文献

黄光红：《西部金融中心在重庆加速崛起》，《重庆日报》2023 年 8 月 30 日。

郝臣：《推进共建西部金融中心取得实效》，《审计观察》2022 年第 4 期。

刘泰山：《成渝地区双城经济圈各项贷款余额 14.3 万亿元》，《成都日报》2023 年 6 月 27 日。

张扬：《上海将开设面向全球再保险国际板》，《解放日报》2023 年 2 月 7 日。

张若雪：《上海金融动态》，《上海金融》2021 年第 9 期。

《数字·声音》，《上海保险》2023 年第 10 期。

刑灿：《共建西部金融中心 成渝将迎哪些利好》，《中国城市报》2022 年 1 月 3 日。

谢惠茜：《中小微企业有了金融"活水"》，《深圳商报》2019 年 1 月 4 日。

黄光红：《成渝地区双城经济圈特殊资产市场协同机制启动》，《重庆日报》2023 年 4 月 23 日。

邓灼：《成渝：中国新"地标"》，《四川党的建设》（城市版）2011 年第 9 期。

鲍文：《成渝经济区产业发展与城市化空间协调布局战略研究》，《科技管理研究》2011 年第 20 期。

刘泰山：《这一年成都做了哪些探索?》，《成都日报》2021 年 12 月 26 日。

张宏斌：《成渝开唱"双城记"》，《金融时报》2020 年 4 月 30 日。

严宝玉：《高质量推动成渝共建西部金融中心》，《中国金融》2022 年第 8 期。

沈勇：《金融活水灌溉民企"早春新绿"》，《深圳特区报》2019 年 1 月 4 日。

B.13 农村普惠金融发展助推乡村振兴研究

田杰 王堃*

摘 要： 作为现代经济的血脉，金融对于全面推进乡村振兴和实现农业农村现代化具有重要意义，党的二十大报告也提出要健全农村金融服务体系。本报告以成渝地区农村普惠金融为研究对象，主要阐述了农村普惠金融发展现状及问题、"三农"融资服务创新举措、涉农保险创新情况、农村产权流转交易市场建设情况、乡村振兴债发行情况，发现成渝地区存在农村数字金融服务水平较低、涉农金融服务平台推广受限、乡村振兴债发行不足、农村居民金融知识与金融素养不足等问题，提出了提升农村数字金融服务水平、加快涉农金融服务平台推广应用、加强乡村振兴债发行与管理、提升金融教育水平和金融素养等对策建议。

关键词： 成渝地区 普惠金融 乡村振兴 农业现代化

一 农村普惠金融发展的现状与问题

长期以来，农业作为国民经济的基础，扮演着至关重要的角色。它不仅是保障人口粮食安全的重要领域，还与国家稳定密切相关。确保国家粮食安全是实现农业现代化、建设农业强国的首要任务。2023年国务院《政府工作报告》中，"稳定粮食生产和推进乡村振兴"被列为工作重点之一。2023

---

* 田杰，博士，重庆金融学院、重庆工商大学金融学院教授，主要研究方向为农村金融、合作金融和普惠金融；王堃，重庆工商大学成渝地区双城经济圈建设研究院硕士研究生，主要研究方向为农村金融。

年中央一号文件①指出，我国发展已经进入挑战与机遇并存的时期，伴随国际大环境的变化，国内环境形势趋于严峻与复杂，在这一背景下，如何践行国家粮食安全战略，把"中国人的饭碗牢牢端在自己手中"至关重要。

首先，农业的特殊性使其具有较高的风险。农业容易受到自然灾害、疾病害虫等不可控因素的影响，这些不确定性使金融机构在考虑农业项目融资时更加谨慎，提高了融资难度。其次，农民往往缺乏足够的抵押物。传统融资模式要求借款人提供稳定可靠的抵押资产作为担保，然而农民通常拥有的土地、农作物等资产价值相对较低，难以满足传统融资机构的要求，从而限制了他们的融资渠道。并且，农产品市场存在信息不对称和价格波动等问题，增加了金融机构在农业项目融资方面的风险，使其对农业项目融资持保守态度。最后，金融机构对农业项目融资的支持和投入力度不足，进一步加大了农业项目融资的难度。近年来，成渝地区利用科技手段创新金融服务，为解决农村普惠金融难题提供了许多创新思路。

二 "三农"融资服务创新举措

（一）重庆"三农"融资服务创新举措

1. 为农民提供更多融资渠道

近年来，重庆在提升农村金融服务水平上取得了显著成效，进一步促进了农业稳固、农村稳定、农民幸福。重庆市人民政府办公厅于2021年12月发布《重庆市深入推进金融支持乡村振兴政策措施》，提出快速推进数字金融创新，帮助金融机构对接"数字乡村·智慧农业"，依托数字平台和指定场景对一系列用户画像进行半自动校对，借助"村村旺"线上交易平台中与农业相关的数据加快创新各类首付款方式。中国人民银行重庆市分行等部门于2023年9月出台《关于重庆市金融支持全面推进乡村振兴的指导意见》，该意见指出，重庆各部门需要加大对乡村振兴产业重点领域的资金投

---

① 资料来源：《中共中央 国务院关于做好二〇二三年全面推进乡村振兴重点工作的意见》。

入力度，特别是金融资金投入，以提升金融机构服务乡村振兴的能力。

为了推动数字金融的广泛应用，重庆市各部门积极促进金融机构与"数字乡村·智慧农业"的深度融合，这种融合为农村地区带来许多机遇和福利，同时为金融机构提供了更广阔的市场和发展空间。重庆市金融机构通过大数据和特定场景实施一系列举措，实现批量获取用户信息、对用户进行倾向测评和用户需求自动化审批，以提高农村金融服务的效率和质量。借助"村村旺"线上交易平台的相关大数据和结算系统，为推动各类供应链金融落地提供重要支持，以满足农民和农业企业的融资需求。同时，加快推广线上金融产品，如"助农贷""惠农e贷""旺农贷"等，更好地满足农民和农业企业的融资需求。这些产品将通过数字化的方式提供便捷的贷款服务，为农民和农业企业提供更多融资渠道和机会。

2. 解决农户有效信息缺失问题

近年来，重庆市发展改革委多次前往云阳、江津等区县进行考察，对涉农数据的来源渠道、更新周期和质量管控进行了详细梳理。通过摸排村（社区）系统，共采集了17个平台的数据，并经过多次筛选，最终确定了496个指标，并将这些基于指标形成的数据字段汇编形成数据目录。为了充分利用数据字段，重庆市发展改革委对它们进行了整合和测试，建立了名为"信易贷·渝惠融"的数据平台，初步形成了利用主体信用度模拟测度主体收入和资本存量的模型。

通过以上工作，重庆市发展改革委为银行业金融机构提供了一个可靠的数据平台，使银行业金融机构能够更好地了解农户的信用状况和经济实力。这将为银行业金融机构开发更精准的农业金融产品提供重要支持，同时为农户提供更多融资机会和更便捷的金融服务。

3. 解决农业项目高风险、少抵押问题

在乡村振兴和金融监管等部门的共同努力下，重庆市农商行于2022年7月推出了"渝快助农贷"产品，以解决广大农户因无法提供足额担保和抵押物而出现的贷款难、贷款贵问题。该产品具有额度高、利率低、覆盖面广等特点，通过设立政府风险补偿金，银行将最高放款比例提高至1∶20，实行"30万元以下、5年期以内、免担保免抵押、LPR利率放贷",该产品已在重庆实现全面推行。截至2023年6月末,重庆农商行"渝快助农贷"累计发放贷款超过5亿元,累计帮扶农户近3000户。

在此基础上,中国建设银行重庆分行和重庆市发展改革委于2023年5月12日推出了"裕农快贷·重庆信易贷"产品。该产品可以实现全线上申请、审批、放款,为农户提供便捷的融资服务,助力农业产业稳步发展。随后,中国农业银行重庆市分行面向市场发行的"惠农e贷(信易e贷)"产品陆续上线,该产品相比其他信贷产品的主要优势为能够实现线上秒申秒贷。

为了进一步提高农村金融服务的效率和质量,重庆市发展改革委在2023年7月初步建立了依托农户以及农村相关信息测算主体的模型,助力农户融资。此外,重庆市发展改革委提出了"创新线上涉农金融产品、用农民信用信息逐步代替或减少实物抵押,增加担保供给,满足农民贷款需求"的智能化解决方案,以解决当前存在的农户贷款困难等问题。这些举措为农村经济的发展提供了更好的金融支持。

(二)成都"三农"融资服务创新举措

1. 建立现代农业与现代金融有机融合平台

成都市政府办公厅于2017年印发《关于建立"农贷通"平台促进现代农业与现代金融有机融合的试行意见》,提出加大力度建立原创性农贷平台,快速完善农村金融综合体系,有效推动农村产权要素流动,改善农村金融市场环境,提升农村整体产业融资能力,推动成都现代农业发展。

2017年12月,成都正式推出"农贷通"平台。截至2023年9月底,该平台已经成功吸引了70多家金融机构入驻,并与多个机构合作发布了700多个金融产品。通过"农贷通"平台,农民和农业企业能够更加便捷地获取金融服务和资金支持。平台入驻的金融机构数量不断增加,为用户提供了更多选择和机会。与此同时,平台与多方机构的合作也为用户提供了丰富多样的金融产品,满足了农村用户的多样化需求。通过多方位创新,成都陆

续推出了一系列适合当地农情的金融产品和配套的金融服务，进一步提高了现代农业与现代金融的适配性和融合度，提升了农村金融服务的实效性和便捷性，为农村经济发展提供了有力的支持。

2. 引导金融资本和社会资本参与乡村振兴

2021年起，成都市创新财政支农投入方式，将财政资金以资本金形式注入国有平台公司，推动组建成都乡村振兴基金，通过加快打造"产业子基金+区域性乡村振兴子基金矩阵"、推动项目直接投放等方式，进一步吸引和利用社会资本。2023年9月，成都市人民政府办公厅出台《四川省成都市普惠金融服务乡村振兴改革试验区实施方案》，提出大力推动符合要求的企业发行有关乡村振兴、产业振兴的债券，为乡村振兴获取更多的资金支持。

三 涉农保险创新情况

作为抵抗现代农业风险的有效管理手段，农业保险在助推乡村振兴、稳定国家粮食安全、实现农业现代化方面发挥着重要作用。成渝地区双城经济圈作为重要的农业地区，对于涉农保险的创新发展非常重视，从政策支持、技术创新、宣传推广等方面同步发力，为农民提供更好的保险保障，助力农业发展，推动乡村振兴。

（一）重庆涉农保险创新情况

重庆于2008年开始在周边区县开展以政府为主导的政策性农业保险试点，试点品种从生猪、奶牛逐步扩大至家禽和水产等。在多方支持下，截至2018年，重庆市政策性农业保险险种达到33个，初步实现传统农业区县全覆盖。截至2023年初，重庆市政策性农业保险险种超过100个，既涉及稻谷、玉米等主粮作物，又包括生猪、柑橘、榨菜、中药材、调味品等重庆特色农业产品，对推动重庆农业发展发挥了重要作用。

1. 提升农险服务水平

为了解决农业保险服务中的"最后一公里"问题，重庆市相关部门进行了深入调查，并根据当地农业资源特点建立了适应性强的三层农保网络。统计数据显示，截至2023年6月，重庆市有163.27万户农户受到保险机构提供的风险保障，保险金额达到370.29亿元。此外，重庆市政策性农业保险的财政保费补贴达到6.82亿元，为190万户农户提供了涉农风险保障，总额高达409亿元。

通过建立三层农保网络，重庆市成功解决了农业保险服务中的"最后一公里"问题，确保了农民在面对自然灾害等风险时能够得到及时的保障和赔付。县区保险公司作为主体，负责组织、协调和管理农保工作；"三农"服务点作为基层单位，负责具体的保险销售、理赔等工作；乡村协保员则负责宣传、推广和解答农民对农保的疑问。三层农保网络使农民能够更加便捷地获得保险服务，提高了农业生产的风险防范能力，并为农民提供了全面的风险保障。重庆市政府的政策支持和财政保费补贴也进一步促进了农业保险的发展，为农村经济的可持续发展提供了有力支持。

2.构建多层次农险产品体系

近年来，重庆辖内保险公司不断创新，丰富农业保险品种及供给，逐步形成以"中央为主、地方为辅"和"大宗农产品补贴为主、特色农产品奖励为主"联合的模式，以抵御外界多维度风险。一是提高了保障水平。在全市范围内推行主粮作物保险，各品种保险金额由原来的每亩600元提高到每亩1100元，基本实现风险保障水平翻番。二是扩大了补贴范围。一方面，将小麦、大豆、玉米、马铃薯纳入农业保险保费补贴范围；另一方面，市级财政保费补贴范围进一步扩大。三是减轻了农户负担。为进一步提高农户参保积极性，重庆进一步加大了对乡村振兴重点帮扶区县以及产粮大县的农户补贴力度。

3.创新保险项目

2021年12月，五矿期货在重庆云阳开展了生猪"保险+期货"试点项目，保费规模达110万元，实现赔付121.05万元，户均获赔3.67万元，总赔付率为110.05%。2022年11月，西南期货在重庆巫山为约4512头生猪提供了价格保障，保费规模约为1010.62万元。2023年4月，西南期货在重庆酉阳推出生猪价格险项目，保费规模超2180万元，实现赔付约106万元,赔付率达 133.68%。2023 年 7 月,中国人民财产保险股份有限公司黔江支公司在黔江区开展了为期一个月的 2023 年生猪期货价格保险项目,项目总保费约为 333 万元。

重庆市农业农村委联合相关企业推出"保险+期货+银行"育肥猪活体贷综合金融创新项目,为生猪养殖企业融资提供了一条新的途径。该项目将保险、期货和银行等金融工具有机结合,为生猪养殖企业提供更加便捷、灵活的融资解决方案。2021 年 12 月,重庆海林生猪发展有限公司成功获得银行提供的 300 万元贷款,标志着重庆市首单"保险+期货+银行"育肥猪活体贷综合金融创新项目正式落地。

(二)成都涉农保险创新情况

1. 农业保险多元化体系初步形成

成都于 2017 年开启政策性农业保险试点工作,涉及水稻等传统粮食作物,随后逐步扩大到猕猴桃等特色农业产品。在新形势下,成都保险业推出的特色农业保险险种具有多元化特点,推动承保范围进一步扩大,使更多农民在面临自然灾害、病虫害等风险时能够得到及时的赔付和支持,为成都特色农业的可持续发展筑牢了根基。特色农业保险的不断发展也体现了成都对涉农保险创新的重视,以及保险机构专业性的不断提升。

2. 多措并举推动农险"扩面、增品、提标"

为推动农村普惠金融发展,成都积极运用金融手段提升农业风险管理水平,以"扩面、增品、提标"为导向,扩大农业保险覆盖面,拓宽农业保险服务领域,提高农业保险保障程度,支持保险机构创新农业保险产品和服务,大力发展商业性农业保险,满足广大农户不同层次的保险保障需求。同时,积极推广水稻收入保险,鼓励商业保险机构探索开展农产品质量保证保险、农村土地流转履约保证保险等业务。探索建立涉农信贷、农产品期货(权)和农业保险联动机制,开展鸡蛋"价格+期货"保险试点。支持设立更多生猪、鸡蛋等期货交割库,推动相关产业标准化、规模化发展。

四 农村产权流转交易市场建设情况

（一）重庆农村产权流转交易市场建设情况

2022年8月，重庆市人民政府办公厅发布《重庆市健全完善农村产权流转交易市场工作方案》，提出加快推进农村产权流转交易市场规范化建设，完善"市级平台定标准、区县平台稳交易、乡镇窗口强服务"的联动体系；持续推进农村资源要素市场化改革，不断创新交易体制机制，引导市场主体进场流转交易，推动农村资源资产价值进一步显现。

农村产权流转交易市场规范化建设是重庆推动农村经济发展的重要举措，为了优化农村产权流转交易市场体系，重庆建立了"市级—区县—乡镇"与"标准制定—谈成交易—强化服务"一一对应的三级联动体系，推动农村产权流转交易市场的有序运行。同时，重庆建立了全过程监管体系，加强农村产权流转交易监管，通过明确的制度规定引导市场主体进行规范的流转交易，促进农民增收致富，进一步推进农村经济的转型升级。

（二）成都农村产权流转交易市场建设情况

2008年10月13日，成都农村产权交易所在成都高新区孵化园赢创动力园区隆重成立并揭牌。近年来，这一市场化、长效化的农村产权流转交易平台在成都市及四川省内外积极拓展交易市场，为农村产权流转交易提供了更完善的渠道。

在试点建设方面，2016年以来，成都农村产权交易所抓住"两权"抵押贷款试点的有利时机，在成都温江区、崇州市、郫都区3个试点县充分发挥农村产权流转交易平台"一站式"服务作用，帮助有借款意愿的客户顺利取得农村土地经营权、集体用地使用权等权证，同时在农村产权价值评估、抵押登记等工作上给予帮助，有力地支持了"两权"抵押贷款试点工作。在与商业银行的合作方面，成都农村产权交易所与成都农商银行等银行

签订了战略合作协议,在农村产权处置、对违约抵押贷款的资产进行市场化处理、农村产权流转结算服务等8个方面展开合作。在与保险、基金等机构的合作方面,成都农村产权交易所联合成都锦泰保险公司、成都农村产权担保公司、四川发展聚信基金等机构,探索开展农村土地流转履约保证保险、行为担保、建设用地指标"收储"等业务。在与民营资本的合作方面,成都农村产权交易所与重庆美村科技有限公司等6家民营机构签订了合作协议,并于2016年举办了农村土地综合整治项目路演会,为成都青白江区福洪镇城乡建设用地增减挂钩项目募集资金4000万元。

五 乡村振兴债发行情况

近年来,为推动农村经济发展,成渝两地政府和企业积极发行乡村振兴债券,为成渝地区双城经济圈乡村振兴战略的实施提供了重要的资金支持。这些债券用于农业农村基础设施建设、农产品加工、农业科技创新等领域,为乡村经济注入活力。

(一)重庆乡村振兴债发行情况

重庆市政府于2021年12月发布《关于印发重庆市深入推进金融支持乡村振兴政策措施的通知》,提出大力发挥债券融资对乡村产业振兴的支撑作用,依托债券融资项目投资发展乡村产业,进一步促进农民增收,实现农业现代化与乡村振兴。2023年3月,重庆市委、市政府发布了《关于做好2023年全面推进乡村振兴重点工作的实施意见》,强调加大地方政府专项债支持乡村振兴的力度。2023年7月,中国人民银行重庆市分行、市农业农村委、市财政局等6部门联合发布《关于重庆市金融支持全面推进乡村振兴的指导意见》,提出鼓励符合条件的企业发行公司债券、短期融资券等用于乡村振兴。

2021年,全国首批乡村振兴债券在重庆落地。2023年1~6月,重庆发行了7只乡村振兴债券,规模达20.40亿元。截至2023年6月末,重庆拥有存量乡村振兴债券16只,规模达70.38亿元。

（二）成都乡村振兴债发行情况

作为首批国家级农村金融改革试验区之一，成都持续扩大乡村振兴直接融资规模，积极探索乡村振兴直接融资工具。2021年3月，新希望六和股份、成都益民集团成功发行全国首批乡村振兴票据。其中，新希望六和股份发行了20亿元的乡村振兴票据，成都益民集团发行了3亿元的乡村振兴票据。此外，超过13亿元的乡村振兴票据专项用于成都生猪产业链及大宗粮源基地"米袋子"工程建设，有力推动了成都乡村一体化食品供应链的形成及50万亩异地"粮仓"的建设。

六　问题剖析

（一）农村数字金融服务水平较低

成渝地区农村数字金融服务水平较低，原因有以下几点。第一，基础设施建设滞后。农村的通信基础设施不足，互联网接入速度慢、覆盖范围有限，直接影响了数字金融服务的普及和使用效率。第二，金融科技应用程度低。与城市相比，农村的金融科技应用程度较低，金融机构缺乏在农村推广数字金融产品和服务的积极性，限制了金融产品和服务的创新和优化。第三，金融教育和意识不足。农村居民对数字金融的认知和接受程度相对较低，缺乏必要的金融知识和技能，难以有效利用数字金融服务。第四，数字金融产品和服务匹配度较低。市场上的数字金融产品和服务未能充分考虑农村的实际需求，导致产品和服务与农村居民的需求匹配度较低。第五，监管政策和支持不足。政府和监管机构对农村数字金融服务的支持力度不足，缺乏有针对性的政策措施和资金投入，影响了农村数字金融的发展。

农村数字金融服务水平较低，会限制农村经济发展，影响农民增收；会加剧城乡发展的不平衡，影响社会稳定和谐；还会影响金融服务创新，不利于金融服务模式的优化。

（二）涉农金融服务平台推广受限

成渝地区涉农金融服务平台推广受限，原因有以下几点。一是认知度不足。由于信息渠道有限、金融教育缺失，农村居民对涉农金融服务平台的认知度不高，他们不了解甚至不信任平台提供的服务。二是基础设施建设落后。一些农村地区仍然面临互联网基础设施不完善的问题，如宽带覆盖有限、网速慢等，影响了涉农金融服务平台的在线功能和用户体验。三是产品设计与需求不匹配。一些涉农金融服务平台提供的金融产品和服务未能充分考虑农村居民的实际需求和使用习惯，导致金融产品和服务对农村用户来说缺乏吸引力。四是监管和政策支持不足。缺乏有效的监管框架和政策支持，特别是新兴金融技术缺少相应的政策指导和激励措施。

涉农金融服务平台推广受限会导致金融服务覆盖面有限，进而使部分农村居民无法享受便捷的金融服务；会影响农村金融市场的进一步开发，限制农村地区金融产品和服务的创新；会影响农民增收和乡村振兴战略的实施；还会使农村居民转向非正规金融机构，增加了金融风险和欺诈的可能性。

（三）乡村振兴债发行不足

成渝地区乡村振兴债发行不足的原因有以下几方面。一是资本市场的认可度不高。部分投资者认为乡村振兴债的风险较高，投资回报不及预期，导致这类债券的认可度不高。二是政策支持不足。涉及债券发行的具体政策和激励措施缺失或执行力度不足，影响了债券的发行和推广。三是发行机构的信用等级较低。乡村振兴债的潜在发行主体可能是地方政府或与乡村振兴项目相关的企业，它们的信用等级可能不足以吸引足够的投资者。四是信息不对称和透明度不足。投资者可能因为对乡村振兴项目的具体内容、风险与收益了解不足而感到担忧，导致投资意愿降低。

乡村振兴债发行不足会导致乡村振兴资金不足，影响项目进度；会导致农村金融服务的覆盖范围和质量受限，影响农村经济的发展和农民生活水平的提升；还会影响市场预期，抑制金融市场的创新活力，限制普惠金融发展的步伐。

（四）农村居民金融知识与金融素养不足

首先，教育资源分配不均。相对城市而言，农村地区的教育资源较为有限，包括金融教育在内的各类教育机会也相对较少，这导致农村居民在金融知识的获取上处于不利地位。其次，金融服务接触有限。农村地区的金融机构密度远低于城市，导致农村居民对金融产品和服务的接触和了解有限，缺乏与金融服务的日常互动，自然难以拥有相应的金融知识和素养。再次，信息传播渠道不畅。农村地区的信息传播渠道相对落后，互联网普及率和使用频率低于城市，限制了农村居民获取金融知识。最后，文化和观念因素影响。部分农村地区仍然存在对传统生活方式的坚持，对新兴金融产品和服务的接受度较低，金融知识普及不足使改变现有金融观念和行为模式变得更加困难。

金融知识与金融素养不足会影响金融产品和服务的利用率，不利于农村居民对金融产品和服务的正确理解和有效利用；会增加金融风险，使农村居民容易受到金融诈骗的侵害，或因错误的金融决策而遭受经济损失；还会制约农业和非农业经济活动的发展，阻碍普惠金融的政策效果。

七 对策建议

（一）提升农村数字金融服务水平

一是加强农村基础设施建设。政府和相关机构需要进一步加强农村的互联网和移动通信基础设施建设，确保农民能够顺畅地使用金融科技服务，为数字金融服务的开展提供基础保障。

二是发展农村普惠金融服务。金融机构应根据农村市场的特点和农民的实际需求，开发有针对性的数字金融产品，设计适合农村用户的金融科技产

品，如小额信贷、农业保险、便捷支付等。推动金融科技创新，运用大数据、云计算等技术，为农村提供更精准、更高效的金融服务。

三是推广农村数字金融服务。鼓励金融科技企业与传统金融机构合作，共同开发适合农村地区的金融科技解决方案。支持在农村地区试点应用新兴金融科技，提高金融服务的安全性和效率。建立和完善覆盖城乡的金融服务网络，提升农村地区的金融服务覆盖率和便捷度。发展农村电子商务，拓展农民收入渠道，同时带动农村金融服务的发展。

四是提升农村普惠金融素养。开展农村金融知识宣传和培训活动，提高农民和农业企业对金融服务的认识和理解，增强农户农企的风险意识。加强对农村金融市场的监管，打击非法金融活动，保护农民的合法权益。通过开设农村数字金融知识讲座、培训班等形式，提高农民的数字金融知识水平和操作能力。利用村镇中心、学校等公共场所设立数字金融体验和培训点，使农民能够近距离地接触数字金融服务。

（二）加快涉农金融服务平台推广应用

强化涉农金融服务平台的顶层设计和制度安排，统筹协调相关政策资源、数据资源、金融资源等，运用云计算、人工智能等前沿技术，打造集信用体系、产权交易等服务于一体的涉农金融服务平台，实现用户需求与金融产品和服务的精准匹配，高效覆盖农村市场。同时，在线下积极推广涉农金融服务平台，组建专业联络员队伍，在农业产业资源丰富、常住人口众多、金融需求旺盛的区域建设村级综合服务站，"以点带面"辐射带动周边行政村，深入开展宣传推广，实现"让信息多跑路、老百姓少跑路"，积极满足广大农业经营主体和农户的需求。

（三）加强乡村振兴债发行与管理

一是优化债券结构和产品设计，根据不同项目的特点和资金需求设计多元化的债券产品，包括绿色债券、可持续发展债券等，以吸引更多类型的投资者。引入灵活的还款机制，考虑农业和乡村旅游等项目的季节性和周期性特点，设计相应的偿还期限和利率结构。

二是强化政府支持。政府可以提供担保、贴息等支持措施，降低乡村振兴债的发行成本和投资风险，提高对投资者的吸引力。通过设立专项基金等方式，提升债券的信用评级，吸引更多长期资本投资。通过发行专项债券为符合条件的乡村振兴项目提供资金支持，尤其是水利等有一定收益的公益性建设项目，可将专项债券用作项目资本金，带动更多的社会投资。

三是提高项目选取和管理效率。利用现代信息技术提高"国债下乡"的效率，解决农村地区购债难的问题。通过推进储蓄国债市场一体化管理实现通售、通兑、通存，丰富直接融资渠道。建立科学合理的项目评估和选择机制，确保资金流向高效益、高回报的项目，提高资金使用效率。加强地方政府间的协调合作，形成区域内部的资源共享和信息互通机制，共同推动乡村振兴债的发行和使用。促进政府、金融机构、企业和社会组织等多方参与，形成合力，共同促进乡村振兴战略的实施。

四是创新推广和交易方式。加大宣传和市场推广力度，提高乡村振兴债的知名度和认可度，吸引更多机构投资者和个人投资者参与。利用金融科技手段搭建线上交易平台，简化投资流程，降低投资门槛。探索发行县级农村基础设施建设项目结合债，解决农村基础设施建设资金问题，吸引更多社会资本参与乡村振兴。

五是加强乡村振兴债风险管控。加强对资金使用的监督管理，确保债券资金专款专用，及时公开项目进展和财务情况，增强透明度。将乡村振兴债资金纳入国库集中支付和企业监管账户管理，加强资金的穿透监管，确保资金使用的透明性和效率。建立项目通报预警和闲置资金回收调整机制，推动债券项目尽快落地。加强对乡村振兴项目的风险评估，明确风险管理责任，建立健全风险预警和应对机制。设立风险准备金，为可能出现的风险提供财务缓冲，保障债券持有人的利益。

（四）提升金融教育水平和金融素养

第一，加强金融教育。在学校教育中加入金融课程，培养学生的金融意识和理财能力；也可以组织社区金融培训活动，即利用村委会、社区中心等平台，定期举办金融知识讲座和培训班，面向不同年龄层的农村居民普及金融基础知识、信贷知识、风险防范等内容。第二，利用媒体和数字平台普及金融知识。发挥媒体作用，通过电视、广播、互联网等在农村广泛宣传金融知识，尤其是利用农村收听率高的广播电台播放金融知识节目；开发利用数字平台，鼓励和支持金融科技公司开发适合农村居民使用的应用程序或微信小程序，通过游戏化、互动教学等方式提升农民居民对金融知识的学习兴趣。第三，加强政策支持。通过政策引导，使金融机构在拓展农村市场的同时配套开展金融知识普及活动，设立金融教育专项基金，支持金融知识普及项目，鼓励金融机构、教育机构和社会组织参与金融教育。第四，强化合作机制。建立多方合作框架，利用现有社会资源，与农村地区的合作社、农业企业等经济组织合作，共同推进金融知识普及和教育工作。第五，关注特殊群体。为农村老年人、妇女等可能在金融知识获取上存在特殊困难的群体制定并实施有针对性的教育计划，确保金融教育的全面性和有效性。

参考文献

唐琴：《构建"三农"信用体系　缓解农户融资难融资贵》，《重庆日报》2023年6月27日。

刘利：《新形势下成都特色农业保险开发与探索研究》，《财政科学》2018年第7期。

邬梦雯：《四川首个"保险+期货"项目落地》，《期货日报》2017年11月13日。

张宏斌、刘伟兵：《成都金改进行时》，《金融时报》2023年6月29日。

黄光红、彭诗洋：《上半年全市超163万户（次）农户受益》，《重庆日报》2023年8月18日。

曾金华：《财政保障乡村振兴健康发展》，《经济日报》2023年5月12日。

赵洋：《首批乡村振兴票据落地　精准助力"三农"发展》，《金融时报》2021年3月23日。

黄光红：《引金融"活水"润"三农"沃土》，《重庆日报》2022年2月15日。

王悦、杨骁、谈娟：《四川省农业保险的现状与问题研究——以成都市为例》，《西部经济管理论坛》2019年第4期。

《重庆市人民政府办公厅关于印发重庆市深入推进金融支持乡村振兴政策措施的通知》,《重庆市人民政府公报》2022年1月15日。

田姣:《力争5年左右建立现代农村金融体系》,《四川日报》2023年9月21日。

黄光红:《首单育肥猪活体贷落地》,《重庆日报》2021年12月30日。

刘泰山:《成都金控征信:线上线下发力 畅通乡村金融活水》,《成都日报》2023年6月2日。

朱立轩:《乡村响起金融"旋律"》,《金融时报》2022年12月27日。

刘泰山:《力争五年建立现代农村金融体系》,《成都日报》2023年9月12日。

陆宇航:《金融"及时雨"浇灌"希望田"》,《金融时报》2022年7月28日。

周芬棉:《五部门推动健全现代农村金融服务体系》,《法治日报》2023年6月30日。

B.14 科创金融支持实体企业科技创新研究

靳景玉　文思力*

摘　要： 金融是科技创新的重要引擎之一，能够为企业创新提供资金保障，推动科技创新成果有效转化为生产力。本报告以成渝地区科创金融为研究对象，主要阐述了成渝两地科创金融改革试验区、知识产权金融生态示范区的建设情况以及科技成果市场化估值和转化融资情况，发现成渝地区科创金融在支持实体企业科技创新方面主要存在科创金融资源供应不足、科创金融产品覆盖度低、科创与金融耦合度不高等问题，提出了增加科创资源供给、提高科创金融服务覆盖度、推进金融与科创深度融合等对策建议。

关键词： 成渝地区　科技创新　科创金融　产品与服务

一　科创金融改革试验区建设情况

近年来，成渝两地加快完善多层次的科创金融服务体系，营造金融支持科技创新的良好生态，进一步推动科技、产业与金融之间的良性循环。根据《成渝共建西部金融中心规划》中关于深化科创金融产品和服务创新的要求，成渝两地积极开展科创金融改革试验区建设工作，取得了阶段性成效。

---

* 靳景玉，博士，重庆金融学院、重庆工商大学金融学院教授，主要研究方向为投融资管理、科技金融、区域经济发展的金融支持系统等；文思力，重庆工商大学金融学院硕士研究生，主要研究方向为气候投融资、碳市场与碳金融。

（一）重庆科创金融改革试验区建设情况

2022年初，重庆市人民政府发布《重庆市金融改革发展"十四五"规划（2021—2025年）》，明确提出推动西部（重庆）科学城开展科创金融先行先试，健全科创金融组织，构建科创金融生态体系；搭建知识产权融资服务和科创项目信息对接共享平台，探索建设科创项目评审公共服务中心；强化与区域性股权市场的联动，探索适合科创企业项目、科技成果转化的挂牌交易规则，加快推动一批科技实力强、市场前景广的"硬核"科创企业挂牌上市；推动有实力的私募机构承接科创园区委托运营项目，引进全国有潜力的科创企业入园，形成众创孵化、产业加速融合发展的良性循环；高水平打造重庆国际创投大会品牌，强化全球金融资源对接，持续吸引境内外科创基金。重庆高新区围绕西部（重庆）科学城建设的目标要求，以科创金融为着力点开展相关工作，金融业规模持续扩大，金融机构稳步集聚，创投生态逐步形成，发展环境持续优化，金融业对经济发展的支撑作用显著增强。

1. 科创金融主体情况

一是科创主体数量明显增长。截至2022年末，重庆高新区市级以上科研机构共有327家（见表1），较上年增加23家，其中市级企业技术中心49家、市级工程技术研究中心68家、市级实验室88家、国家级重点实验室5家、国家级企业技术中心3家。高新技术企业共有315家，较上年增加75家。市级科技型企业共有1450家，较上年增加258家。2022年获得专利授权2780件，比上年增加1093件。其中，发明专利共有573件，比上年增加106件。二是金融服务主体种类快速增加。截至2022年末，重庆高新区金融机构初步形成以银行和股权投资机构为主、多种类型金融机构集聚的格局。截至2022年末，重庆高新区拥有各类金融机构34家，其中银行18家、基金管理公司7家、融资租赁公司5家、融资担保公司和保险公司各2家。

表 1 截至 2022 年末重庆高新区科创主体发展情况

单位：家，件

科创主体类型	总量	增长数量	金融主体类型	总量
市级以上科研机构	327	23	银行	18
高新技术企业	315	75	基金管理公司	7
市级科技型企业	1450	258	融资租赁公司	5
发明专利	573	106	融资担保公司	2
专利授权	2780	1093	保险公司	2

资料来源：《2022 年重庆高新区国民经济和社会发展统计公报》《2021 年重庆高新区国民经济和社会发展统计公报》。

2. 科创金融服务情况

软件支持方面，2020 年 10 月，重庆发布了《重庆高新区促进科技金融发展办法》，强调促进科技与金融协调发展，不断优化科技金融生态，对入驻金融机构给予补贴和奖励，提高企业融资可获得率，降低企业融资成本，扶持企业发展；2023 年 6 月，重庆高新区管委会与中国人民银行重庆市分行联合出台了《关于支持西部科学城重庆高新区科创金融改革创新发展的通知》，提出服务科技型企业、高新技术企业，助力科创产业发展，加大金融全方位支持力度，推动西部（重庆）科学城高水平建设、高质量发展。

硬件优化方面，2019 年，重庆高新区上线"高新金服"金融综合服务平台，为科创企业提供全方位的金融服务支持。该平台利用大数据技术，为企业运营提供征信数据、管理数据和服务数据，并且采用"授权采集+授权使用"模式，融合了金融机构、科技中介及其产品，有利于解决企业与融资机构之间的信息不对称问题，为企业提供"一站式"、全流程的金融服务。截至 2023 年 8 月底，该平台入驻企业达 6091 家，上线金融产品 153 种，共成交 397 笔、融资 16.26 亿元①。

3. 科创金融产品情况

近年来，重庆重点推出"创新积分贷"、"高新贷"及"科企梯度贷"

---

① 资料来源："高新金服"金融综合服务平台。

等科创金融产品，打通外债便利化额度试点路径，聚力优化金融产品和服务体系。

"创新积分贷"根据企业创新积分信息平台上的企业数据，基于知识产权、研发投入、科技活动、人才队伍等30项指标，对企业的创新能力进行量化评价，形成企业创新积分，为金融机构向科创企业提供"创新资金"提供有力依据，帮助企业解决融资难题。同时，重庆高新区加速推进与中国银行、中国工商银行、兴业银行、重庆农商行的对接合作，开发基于企业创新积分的多种金融产品，发挥数据价值，打破信息壁垒，满足科创企业全生命周期的金融需求。

"高新贷"是重庆高新区内合作银行与高新区管委会、重庆科学城融资担保有限公司合作推出的产品，对符合条件的科技型企业，基于知识价值信用评价授信额度提供贷款，最高不超过1000万元，贷款利率按贷款发放时同期中国人民银行公布的LPR利率执行。同时，重庆对新认定的国家知识产权优势、示范企业和重庆市知识产权优势企业，分别一次性给予20万元、10万元、5万元的奖励；引入知识产权质押融资，助力解决中小企业融资难题。

"科企梯度贷"突破现有金融机构注重企业财务指标、担保物等传统放贷审批模式，可分别为科技型企业、高新技术企业、高成长性科技企业、高能级领军企业提供最高300万元、500万元、1000万元、2000万元的信用额度。在"中央—市级—区级"三级联动风险分担体系下，降低区级财政代偿风险，使企业融资成本平均降低20%。

4. 科创金融市场情况

截至2022年末，重庆高新区金融业增加值达49.82亿元，较上年增长5.2%，高于全市2.4%的平均水平。固定资产投资额同比增长26.6%，其中，科创类固定资产投资额较上年增长53.4%（见表2）。小微科创企业贷款额达84.12亿元，同比增长72.4%；"创新积分贷"预授贷款额度达8.40亿元；"高新贷"担保授信额达8.00亿元，已为5家科技企业发放贷款1380万元；"科企梯度贷"预授贷款额达1.00亿元。

表2　2022年重庆高新区科创金融市场发展情况

单位：亿元，%

指标	金额	增长率
科创类固定资产投资额	—	53.4
小微科创企业贷款额	84.12	72.4
"创新积分贷"预授贷款额	8.40	—
"高新贷"担保授信额	8.00	—
"科企梯度贷"预授贷款额	1.00	—

资料来源："高新金服"金融综合服务平台。

（二）成都科创金融改革试验区建设情况

成都科创金融改革试验区由西部（成都）科学城、中国（绵阳）科技城组成。《成渝地区双城经济圈建设规划纲要》指出，统筹天府国际生物城、未来科技城和成都高新区等资源，建设西部（成都）科学城。近年来，成都高新区成功实现了金融与科创企业和实体经济的有效对接，使科创金融相关措施落到实处，促进科技成果转化，推动区域经济高质量发展。

1. 科创金融主体情况

2022年，成都高新区累计聚集省级以上创新平台436家，其中国家级61家，约占全省的1/4；引育中外院士5名，入选国家级人才14名，累计聚集各类人才超75万人。新增省级以上创新平台45家，新增制造业单项冠军企业2家、国家级专精特新"小巨人"企业40家。新认定梯度培育企业641家，其中独角兽企业2家。新增百亿元级高新技术企业2家，高新技术企业数达3315家，占全市的42%，上市及过会企业总数达到55家，占全市的1/3以上。"四上"企业研发投入达137.78亿元，同比增长31.2%。截至2022年末，成都高新区共有各类金融机构30余家，其中银行16家、证券公司5家、保险公司3家。

2. 科创金融服务情况

软件支持方面，成都建立了以"政府增信"为核心的债权融资服务体系和以"资本链接"为重点的股权投融资服务体系。为重点扶持优秀初创科技企业，支持科学家、企业家将科技创新成果商业化、产业化，成都高新区设立了总规模达 100 亿元的天使母基金，加强与各类天使基金团队的合作，实施天使投资人培育计划，打造天使、LP、基金、技术源头机构等多元创投主体参与的多层次早期投资生态。建立了以"五化五级"为支撑的上市培育服务体系。

硬件优化方面，成都高新区成功获批建设全国首批"十百千万"科技金融创新服务中心。以盈创动力大厦为载体，建成集创新金融服务、征信服务、科技政策办理、中介服务、投融资培训、对接路演、政务社区服务等于一体的科创金融综合服务平台，集成 300 余款政策性、市场化的债权融资、股权融资、上市服务产品，实现"立体供给、精准匹配"。2022 年，该平台为约 500 家企业放款 25 亿元，另有 120 家企业获得股权融资逾 50 亿元。

硬件支撑方面，成都创新创业服务平台"科创通"自 2014 年 5 月起正式投入运营。该平台采用线上线下相结合的 O2O 模式，有效整合了各类创新要素资源，不仅为创业团队和创业企业提供各种服务，还为创新创业载体提供专业化与全流程的支持。该平台的目标是构建一个创新创业云孵化平台，提供科技型中小企业所需的全方位服务，并支持其在产品创新和创业方面取得成功，推动科技创新和产业升级。截至 2022 年末，"科创通"累计实现科创金融交易额 241 亿元。

3. 科创金融产品情况

为了满足科创企业全生命周期的融资需求，成都高新区打造了完善的政策性信贷产品链。这一产品链的融资额度从 1 年期的 500 万元逐渐增长到 3 年期的 5000 万元，以满足不同阶段企业的资金需求。同时，成都高新区创新推出了中西部地区首个政策性投贷联动产品"股债通"以及知识产权质押融资产品"高知贷"。这些产品的推出为科创企业提供了更多的融资渠道，有助于促进企业的发展和壮大。其中，"股债通"通过债权和股权投资满足企业融资需求。通过"股债通"债权端，企业最高可获得 5000 万元的融资额度，融资期限最长为 3 年，每年可获得最高 20 万元的产品专项补贴；

在产品续存期，企业还可享受后续股权投资。"高知贷"由成都农商银行与成都高新区科技人才局共同开发，旨在帮助新兴科创企业实现快速、可持续的增长，并将相关技术的实际价值转换为可持续的商机。通过知识产权质押和信用抵押，"高知贷"可以降低中小型企业的融资成本。

4. 科创金融市场情况

为了向科创企业提供更优质的金融服务，2022年，成都高新区发布5年3000亿元产业基金计划，力争用2~3年时间将本区打造为全国投资机构集聚高地。自该计划发布以来，成都高新区基金规模不断扩大，累计组建产业基金51只，总规模超过1400亿元。同时，成都高新区启动积分贷"百亿千企"行动，聚焦科创企业融资需求，政府、银行、企业携手深化投融资服务。截至2022年底，成都高新区积分贷发放额度位居全国试点高新区第一，为643家创新积分企业提供了超过102亿元的纯信用贷款，大力支持科创企业发展。此外，2022年8月，成都高新区整合区内产业投资平台，成立了策源资本，并以此为核心，联合相关投资公司构建了全生命周期投资基金运营体系，精准匹配大中小型科创企业的融资需求。2023年，策源资本获得清科2023年中国股权投资市场活跃机构有限合伙人10强、投中中国最佳创业投资领域有限合伙人30强等多个奖项。

二 知识产权金融生态示范区建设情况

知识产权是科创企业的重要发展资源和核心竞争力之一。《成渝共建西部金融中心规划》指出，探索创建知识产权金融生态示范区，在成渝地区规范探索知识产权证券化。近年来，成渝两地纵深推进知识产权金融生态示范区建设工作，致力于最大限度地发挥知识产权的价值，促进科创企业转型升级，实现知识产权与金融的融合发展。

（一）重庆知识产权金融生态示范区建设情况

作为全国首批、西部地区唯一的营商环境创新试点城市，重庆承担了建立健全知识产权质押融资风险分担和质物处置机制的改革任务。重庆整合财政、央行、银行保险监管机构和知识产权等相关部门的支持政策，推动科创企业充分利用知识产权金融工具，享受创新带来的红利。

自2017年起，重庆在全国率先开展知识价值信用贷款改革试点，聚焦科技型企业特别是民营科技型中小企业的融资难题，打造轻资化、信用化、便利化的新型债权融资模式。同时，重庆设立了知识价值信用贷款风险补偿基金并建立了预警机制，利用财政科技资金为科技型企业融资增信，提高风险管控能力，激发银行参与改革的积极性。2019年，试点范围扩大至33个区县，风险补偿基金规模达到31亿元，累计为844家科技型企业发放贷款20.1亿元。

2022年，重庆知识产权运营中心正式落户西部（重庆）科学城。该运营中心打造了线上线下相结合的知识产权运营服务体系，融合互联网、人工智能和大数据等前沿技术手段，探索知识产权运营与技术成果转移转化新模式、新路径，更好地发挥知识产权对经济创新发展的支撑作用。自该运营中心成立以来，重庆多个区县依托该运营中心积极引导和支持科创企业运用知识产权质押解决融资难题，实现"知产"变"资产"、"专利"变"红利"。截至2023年10月，重庆高新区已拥有国家知识产权示范企业1家、国家知识产权优势企业15家、重庆市知识产权优势企业53家。

（二）成都知识产权金融生态示范区建设情况

2023年4月，成都入选国家知识产权保护示范区建设城市，成为西部地区唯一入选的城市。成都充分利用自身在知识产权保护方面的优势，积极探索知识产权和金融融合的创新模式，大力建设知识产权金融生态示范区，为科创企业提供更多融资渠道，并帮助科创企业提高抵御风险的能力。具体举措如下。

一是设立知识产权运营基金。2019年，成都市财政资金出资设立知识产权运营基金，总规模为3亿元，旨在引导社会资本促进全市知识产权转移转化。基金的运作遵循"政府引导、市场运作、利益共享、风险共担"的

原则，通过母基金的方式，联合投资机构、产业功能区运营机构、高校院所等，围绕成都市新经济产业领域和重点产业领域，合作设立多只知识产权运营子基金，聚焦知识产权运营。

二是建立全国首个区块链知识产权融资服务平台。该平台自2019年起启动试运行，将区块链技术应用于知识产权登记注册、使用管理、价值评估、交易流转等业务场景，构建完整的知识产权运营生态链。截至2023年4月底，平台共入驻金融机构24家，上链金融产品达20余款，累计完成上链知识产权融资284笔，金额达13.2亿元，服务企业1652家，成果转化401件。

三是开展知识产权金融创新。2023年，成都高新区发布了"知产融"知识产权金融服务计划。该计划通过打造知识产权特色楼宇集群和知识产权金融数据底座，聚合银行、担保、科贷、股权投资、证券、保险等金融机构以及知识产权、财税、法律等运营机构，构建全生命周期知识产权金融服务生态体系，面向科技型中小企业提供知识产权融资、知识产权管理和知识产权转化三项服务。

三 科技成果市场化估值和转化融资情况

《成渝共建西部金融中心规划联合实施细则》提出，支持重庆股份转让中心、天府（四川）联合股权交易中心建立完善适合科创企业和科技成果转化企业的挂牌交易规则，加强与科创基金联动，推动科技成果市场化估值和转化融资。近年来，成渝两地大力优化科技成果转移转化平台，建立完善交易市场网络，为科创企业提供全生命周期金融服务。

（一）重庆科技成果市场化估值和转化融资情况

自获批建设国家科技成果转移转化示范区以来，重庆采取了多项措施加快完善科技成果转移转化体系。一是打造科技成果转移转化体制机制改革

"先行区"。深入推进赋予科研人员职务科技成果所有权或长期使用权试点，完善收益分配和评价激励机制。二是打造科技成果转移转化服务体系"样板区"。加速发展环大学创新生态圈，加强技术转移人才培育引进，推动科创企业扩大投融资规模。三是打造科技成果区域协同转移转化"集聚区"。依托西部（重庆）科学城，加快区域科技成果转移转化。四是打造科技成果赋能产业高质量发展"引领区"。提升科技成果转移转化水平，扩大源头供给，为科创企业提供更好的发展环境。

（二）成都科技成果市场化估值和转化融资情况

成都积极推进科创企业加速科技成果转移转化，探索产业链和创新链的融合发展，取得了积极进展：西部（成都）科学城高端创新平台集聚成势，市级工程技术研究中心和产学研联合实验室数量不断增长，原创科技成果不断涌现。2023年7月，成都出台了《成都市进一步有力有效推动科技成果转化的若干政策措施》，对有力有效推动科技成果转化、促进创新链产业链资金链人才链深度融合做出部署，强调了推进成果就近就地转化、完善成果转化服务链条等具体政策措施。

在科技成果市场化估值和转化融资方面，成都致力于打通"最后一公里"，在增强科技创新实力、破解科技成果转化难题方面不断发力。一是建设中试平台，打造"中试+"生态，包括技术研发、中试平台、专业孵化、天使基金、应用场景5个部分，推动企业及高校研究成果通过中试平台走向生产线。二是在高新区启动"中试跨越行动计划"，针对中试平台出台财政补贴政策，推动新建中试平台快速发展，并成为全国各地项目完成中试、实现孵化的首选地。三是设立中试基金，推动资本投向中试平台、成果转化团队，降低市场化投资压力。以上举措取得了良好效果，以成都高新区为例，截至2023年12月，成都高新区高新技术企业突破4000家，累计培育独角兽企业8家、潜在独角兽企业20余家，累计培育上市企业62家，建设国家级创新平台66家，聚集人才总量超80万人。

四 主要问题

成渝地区科创金融拓宽了实体企业融资渠道,在一定程度上缓解了企业资金不足的问题,提升了成渝地区企业的科技创新和成果转化水平,但科创金融资源供应不足、科创金融产品覆盖度低、科创与金融耦合度不高、风险管理体系和政策支持体系不完善等问题仍然突出。

(一)科创金融资源供应不足

成渝地区双城经济圈建设的战略定位是"一极两中心两地",对区域内企业科技创新提出了更高要求。科技创新需要大量的资金支持,而金融体系的完善程度直接影响科技创新资金的供给。当前成渝地区科创金融体系还不成熟,金融机构提供科创金融服务的意愿不强,导致成渝地区科创金融资源供应不足,难以满足企业开展科技创新的资金需求。

(二)科创金融产品覆盖度低

随着金融科技的发展,成渝地区金融机构在金融服务理念上已实现从"主动找银行"到"银行主动找"的积极变化,但成渝地区科创金融产品覆盖度仍然偏低。首先,成渝地区法人金融机构整体实力不强,影响了科创金融产品和服务的供给。其次,成渝地区缺乏全国性的金融交易市场,影响了金融产品的多样性和投资者的选择范围。最后,与长三角地区相比,成渝地区的金融交易市场一体化程度较低,区域内贸易联系不够紧密,影响金融产品的创新和流通。

(三)科创与金融耦合度不高

尽管科创金融旨在通过创新支持实体经济,但实际操作中,金融机构推出的金融产品和服务创新程度不足,无法满足科创企业多样化、个性化的融资需求。科创金融服务主要针对初创期和成长期企业,而成渝地区很多实体企业尤其是中小企业处于不同的发展阶段，它们面临的融资难题各不相同，科创金融产品和服务的设计不能完全满足这些企业的需求，导致科创与金融耦合度不高。

（四）风险管理体系不完善

科创企业特别是高新技术企业往往面临较高的技术风险和市场风险，科创企业与金融机构之间存在较大的信息不对称问题，企业的技术创新成果、市场前景等信息往往不透明，传统的金融机构缺乏评估这些信息的专业能力，在风险评估和信贷审批过程中难以准确评价这些企业的真实价值和发展潜力，导致双方在融资合作中的难度增加，科创企业融资难、融资贵问题迟迟得不到有效解决。

（五）政策支持体系不完善

政府在科创金融领域提供的风险补偿、税收优惠、融资担保等方面的政策支持不够明确或实施力度不够，影响了金融机构对科创企业的支持力度。科创金融的发展需要专业的金融服务人才和先进的技术支持，但当前成渝地区在这方面的支持力度仍然不足。

五　对策建议

（一）增加科创资源供给

鼓励发展多层次资本市场，为科创企业提供股权融资、债权融资等融资渠道。支持和促进跨区域金融合作，为成渝地区的科创企业提供更广阔的融资空间。优化科创领域资源配置，推广政策性融资担保，降低科创企业融资成本。增加专门针对中小企业和初创企业的金融产品，如微贷、天使投资、风险投资等，以更好地满足它们的融资需求。

（二）提高科创金融服务覆盖度

开发更多适合科创企业的金融产品和服务，建立为科创企业服务的专业金融机构，让科创企业能够更便捷地享受科创金融服务。建立更多的科技银行和科创服务中心，以提供更加贴近科创企业需求的专业金融服务。创新金融产品和服务，开发知识产权质押贷款、收益权融资等新型金融产品，提供差异化金融服务，满足不同科创企业在研发、生产、销售等阶段的特定需求。

（三）推进金融与科创深度融合

通过深化金融与科技创新的融合，促进科技、产业与金融互塑，实现紧密耦合和良性循环。一方面，让科创金融为处于不同发展阶段的科技企业提供资金支持和金融服务，使科创企业的资金需求能够得到满足，促进科创企业的成果转化；另一方面，提高科技创新服务金融业发展的能力，促进金融业数字化转型，提升金融机构的服务质量和效率。

（四）完善科创金融风险体系

优化信贷审批流程和信用评估模型，引入大数据、人工智能等技术，提高评估效率和准确性。加强与科研机构和行业协会的合作。建立并完善企业信用信息共享平台，提高信息的透明度和可获取性。推动行业协会、科研机构等第三方专业机构提供评估和认证服务，帮助金融机构更好地了解企业情况。

（五）加大政策支持与人才培养力度

出台税收优惠、补贴政策并提供期限更长的低息贷款，鼓励金融机构加大对科创企业的支持力度。设立政府引导基金，针对初创期和成长期科创企业进行投资，降低金融机构的投资风险。加大人才培养力度，鼓励金融机构与科技企业合作培养人才。

参考文献

《重庆市知识产权局关于推进重庆市科技型企业知识价值信用评价工作的通知》，《重庆市人民政府公报》2019年6月12日。

《重庆市人民政府关于印发重庆市金融改革发展"十四五"规划（2021—2025年）的通知》，重庆市人民政府，2022年1月14日。

韩清华、张丽：《成都高新区：上市企业总数达62家》，《中国经济时报》2023年8月3日。

李争粉：《成都高新区：科技创新春潮涌》，《中国高新技术产业导报》2021年3月8日。

石青川、郭志强：《专利变红利、"知产"变"资产"破解知识产权质押融资难题》，《中国经济周刊》2022年5月15日。

马春阳：《加快完善金融支持科创体系》，《经济日报》2023年5月5日。

刘葵、刘蕊：《农行联合多家机构举办2023科创金融论坛》，《中国城乡金融报》2023年4月28日。

叶伟：《重庆高新区：打出金融"组合拳"为企业"输血通脉"》，《中国高新技术产业导报》2020年4月20日。

冯鑫明、殷清、张一飞：《我国科技金融与产业结构升级的耦合关系研究》，《科技管理研究》2022年第1期。

匡丽娜：《资金"活水"来了 10大类30条全是干货》，《重庆日报》2021年5月21日。

《重庆市人民政府办公厅关于印发支持科技创新若干财政金融政策的通知》，《重庆市人民政府公报》2021年5月31日。

宋妍妍：《授信800万元助力战疫 "科创贷"解企业燃眉之急》，《成都日报》2020年2月5日。

李欣怡：《聚合多方效应 打造创新之都》，《国际人才交流》2021年第11期。

黄雪松：《成都"科创贷"已累计放款超300亿元》，《成都日报》2023年9月12日。

宋妍妍：《成都市科技局：强化公园城市建设科技创新支撑 加快打造带动全国高质量发展的重要增长极和新的动力源》，《成都日报》2022年4月9日。

B.15
绿色金融赋能企业高质量发展研究

马玺渊 程家伟[*]

摘 要： 我国正加速推动绿色和低碳发展，践行绿色发展理念、助力"双碳"战略实施成为新发展格局下金融服务实体经济的重要内容。本报告以成渝地区绿色金融为研究对象，主要阐述了绿色金融赋能企业高质量发展的现状与问题，成渝地区绿色信贷、绿色证券、绿色保险、绿色基金、绿色投资与碳金融发展情况，并总结了成渝地区绿色金融支持企业高质量发展的经验，以期进一步提升成渝地区绿色金融服务企业高质量发展的能力。

关键词： 成渝地区 绿色发展 "双碳"战略 绿色金融 碳金融

一 绿色金融赋能企业高质量发展的现状与问题

近年来，我国绿色金融领域的发展已经取得了一定的成就，为企业实现绿色低碳转型提供了动力。截至2022年底，我国绿色贷款余额达到22.03万亿元，同比增长38.5%；绿色债券存量余额为1.5万亿元，同比增长32.7%；与绿色发展相关的保险资金投资余额达到1.67万亿元，同比增长36.0%；地方碳市场持续稳健运行，碳价总体上涨，交易活跃度有所提升。

虽然我国的绿色金融蓬勃发展，但仍然面临供给不足和投融资需求缺口较大等问题。首先，绿色信贷的支持不全面。绿色信贷主要用于资助"纯

---

[*] 马玺渊，重庆工商大学成渝地区双城经济圈建设研究院博士研究生，重庆财经学院讲师，主要研究方向为科技金融、数字金融和绿色金融等；程家伟，重庆工商大学金融学院硕士研究生，主要研究方向为绿色金融和ESG投资。

绿色"领域，为传统行业与低碳结合的项目提供的资金相对有限，且大中型企业更容易得到支持，而对中小企业和农业企业的覆盖程度有限。这意味着在推动绿色可持续发展的过程中，仍然需要完善促进传统产业低碳转型的金融机制和政策。其次，资本市场的绿色金融产品相对单一。我国的绿色债券市场发展较为全面，但其他产品如绿色保险、绿色发展基金和碳金融等方面的创新相对不足。最后，碳金融市场不够活跃。全国碳交易市场仍然存在交易参与方不足、活跃度不够以及碳价格偏低等问题，碳金融市场仍然处于初步发展阶段。

二 成渝地区绿色信贷发展情况

绿色信贷是银行业金融机构向环保、低碳、节能减排型企业或项目提供的信贷支持。成渝地区在绿色信贷方面取得了积极的发展成效。成渝两地在绿色信贷体量和服务企业数量上均位居西部地区前列，成为推动成渝地区双城经济圈高质量发展的重要支撑。银行业金融机构纷纷加大对环保和可持续发展项目的信贷支持力度，提供绿色贷款和绿色信用产品，鼓励和引导企业在生态环境保护、节能减排、清洁能源等领域开展绿色经营。成渝地区的绿色信贷发展受益于政府的支持和引导。政府出台了一系列政策和措施，包括绿色信贷贴息、税收优惠、信用风险补偿等，鼓励金融机构加大对绿色项目的信贷投入力度。同时，政府加强监管，确保绿色信贷的使用和资金流向符合环保和可持续发展的要求，维护金融市场秩序。

（一）重庆绿色信贷发展情况

近年来，重庆不断推进绿色金融改革创新试验区的建设，积极创新各类绿色信贷产品，以推动绿色领域的快速发展。重庆推出了碳减排支持工具以及"绿易贷"和"绿票通"，并取得了显著效果。截至2022年底，这些工具的总投入已超过50亿元[①]。同时，重庆通过建立"长江绿融通"绿色金

---

① 资料来源：中国人民银行重庆市分行。

融大数据综合服务系统，构建了"政府推荐项目+绿色智能识别+系统推送项目+银行自主对接"的政银企多方对接机制。截至2023年4月底，已收集并上线超过1600个绿色项目。

政策支持方面，重庆市地方金融监管局于2023年6月发布了《重庆市银行机构绿色融资绩效评价办法（试行）》，提出要进一步完善包括绿色融资、绿色保险、绿色统计和绿色科技等领域在内的绿色金融体系框架。积极推动金融机构组建绿色专营机构，推动打造全国首家零碳运营智能银行网点。

信贷产品方面，重庆各银行金融机构创新推出"碳排放配额①理财融资业务"等绿色金融理财融资产品。中国农业银行重庆市分行落地全国首单碳排放配额理财融资业务，首创了以碳排放权为基础资产设立财产权信托的业务，从而激发碳排放权市场的潜在价值，增强碳排放权交易的流动性。重庆三峡银行以林业碳汇②预期收益权为质押，为武隆区农企提供专项贷款5000万元，这是重庆首笔林业碳汇预期收益权质押贷款。

截至2023年6月末，重庆绿色贷款余额已超过6200亿元，实现了全年目标的95%以上，较2019年初增长了3.5倍，较上年同期增长了约31%，且绿色贷款的不良率明显低于全市各类贷款的不良率。全市碳排放权交易总额累计超过8.3亿元，碳排放权作为质押的融资总额超过3亿元，涉及抵质押的碳排放权交易额度超过32万吨。

（二）成都绿色信贷发展情况

成都致力于通过绿色信贷促进绿色企业的发展和绿色项目的开展，为创建绿色金融改革创新试验区打下了坚实基础。一是搭建政银企联动机制，开展绿色金融工作培训会议，建立绿色金融项目顾问制，梳理绿色项目清单。

---

① 碳排放配额：按规定必须完成的温室气体减排指标。重点排放单位每年初获得免费分配的碳排放配额，并在规定时间内按照实际排放量履约清缴。
② 林业碳汇：通过植树造林、加强森林经营管理、减少毁林、保护和恢复森林植被等活动，吸收和固定大气中的二氧化碳，并按照相关规则与碳汇交易相结合的过程、活动或机制。基于林业碳汇，相关各方可通过市场化手段参与林业资源交易，让林业资源产生额外的经济价值。

二是引导金融机构主动作为，成立绿色金融工作专班，走访绿色企业并了解其融资需求。三是完善绿色金融工具，启动碳减排票据再贴现专项支持计划，发行全国首单县级碳中和绿色中期票据、全国首批碳中和债。四是聚焦重点领域，推动绿色转型、污染防治，加大金融机构对绿色小微企业的支持力度，为绿色小微企业发放专项信用贷款。以上措施取得了积极成效，截至2023年3月，成都绿色贷款余额达7398.51亿元，同比增长35.1%。此外，中国人民银行四川省分行（原中国人民银行成都分行）持续推广碳减排票据再贴现工具"川碳快贴"，截至2023年4月底已达成3685笔交易，累计支持成都59家企业实现碳减排87万吨，相关经验在全省推广。

总的来说，成渝地区绿色信贷的发展不仅提高了企业的环境意识和可持续发展能力，也为投资者提供了更多环保投资机会。通过绿色信贷，企业可以获得低息贷款和更多融资渠道，推动绿色项目的实施和发展。同时，投资者可以选择绿色信用产品，将资金投向具有良好环保效益和可持续发展前景的企业和项目，实现环境效益与经济效益的双赢。未来，成渝地区将进一步加强绿色信贷的发展，金融管理部门将继续完善政策和监管机制，激励金融机构扩大绿色信贷规模，支持更多绿色项目和企业。

三 成渝地区绿色证券发展情况

绿色证券是与环境保护、可持续发展相关的证券产品，在投融资活动中发挥着重要的作用。随着绿色经济的兴起和投资者对环保的关注度不断增长，成渝地区积极推动绿色证券的发展。一方面，通过政策引导和市场激励，鼓励企业发行绿色债券、绿色票据等绿色证券产品，为投资者提供环保领域的投资机会；另一方面，加强对绿色证券市场的监管，确保信息披露的透明度和有效性，保护投资者的利益。

（一）重庆绿色证券发展情况

2021年9月，重庆首单民营企业绿色债券——重庆康达环保产业（集团)有限公司2021年第一期绿色短期融资券成功发行,为推动重庆绿色经济可持续发展提供了有力的金融支持。绿色债券的发行能够引导资金流向环保领域,促进环境友好型项目的实施。民营企业通过发行绿色债券进行短期融资,展示了民营企业积极参与绿色金融的意愿和能力。近年来,重庆不断创新绿色债券产品,先后推出全国首单"交通类碳中和债"、中西部首单绿色企业债、西部地区首单"债券通"绿色金融债券等绿色债券产品。2023上半年,重庆共发行绿色债券10亿元,全市绿色债券存量规模为416.04亿元,同比增长22.68%①。重庆的绿色债券项目广泛涉及环境保护、清洁能源、清洁交通、水资源管理、节能减排等领域。重庆市政府出台了一系列支持和规范绿色债券市场发展的政策措施,加大了对绿色债券项目的扶持力度,提供财政和税收支持,简化审批手续,并强化对债券发行主体的监管。

(二)成都绿色证券发展情况

成都市政府、国有企事业单位、金融机构、民营企业等各类主体均积极参与绿色债券的发行。成都已经成功发行了多期绿色债券,包括2017年发行的"17成都交投绿色债"和2022年发行的"22成都交投绿色债01""22成都交投绿色债02"等。2022年3月,成都银行、成都农商银行分别发行了30亿元的绿色金融债券,到6月末,已累计发行绿色债券137亿元,占全省的98.5%。

成渝地区注重绿色证券的发展,不仅是为了满足投资者对可持续发展的需求,更是为了推动经济结构的优化和转型升级。通过支持绿色证券的发展,引导资金流向可持续发展和环保领域,助力企业提高产品的环保性能,推动绿色经济的快速发展。绿色证券的发展还有助于加快成渝地区双城经济圈与国际绿色金融市场的对接,提升地区的影响力和竞争力。通过深入合作和交流,借鉴国际先进经验和创新模式,推动绿色证券市场的进一步发展和

---

① 资料来源:西部金融数据平台。

壮大。成渝地区将继续加强与绿色证券相关的政策支持和市场机制建设，激发投资者的绿色意识和环保责任感，推动绿色证券市场的发展。

四　成渝地区绿色保险发展情况

绿色保险是保险业在环境资源保护、社会治理、绿色产业运行等领域提供风险保障和资金支持等经济行为的统称①。成渝地区双城经济圈作为中国西南地区的核心经济区域，正在不断推进绿色保险的发展。绿色保险以环境保护为核心，致力于为企业和个人提供与环境风险相关的保险产品和服务。绿色保险为企业提供了一种有效的应对环境风险的方式，通过引入绿色保险，企业可以降低环境风险对其经营活动和财务状况的不利影响，提高环境管理水平。成渝地区通过创新产品、完善政策和加强监管等措施，积极推动绿色保险的发展。

（一）重庆绿色保险发展情况

2021年10月，国家金融监督管理局重庆监管局、重庆市发展改革委等6部门印发了《关于加快绿色保险高质量发展的指导意见》，明确提出了重庆发展绿色保险的总体要求、主要任务和保障措施，引导重庆保险业充分发挥保险功能和作用，助力"双碳"目标的实现，在推进长江经济带绿色发展中发挥示范作用。2022年5月，《重庆银行业保险业2022年绿色金融工作要点》印发，该要点从绿色金融产品与服务、绿色金融发展质效、绿色金融治理体系以及绿色金融风险管理能力等方面明确了工作目标，旨在促进重庆银行业和保险业实现高质量的绿色发展。2022年，重庆绿色保险产品和服务体系不断创新，共推出气象指数保险、蔬菜种植保险、柑橘种植保险等多款有特色的绿色保险产品。截至2022年末，重庆绿色保险累计提供风

---

① 2022年6月1日，中国银保监会印发《银行业保险业绿色金融指引》，首次明确绿色保险的定义。

险保障 7364 亿元，同比增长 230%；支付保险赔款 6.73 亿元，同比增长 490%。重庆市政府一方面鼓励保险公司开发环境责任保险、生态补偿保险、气候变化保险等绿色保险，满足不同行业和企业的保险需求；另一方面加强监管，促使保险公司更好地承担环境风险管理的责任，确保绿色保险市场的健康发展。

（二）成都绿色保险发展情况

成都高度重视绿色保险发展，出台了一系列支持绿色保险发展的政策措施，包括加大财政支持力度、完善税收优惠政策、加强监管和风险防范等。例如，成都市财政局出台了《成都市绿色保险补贴资金管理办法》，对符合条件的绿色保险产品给予财政补贴。同时，成都积极推动保险机构推出了一系列具有地方特色的绿色保险产品。例如：国寿财险推出了"环境污染责任保险"，为企业提供环境污染风险保障；平安产险推出了"绿色建筑质量保证保险"，为绿色建筑提供质量保证保险服务。此外，成都积极推动保险机构优化绿色保险服务，提高绿色保险服务质量。例如，国寿财险推出了"一站式"绿色保险服务，为企业提供更有力的保障。

绿色保险可以为成渝地区双城经济圈的绿色发展提供风险保障，引导资本流向绿色产业，支持绿色技术研发和推广，促进绿色产业发展，从而推动成渝地区双城经济圈绿色转型和可持续发展。成渝地区双城经济圈将继续助力绿色保险的健康可持续发展。

五 成渝地区绿色基金发展情况

绿色基金旨在通过资金的集聚和投资，支持环保和可持续发展领域的项目和企业。成渝地区的基金公司、金融机构等积极筹集绿色基金，吸引投资者参与，提供可靠的资金支持。成渝地区在绿色基金方面已实现较好的发展，成为推动可持续发展的重要力量。

（一）重庆绿色基金发展情况

2015年，原环境保护部对外合作中心和原重庆市环保局共同发起成立重庆环保产业股权投资基金，这是全国第一只在中国证券投资基金业协会备案的由政府主导的环保类股权投资基金，体现了"使市场在资源配置中起决定性作用和更好发挥政府作用"这一改革核心要求①。2020年7月，重庆作为基金发起人和出资人之一，积极参与组建国家绿色发展基金，主要聚焦领域包括生态环境修复、环境污染遏制、国土空间生态改善以及能源资源有效利用等。

（二）成都绿色基金发展情况

《成都市优化产业结构促进城市绿色低碳发展政策措施》提出，设立绿色低碳优势产业基金。在"双碳"目标的引领下，成都积极撬动各类资本加大绿色低碳产业投入力度，采取"政府引导+市场运作"的方式设立绿色基金，涉及清洁能源、动力电池、绿色材料等领域，以促进全省绿色经济快速发展。

2023年上半年，由兴业银行成都分行担任托管人的四川省首支绿色低碳产业发展基金——四川省绿色低碳产业发展基金成功获批，该基金总规模达50亿元，首期规模达9亿元，是兴业银行成都分行进一步探索区域低碳发展新路子、擦亮"绿色银行"名片的生动写照。2023年11月，成都产业集团下属绿色低碳集团参与组建的首只基金——成都梧桐绿色低碳创业投资合伙企业（有限合伙）顺利通过中国证券投资基金业协会备案，成为成都首只"双碳"领域的国资科创投资基金。该基金聚焦储能、光伏等绿色领域，致力于支持绿色领域"专精特新"企业发展。

绿色基金的设立不仅带动了环保产业的发展，也促进了科技创新。未来，成渝地区将持续推进绿色基金的发展，进一步优化政策环境，加大创新力度，推动绿色基金的多样化和专业化发展。

---

① 《国家绿色发展基金如何助力打赢污染防治攻坚战？》，光明网，2020年7月10日，https：//m.gmw.cn/baijia/2020-07-21/34013603.html。

成渝蓝皮书

六 成渝地区绿色投资与碳金融发展情况

绿色投资和碳金融是应对气候变化和实现可持续发展的重要手段。成渝地区积极推动绿色投资和碳金融发展，通过引入环境友好型投资项目推动经济结构的转型升级。

（一）重庆绿色投资与碳金融发展情况

绿色投资方面，随着绿色金融改革创新试验区建设的不断深入，重庆进一步加大了全市金融系统对绿色产业的资金支持力度，围绕节能环保、清洁生产、绿色服务等领域拓宽绿色投资渠道，并建立市场调节机制，提高绿色投资的应用实效。同时，重庆以成渝共建西部金融中心为契机，推动区域生态资源资本化转型，开展跨区域绿色投资合作，推动数字化基础设施在绿色投资领域的落地应用。

碳金融方面，重庆以"双碳"目标为依托，积极融入全国碳排放权交易市场，完善地方交易市场机制，推动机构和个人参与碳金融市场交易，提升碳金融市场交易活跃度，鼓励金融机构和碳资产管理机构稳妥有序探索开展碳基金、碳资产质押贷款、碳保险等碳金融服务。

（二）成都绿色投资与碳金融发展情况

绿色投资方面，成都建立健全激励约束机制，撬动资金支持绿色发展，同时加大风险分担力度，优化政策体系，促进资金流向绿色项目和企业。绿色投资有力促进了成都绿色低碳产业的发展。2022年，成都绿色低碳产业产值达2500亿元，绿色低碳企业实现主营收入约1900亿元，77个在建绿色项目完成年度投资255亿元。

碳金融方面，成都金融机构积极开展碳金融业务，促进企业碳资产保值增值，实现降本增效。例如，2024年3月，兴业银行成都分行与全国碳市场控排企业四川和邦生物科技股份有限公司签订碳金融综合服务协议，投放首期贷款 4 亿元，专注支持控排企业的履约管理、碳排放数据管理等。

七 成渝地区绿色金融支持企业高质量发展的经验

（一）坚持政策引导

成渝地区出台了一系列政策支持绿色发展专项行动，这些政策的实施为资源配置及企业转型提供了重要依据，有效解决了企业在发展绿色产业、开展绿色项目过程中的融资及资金使用成本问题，服务地方绿色发展和经济转型升级，同时提升了金融机构的绿色金融业务水平，带动全国绿色金融市场的快速发展。

（二）坚持创新驱动

成渝地区通过深化金融供给侧结构性改革，优化科技金融、绿色金融、普惠金融布局，推动金融产品的创新和服务的优化。构建多层次的绿色金融组织体系和多元化的绿色金融产品体系，为本地区企业的高质量发展增添绿色动力。

（三）坚持国际合作

成渝地区依托国际合作平台，深化金融改革与开放，吸引了大量外资金融机构的入驻，提升了绿色金融的国际化水平，引入了先进的金融管理经验和服务模式。这有利于成渝地区金融机构提高服务质量和效率，更好地满足企业多样化、个性化的金融服务需求，对企业的高质量发展起到了重要的推动作用。

参考文献

黄光红：《3000 亿元绿色融资支持重庆绿色发展》，《重庆日报》2023 年 2 月 21 日。

吴刚：《绿色金融的重庆探索》，《重庆日报》2023年4月13日。

《金融改革发展建言录——两会经济金融界部分代表委员谈金融》，《中国金融》2023年第6期。

陈轶璇、罗明：《构建五个体系 推动绿色金融高质量发展》，《中国农村金融》2023年第3期。

黄光红：《重庆绿色金融改革创新试验区建设成绩亮眼》，《重庆日报》2023年5月15日。

张漫游：《金融助力下一步：加快传统产业绿色转型》，《中国经营报》2023年3月13日。

杨成万：《成渝含"金"量将大幅提升》，《金融投资报》2021年12月28日。

马天禄：《聚焦重点领域支持稳经济》，《中国金融》2023年第4期。

王君晖：《成渝规划共建西部金融中心 2025年将初步建成》，《证券时报》2021年12月25日。

蒋平：《绿色金融改革创新的监管实践》，《中国金融》2023年第1期。

魏良益：《着力提升金融集聚力辐射力》，《中国金融》2022年第8期。

《双碳战略与绿色金融论坛：汇集各方智慧，共建绿色未来》，《中关村》2023年第6期。

孙杰：《中国绿色投资规模去年达2.6万亿元》，《北京日报》2023年5月28日。

范子萌：《西部金融中心顶层规划出炉》，《上海证券报》2021年12月25日。

姚露：《科技型中小企业绿色技术创新的影响因素及对策分析》，《企业科技与发展》2022年第3期。

安国俊：《慈善金融可持续发展路径探讨》，《中国金融》2023年第4期。

杨富：《2025年新能源车保有60万辆 中心城区绿色出行比例至少》，《成都日报》2022年6月23日。

缪梦羽、吴怡霏：《以产业"加法"服务"双碳"》，《成都日报》2021年12月9日。

刘军等：《"双碳"背景下重庆市绿色建筑和绿色金融协同发展路径研究》，《重庆建筑》2022年第8期。

杨富：《成都"十四五"绿色转型发展规划来了》，《成都日报》2022年6月23日。

B.16 供应链金融缓解中小企业融资难研究

邵腾伟 吴南清*

摘 要： 供应链金融作为一种有效的金融服务模式，为中小微企业融资难题提供了解决方案，促进了产业链上下游企业之间的合作与共赢。本报告以成渝地区供应链金融为研究对象，主要阐述了成渝地区供应链金融政策及供应链金融产业与供应链金融平台的发展现状，分析了供应链金融服务中小企业融资面临的问题，提出了创新供应链金融服务、加快供应链金融数字化转型等对策建议。

关键词： 成渝地区 供应链金融 中小企业融资 核心企业

一 成渝地区政策助力供应链金融内核升级

成渝地区双城经济圈是中国西部地区重要的经济合作区域，对于成都、重庆及周边地区的经济发展和区域一体化具有重要影响。供应链金融平台建设是成渝地区双城经济圈建设的关键一环，对于促进地区内企业融资、提高供应链效率、推动经济增长具有重要意义。

近年来，一系列推动成渝地区供应链金融发展的政策陆续出台（见表1），为供应链金融基础设施建设、数据采集、创新发展等指明了方向。

---

* 邵腾伟，博士，重庆工商大学成渝地区双城经济圈建设研究院教授、博士生导师，主要研究方向为数字金融、数字经济领域的理论与应用；吴南清，重庆工商大学金融学院硕士研究生，主要研究方向为金融风险管理和金融监管。

表1 成渝地区供应链金融相关政策（部分）

政策名称	发文单位	发文时间	主要内容
《成渝地区双城经济圈建设规划纲要》	中共中央、国务院	2021年10月20日	合规有序发展供应链金融和特色跨境金融服务平台，依托贸易金融区块链平台，探索形成贸易金融区块链标准体系
《成渝共建西部金融中心规划》	中国人民银行等8部委	2021年12月13日	推进供应链金融和贸易融资创新发展；支持建设跨区域物流金融数据库，与公共信息服务平台、物流贸易信息平台、国际贸易"单一窗口"互联互通
《重庆市金融改革发展"十四五"规划（2021—2025年）》	重庆市人民政府	2022年1月14日	打造产业融资新模式，整合运用上下游企业信息资源，大力发展供应链金融，创新推出一批无抵押、弱担保的融资工具，提升全产业链融资供给水平
《金融支持食品及农产品加工产业高质量发展十条政策措施》	中国人民银行重庆市分行等4部委	2024年2月20日	建立特色产业链供应链金融链长制；持续梳理核心企业和上下游市场主体名单，覆盖生产、加工、贸易等全产业链，定期推介给银行开展金融服务对接；支持全国性银行在渝分支机构协调供应链上下游企业所在地银行分支机构，依法合规高效跨地区开展供应链融资业务
《重庆市制造业高质量发展投融资服务行动计划(2024—2027年)》	重庆市经济和信息化委员会等6部委	2024年2月21日	率先创新供应链融资产品，发挥重庆市现代产业链服务中心等机构的作用，加快开发"渝链贷"相关产品及服务，帮助制造业重点产业链上下游中小企业开展批量高效融资；鼓励金融机构依托汽车、电子等制造业核心企业，开展"仓单质押""应收账款质押""票据贴现""信用证"等形式的供应链金融服务；探索设立促进制造业供应链融资奖补专项资金，用于支持开展制造业应收账款质押、货物（仓单）质押贷款等供应链融资，提升供应链融资服务平台和制造业核心企业参与积极性

资料来源：重庆市人民政府网站、成都市人民政府网站。

二 成渝地区重点产业供应链金融发展情况

(一)电子信息产业

为推动电子信息产业高质量协同发展,充分发挥电子信息产业对成渝地区双城经济圈发展的重要支撑作用,成渝两地共同推动技术协作攻关、共建成渝地区双城经济圈电子信息产业集群,形成了以"集成电路—新型显示—存储—软件—人工智能—新一代信息网络—智能终端"为主体的完整产业链(见表2)。

表2 成渝地区双城经济圈电子信息产业链

核心产业	主要行业	主要企业(园区)	建设目标
集成电路	芯片设计、制造和封测	英特尔、成都华微、成都海光、海威华芯、振芯科技、华润微电子、万国半导体等	建设国内领先的集成电路设计高地和国家重要的集成电路产业基地
新型显示	OLED柔性显示、超高清显示、量子点显示、激光显示等	京东方、惠科、康佳、极米等	打造国内领先、国际知名的新型显示产业集群
存储	内存芯片、闪存芯片、硬盘等存储设备,以及存储系统的设计、制造和服务	英特尔、成都华微、成都海光、海威华芯、振芯科技、华润微电子、万国半导体等	构建完整的产业链和供应链,打造中国"存储谷"
软件	涉及软件开发、系统集成、应用软件等软件服务和解决方案,包括操作系统、应用软件、云计算服务等	两江软件园、天府软件园、四川省信息技术应用与保障中心、西南信创技术研发示范中心、中国电子(重庆)软件产业园等	打造全国领先的软件产业发展高地
人工智能	人工智能大模型、人工智能场景应用等	新川科技园、光大人工智能产业基地、川大智胜、四方伟业等	打造国内具有重要影响力的人工智能创新产业高地

续表

核心产业	主要行业	主要企业（园区）	建设目标
新一代信息网络	5G、卫星技术、网络安全、工业互联网等	中兴通讯、中国电信、中国移动、中国联通等	打造从设计研发到生产制造再到服务保障的信息安全产业生态体系
智能终端	智能手机、平板电脑、智能穿戴设备、智能家居产品等智能终端设备	长虹、达丰、英业达、VIVO、传音、富士康、戴尔、纬创、仁宝等	打造具有国际竞争力的智能终端产业集聚区

资料来源：根据网上公开资料整理。

2022年11月，成渝地区的电子信息先进制造业集群成功入选工信部公布的45个国家先进制造业集群名单。这一成就标志着成渝地区电子信息产业迈入了一个新的发展阶段。2023年，成渝地区的电子信息产业集群再次刷新纪录，总产值超过两万亿元，相当于全国电子信息产业的14%，成渝地区的电子信息产业集群已成为中国电子信息产业中的重要力量。

电子信息产业的蓬勃发展，离不开供应链金融的有力支持。2021年，重庆市人民政府办公厅发布了《关于提升制造业产业链供应链现代化水平的实施意见》，鼓励领军企业加强与中小企业的合作，通过专业分工、服务外包、订单生产等多种形式推动产业链上下游企业的协同发展，建立大中小企业融通发展的良好格局。同时，鼓励中小企业围绕大企业的生产需求，提升合作配套能力，发展采购、物流、分销等供应链服务。此外，支持行业协会、产业联盟等组织开展产业链供需对接活动，建设多层次的产业链信息对接平台，完善产业链供应链金融服务，为电子信息产业的持续发展提供有力支持。

（二）汽车产业

汽车产业是成渝两地共同的支柱产业。截至2022年，成渝地区已集聚长安、赛力斯、长城等45家整车企业和1600家零部件企业，汽车总产量达到318万辆，其中成都产量为109万辆、重庆产量为209万辆。新能源汽车产量超过40万辆，动力电池产能超过200吉瓦时，汽车产业整体规模达到7500亿元。

成渝地区主要的整车厂布局在重庆两江新区、成都经开区，集中了成渝地区近70%的汽车产能。成渝地区的汽车供应链覆盖了从零部件制造到整车成品再到最终客户消费的全部环节，一般可以划分为生产环节、流通环节和售后环节（见表3）。在供应链金融的视角下，汽车产业可被归纳为三种供应链生态。首先是针对主机厂的配件供应链生态。汽车是一个复杂的组合体，其零配件种类多达上千万，生产过程至少涵盖五级供应环节，而零配件的成本占据了整车成本的70%~80%。其次是汽车流通供应链生态。涵盖了汽车从生产结束到最终销售的过程，包括批发、零售、物流等环节。在这些环节中，汽车经销商和经销网络扮演着关键角色。最后是汽车售后供应链生态。汽车是一种消耗品，有维修、保养、更换零配件的需求，售后环节在整个供应链中起到至关重要的作用。

表3　成渝地区汽车产业供应链

母环节	子环节	参与方	分类
生产环节	设计研发	高校、设计院、企业	零部件设计
			新技术开发
			整车研发
	原材料采购	原料供应商	钢铁、有色金属、电子仪表、橡胶、玻璃
	生产制造	零部件供应商	外饰、内饰、底盘、发动机、车身
		汽车生产商	冲压、焊装、涂装、总装
流通环节	物流	厂商自设物流子公司、第三方物流公司、中小型运输企业	整车物流、整车仓储、零部件物流
	销售	经销商、4S店、厂商、代理商	新车（国产车、进口车）
			二手车
售后环节	汽车配件	零配件供应商、分销商、零售商	汽车零配件B2C平台、B2B平台
	维修养护	4S店、连锁加盟店、直营门店、电商	传统维修点、电商自营型、导流平台型、上门服务型
	汽车金融	银行、汽车金融、融资租赁、汽车保险、互金平台	消费信贷、抵押贷款、车险、融资租赁

资料来源：根据网上公开资料整理。

汽车供应链金融是指金融机构根据汽车供应链实际贸易情况，依托核心企业（如整车企业等）的实力和信用，为核心企业及其供应链配套企业提供各种金融产品和服务的行为。供应链金融能够促进"供—产—销"链条的资金流动，推动整个供应链的顺畅运作，最终实现金融机构、核心企业以及配套企业的共赢。当前国内汽车供应链金融融资模式主要包括应收账款融资、预付账款融资、仓单质押融资、供应链金融平台等（见表4）。

表4 汽车供应链金融融资模式

模式	内容
应收账款融资	汽车供应链中，上游零部件供应商通常会面临较大的账期压力，应收账款融资模式允许供应商将其对核心车企的应收账款转让给银行或其他金融机构，从而提前获取现金流
预付账款融资	对于下游经销商来说，采购大量汽车需要预先支付大额款项，借助预付账款融资模式，金融机构可以基于自身与核心车企的合作关系，为经销商提供预付账款融资，确保其正常运营
仓单质押融资	汽车零部件或整车库存也可作为融资标的物，通过第三方监管机构的介入，对库存商品进行质押并实现快速融资
供应链金融平台	数字化技术的发展促使线上供应链金融平台崛起，通过区块链、大数据等技术，实现供应链信息透明化，进一步提升了金融资源匹配的效率和安全性

资料来源：根据网上公开资料整理。

（三）装备制造业

成渝地区装备制造业规模庞大，涵盖了机械制造、电子信息、航空航天等多个领域。这些领域中的一些企业在国内拥有一定的影响力，甚至在国际市场上也具备一定的竞争力。成都方面，相关企业在航空装备、轨道交通、智能制造、节能环保等高端装备研发制造领域长期处于全国领先地位；重庆方面，永川区是国内最大的中高端皮卡生产基地，江北区拥有完整的汽车研发制造产业链，江津区则在齿轮箱、减速器、内燃机等领域处于行业领先地位，渝北区的汽车、现代交通设备、智能装备制造正迅速发展壮大。

为推动成渝地区装备制造业的协同发展，2022年，成渝两地共同出台了《成渝地区双城经济圈共建世界级装备制造产业集群实施方案》，共同规划了世界级装备制造产业集群的发展路线。2022年，两地的装备制造业共实现营业收入14023.7亿元，其中成都贡献了8815.5亿元，重庆贡献了5208.2亿元。

供应链金融在促进成渝地区装备制造业协同发展方面发挥着重要作用。第一，为装备制造业上下游企业提供灵活的融资服务，包括应收账款融资、融通仓融资等。这些融资服务可以帮助企业解决资金周转困难，提高企业的生产经营能力，促进产业链上下游企业之间的合作与协同发展。第二，通过供应链金融平台实现供应链的信息共享、资金流动和风险控制，提高供应链的整体效益，促进产业链的协同发展。第三，通过供应链金融平台，企业可以更加方便地进行融资合作、交易对接，建立长期稳定的合作关系，推动产业链的协同发展，实现资源配置优化和效益最大化。第四，供应链金融平台可以提供风险管理工具，帮助企业降低经营风险，提升供应链的稳定性，保障供应链的顺畅运作，促进产业链的协同发展。

（四）消费品产业

成渝地区消费品产业市场需求旺盛、发展潜力较大，不断为区域经济发展注入新的动力。消费品产业具有企业主体数量庞大、分销层级复杂、库存规模受外部影响较强、销量不确定性大等特点，使供应链上下游的中小微企业易受资金短缺的影响。而供应链金融可以及时满足中小微企业在生产和销售中的资金需求，在消费品产业中发挥着重要作用。随着中国消费市场逐步复苏，消费品产业对供应链金融的需求逐步上升，然而目前消费品产业在获取供应链金融服务时面临以下挑战。

第一，渠道层级复杂，经销商质量参差不齐。消费品产业链下游分布了大量的经销商、分销商、终端零售商等，融资需求旺盛。但经销商的经营规模、管理模式、经营模式、经营效率等各异，信用质量参差不齐。如何在海量的经销商中筛选出信用优质的经销商提供供应链金融服务是个难题。

第二,经销商的数字化程度较低,数字化转型意愿不强。多数经销商的规模较小,订单管理仍以线下方式为主,数字化程度较低。此外,部分经销商对数字化的接受能力较弱,数字化转型意愿较低。

第三,金融机构向消费品产业提供金融服务的意愿不强。消费品产业客户分散且融资频繁,操作成本、运营成本、风控成本较高,但盈利空间有限,导致金融机构向消费品产业提供金融服务的意愿不强。

第四,数据获取困难,服务客户层级有限。目前,供应链金融主要服务供应链上的一级供应商和一级经销商。由于其他层级的客户数据难以获取,供应链金融业务难以向下覆盖更多层级的客户。

三 成渝地区供应链金融平台建设情况

当前,在市场经济和政策引导的双重作用下,中小微企业数量快速增长,逐渐成为推动成渝地区双城经济圈建设的主力军,融资需求持续增长。但由于缺乏合格的抵质押物,中小微企业长期面临融资难题。供应链金融的发展能够帮助供应链上的中小微企业获得更全面、更高效的融资,从而畅通供应链、增强供应链韧性、促进供应链降本增效。在政府的大力支持下,成渝两地已经建成一些具有特色的供应链金融平台。

(一)成都信用供应链金融公司

成都信用供应链金融公司(以下简称"成都信用")于2020年1月在成都市金牛区成立,是由金网络(北京)电子商务有限公司和成都市金牛国投城市运营管理有限公司共同设立的供应链金融科技公司。成都信用基于区块链、大数据等技术搭建"成都信用金融服务平台",为大型产业集团及其供应链上下游企业提供供应链综合金融服务,以满足企业经营不同阶段的融资需求。

成都信用围绕企业在采购、生产、交付、付款等阶段的需求匹配金融产品,针对应收账款阶段设计了"航信"平台,供应商交付货物时,可以在该平台确认相应的应付款，并按照约定的到期时间和金额付款。"航信"平台帮助供应链上的供应商尤其是中小供应商及时获得低成本融资，协助企业降低采购成本，加快供应链资金周转。

（二）重庆企业融资服务平台

重庆企业融资服务平台（以下简称"渝企金服"）是由重庆市经信委与多个市级部门和单位共同打造的公益性产业金融服务平台，于2019年7月18日正式上线运行，为各种类型的企业提供"一站式"融资服务。"渝企金服"对接了发改委、税务、人社等10多个部门的数据系统，能够获取企业的知识产权、征信情况、纳税情况等信息，并通过大数据手段为企业绘制"画像"。金融机构可以根据这些企业"画像"做出判断，企业无须反复向银行提供材料，大大提高了融资的效率和成功率。此外，"渝企金服"汇聚了近百名融资服务专家和近50家融资专业机构，能够有针对性地为企业提供融资方案。近年来，该平台围绕产业需求不断创新，推出了转贷、商业价值信用贷、商业价值担保贷、制造业抵押增值贷等一系列政策性金融产品。截至2023年，该平台已为超过2万家企业解决融资问题，累计金额达1700亿元。

（三）智企云链供应链金融服务平台

智企云链供应链金融服务平台由重庆三峡担保集团、民生物流有限公司、重庆泷通科技有限公司联合打造，于2022年3月31日正式上线，旨在为新能源城市配送的可持续发展提供支持。该平台通过数据标准化和分析处理，提供进件、自动审批、电子签约、放款、运营跟踪、保后预警等"一站式"供应链科技金融服务。该平台还与担保公司系统对接，促进了供应链资金流的活跃，大大提升了融资效率。

（四）重庆市现代产业链服务中心

重庆市现代产业链服务中心于2023年1月注册成立，是服务全市制造业产业链融资的公共平台。作为市级重点产业平台，该平台与政府部门、制

造业龙头企业、征信机构等合作,创新产融联动模式,打破信息孤岛,实现金融机构与数据源的安全链接,致力于提升重庆制造业产业链尤其是中小微企业的融资能力,提高整体资源配置效率。2023年8月,重庆市现代产业链服务中心正式上线"渝链贷"。该产品由重庆市现代产业链服务中心与重庆三峡银行联合打造,致力于推动金融机构向制造业中小微企业定向投放信用贷款。重庆凯途机械成为首家获得"渝链贷"授信额度的企业,获得126万元的信用额度。"渝链贷"的推出,为重庆市制造业企业提供了高效便捷的融资工具,有力地促进了重庆市以川仪股份为链主代表的机电产业链的发展。

四 成渝地区供应链金融发展困境

在经济全球化背景下,成渝地区作为中国西部地区的核心经济引擎,积极探索并加速发展供应链金融,以促进本地区供应链的优化升级和经济的可持续发展。供应链金融为企业提供了更加便捷灵活的融资渠道,缩短了企业资金周转周期,加强了企业间的信任与合作,构建了更加稳固的商业生态,有利于成渝地区经济高质量发展。但目前成渝地区的供应链金融仍处于快速成长阶段,面临一些困境和挑战。

(一)供应链上下游融资难

第一,上游融资服务有待优化。以应收账款为基础的上游供应商融资难题仍未得到有效解决,主要体现为:融资成本高;融资期限不够灵活;融资额度低,难以满足实际需求;申请手续复杂;供应商缺乏足够的抵押物;只有一级供应商能够获得融资,二级、三级及其他供应商很难获得融资;等等。

第二,下游融资可得性低。与上游融资相比,下游融资的痛点更为突出,其融资可得性更低。供应链下游企业多为中小微企业,往往存在财务制度不完善、财务披露不全面、财务数据不完整等问题。这些企业在申请融资的过程中难以提供充分的有效数据,难以满足供应链金融在风控方面的严格要求，金融机构进行风控调研的成本较大；此外，人工智能、物联网、区块链等技术在产业中的应用程度较低。

（二）供应链金融在核心企业落地难

数字化程度较低。许多传统核心企业的信息化水平相对较低，缺乏数字化基础设施和管理系统。这使供应链金融需要面临从传统管理模式向数字化转型的挑战。同时，建设数字化供应链金融平台需要投入大量资金和资源。一方面，供应链金融服务平台往往涉及多个系统的搭建。例如，在产业端包括供应商管理系统、电子招投标系统、智能物流系统、数字化仓储系统等，在资金端包括保理融资系统、动产融资系统、征信科技支持系统、支付结算支持系统等。另一方面，供应链金融平台涉及多个系统的改造升级，需要较长的实施周期和较大的成本投入。对于一些中小企业来说，负担这些成本可能较为困难。

风控能力不足。供应链金融涉及多重风险，核心企业需要具备较强的风险管理和控制能力。然而，一些传统核心企业缺乏完善的风险评估和监控机制。在实践中，供应链上下游企业申请贷款时，核心企业需要辅助金融机构进行风控调研。而在这个过程中，核心企业面临的难点主要体现为：缺乏对抵质押物进行管控的科学方法，导致金融机构无法基于这些财产进行授信；可用数据不足，包括外部数据，二级、三级及终端经销商数据，历史数据等；对数据进行分析的技术实力不足。

运营水平提升困难。供应链金融的落地需要核心企业的深度参与和协同合作，涉及企业内部业务流程的优化和协调。然而，一些传统核心企业可能面临组织架构僵化、流程烦琐等问题，难以实现运营模式的快速升级和优化。市场中供应链金融平台的运营是较为薄弱的环节，部分供应链金融平台运营效率不高、缺乏数据抓手。此外，数据运营是核心企业在推进供应链金融业务时面临的重要挑战之一。核心企业需要从多个渠道获取数据，包括内部系统、供应商、客户等，但这些数据往往存在格式不一、总量大、质量低等问题，导致数据整合困难。同时，一些传统企业缺乏专业的数据分析人才和技术支持,无法充分挖掘数据的潜力,难以将数据分析结果转化为实际业务价值。

五 成渝地区供应链金融建设对策建议

(一)创新供应链金融服务

创新供应链金融服务对推动成渝地区双城经济圈建设具有深远的意义。这一举措将有助于优化产业链条,促进产业结构的升级。创新金融产品和服务,可以更好地支持中小微企业的发展,帮助它们更好地融入供应链体系,提高整个产业链的效率和竞争力,从而推动成渝地区双城经济圈的持续发展。

建立智能化的供应链金融平台。成渝地区可以投资建设智能化的供应链金融平台,利用先进的科技手段如大数据、人工智能等,实现对供应链各个环节的实时监测、数据分析和风险评估,为企业提供精准的金融服务。

加强金融机构与核心企业的合作。鼓励金融机构与核心企业(如汽车、电子等制造业企业)深度合作,共同设计符合中小微企业需求的金融产品和服务。鼓励核心企业签发供应链票据,鼓励银行为供应链票据提供便利的贴现、质押等融资服务。鼓励保险机构积极嵌入供应链环节,增加营业中断险、仓单财产保险等供应链保险产品供给,提供抵押质押、纯信用等多种形式的保险业务。

加强政策支持和引导。制定相关政策和规范,为供应链金融服务的创新提供良好的政策环境和制度保障。政府可以实施税收优惠、财政补贴等激励措施,吸引更多金融机构和企业参与供应链金融服务。

建立跨行业、跨地区的合作平台。积极建立跨行业、跨地区的供应链金融平台,促进各类企业之间的合作和资源共享,实现供应链金融服务的全面覆盖。

加强金融教育和培训。开展针对中小微企业和金融从业人员的金融教育和培训,提升他们的技能水平,增强他们对供应链金融服务的理解和运用能力。

(二)加快供应链金融数字化转型

提高供应链金融服务效率。数字技术可以帮助建立智能化的供应链金融平台,实现信息共享、流程自动化和智能决策,从而提高供应链金融服务的效率和响应速度。例如,利用数字化交易平台和智能合同实现供应链金融产品的快速匹配和自动化结算,大大缩短融资周期和交易成本。

加强风险管理和控制。数字技术可以提供更多的数据来源和更精确的数据分析工具,帮助金融机构更准确地评估和管理供应链金融业务的风险。建立基于大数据分析和人工智能技术的风险预警系统,可以实现对供应链上下游企业的实时监控和预警,及时发现并应对潜在的风险隐患。

拓展融资渠道。数字技术为供应链金融带来了新的融资渠道和产品创新机遇。例如,基于区块链技术的供应链金融平台可以实现去中心化的融资模式,吸引更多的资金参与供应链金融业务;而基于物联网技术的供应链金融产品则可以实现对存货和资产的动态监控,提高融资的可得性和灵活性。

推动产业链数字化和智能化升级。数字技术可以促进产业链的数字化和智能化升级,提高产业链的整体效率和竞争力。建立数字化的供应链管理系统和智能化的生产制造系统,可以实现对产业链上下游的全面管理和协同,优化资源配置和生产流程,提高生产效率和产品质量。

(三)建立完善的数据管理体系

完善的数据管理体系对于企业的发展至关重要,特别是在供应链金融领域,有效的数据管理可以提高风险管理能力、加强合作伙伴间的信息共享,从而促进业务的发展。

设立数据管理部门或团队。在企业内部建立专门的数据管理部门或团队,负责规划、执行和监督数据管理工作。该部门应由具有数据管理经验和专业知识的人员组成,负责制定数据管理政策、标准和流程,并监督各部门

的数据管理实践。

制定数据管理政策和标准。建立企业级的数据管理政策和标准,明确数据的收集、存储、处理、分析和共享规范,确保数据的安全、准确和合规性。政策和标准应该根据企业的业务需求、法律法规和行业标准制定,并定期进行评估和更新。

建立数据分类和归档机制。将企业的数据按照不同的类别进行管理和归档,如按照数据类型、敏感程度、访问权限等分类,确保数据的合理归集和管理。同时,建立数据定期备份和归档机制,确保数据的安全性和可靠性。

建立数据访问和权限控制机制。制定严格的数据访问和权限控制机制,限制不同用户对数据的访问权限,确保数据的机密性和完整性。同时,建立审计和监控机制,对数据访问和使用情况进行实时监测和记录,及时发现和应对潜在的安全风险。

引入数据管理工具和技术。利用现代化的数据管理工具和技术,如数据仓库、数据湖、数据治理平台等,帮助企业更有效地管理和利用数据资源。这些工具和技术可以提高数据的收集、存储、处理和分析效率,加速数据驱动决策和业务创新。

加强数据质量管理。实施严格的数据质量管理措施,包括数据清洗、数据标准化、数据验证和数据修正等,确保数据的准确性、完整性和一致性。建立数据质量评估和监控机制,定期对数据质量进行检查和评估,及时发现并解决问题。

参考文献

杨升涛、陈煦阳:《支持双城经济圈市场主体健康发展》,《成都日报》2022年8月24日。

张彧希:《建世界级产业集群 川渝八方怎么做》,《四川日报》2021年6月7日。

杨宇龙:《服务市场主体 促进经济发展》,《雅安日报》2022年10月20日。

刘琳、闫新宇:《川渝八方协同 共创制造未来》,《四川经济日报》2021年6月4日。

夏元：《抢抓共建"一带一路"机遇　重庆电子信息产业向万亿级产值规模迈进》，《重庆日报》2023年10月20日。

寇敏芳：《川渝同奏"交响曲"四大产业冲刺"世界级"》，《经营管理者》2023年第9期。

寇敏芳：《四大万亿级产业冲刺"世界级"》，《四川日报》2023年7月25日。

《川渝携手打造万亿级汽车产业集群》，《中国信息化》2021年第5期。

严薇：《川渝联手发力新能源汽车产业　赛力斯跻身增程式电动市场一线阵营》，《重庆商报》2021年6月28日。

夏元、杨骏：《"拳头"产品给力　两大"主战场"势头强劲》，《重庆日报》2022年12月7日。

王翔：《提升产业链供应链现代化水平　不断增强制造业的核心竞争力》，《重庆日报》2022年4月11日。

寇敏芳：《四大万亿级产业展现"硬核"实力》，《四川日报》2023年12月28日。

申晓佳：《成渝地区双城经济圈建设进入"快车道"》，《重庆日报》2021年12月17日。

谢陶：《融入双城经济圈　重庆跑出"加速度"》，《每日经济新闻》2022年1月7日。

曾立：《网络融资公益平台"渝企金服"上线》，《重庆日报》2019年7月19日。

周佳玲：《中欧班列（渝新欧）打通物流供应链金融融资服务"全链条"》，《中国水运报》2022年7月20日。

李子晨：《数字生态模式创新驱动产业破局》，《国际商报》2023年11月28日。

李珮：《供应链金融内核升级　落地难题如何破解》，《金融时报》2023年11月28日。

程剑飞、周鑫强：《中国供应链金融发展的趋势、挑战和建议》，《中国银行业》2023年第7期。

管克江：《"中欧班列+"，中德互联互通催生新机遇》，《人民日报》2017年6月30日。

黄光红：《重庆出实招提升企业获取金融服务便利度》，《重庆日报》2022年8月18日。

张守营：《引导金融资源向中小微企业倾斜》，《中国经济导报》2021年12月31日。

黄熠：《两大项目落户大渡口》，《重庆日报》2023年3月14日。

田姣：《做活供应链金融，川渝如何发力？》，《四川日报》2022年6月16日。

吴陆牧：《解决市场主体急难愁盼问题》，《经济日报》2022年12月15日。

何亮等：《人工智能在核设施中的应用架构规划与标准框架初探》，《核标准计量与质量》2023年第12期。

Abstract

Annual Report on Development of Finance in Chengdu-Chongqing Economic Zone (2023 ~ 2024) was organized and written by the Research Institute for the Construction of the Chengdu-Chongqing Economic Zone. It is a phased achievement in studying the high-quality development of finance in the Chengdu-Chongqing Economic Zone. This report mainly summarizes and sorts out the current development status of the financial industry in the Chengdu-Chongqing Economic Zone from 2021 to 2023, and conducts a comprehensive, multi-level, and wide-ranging theoretical exploration and thematic analysis of it. This report is divided into four parts: general report, industry reports, ecological reports and special reports.

The report points out that, in recent years, the Chengdu-Chongqing Economic Zone has deeply implemented the new development concept, mainly focused on collaborative construction of the western financial center. Through measures such as deepening key areas innovation, enhancing financial service levels through collaboration, and promoting the integrated development of the financial market. It has actively promoted the high-quality development of the financial industry. Compared with mature financial centers all over the world, the Chengdu and Chongqing have not yet formed a developed financial market, and the regional radiation capacity urgently needs to be improved. At present, the Chengdu and Chongqing are focusing on developing key areas such as technology finance, green finance, and inclusive finance, with an open attitude to establish the optimal financial ecosystem in the region and form differentiated development with the eastern financial center.

The report summarizes the key issues in the financial development of the

Abstract

Chengdu-Chongqing Economic Zone. Firstly, the problem of weak capital markets. The formation of regional financial centers must rely on a high level of financial agglomeration and financial radiation ability, and the important weakness of Chengdu and Chongqing's construction of a western financial center is the lack of a capital market that can radiate the entire western region and even the whole country. Secondly, the problem of hindered collaborative development. Due to geographical location, Chengdu and Chongqing have not developed favorable industrial and financial cooperation conditions in space, which greatly hinders the division of labor and cooperation between the two regions. Based on the existing competitive system, it is difficult for the two regions to establish a mutually collaborative financial ecosystem of golden symbiosis. Thirdly, the issue of dispersed spatial layout. Chongqing's financial core areas are scattered in Jiangbeizui, Jiefangbei and Changjiahui. Together with Chengdu Financial Street, the spatial distribution of the financial core areas is relatively scattered, and there is no differential positioning between the areas, which is not conducive to the overall image and brand building of the western financial center. Fourthly, the problem of insufficient collaborative governance. Chengdu and Chongqing, as two independent administrative regions, have the potential for administrative competition over cooperation in the financial development of the Chengdu-Chongqing Economic Zone, leading to problems such as resource waste and poor communication.

The report suggests that collaborative construction is an inevitable way out for the financial development of the Chengdu-Chongqing Economic Zone. Firstly, optimizing the organizational system of financial institutions. Chengdu-Chongqing Economic Zone should increase efforts to cultivate corporate financial institutions, continue to introduce and cultivate funds and securities institutions, and actively introduce and cultivate private equity and venture capital institutions. Secondly, promote the integration of financial markets. Exploring the establishment of the Western Environmental Resources Exchange in the Chengdu and Chongqing, and deepening cross provincial and cross regional trading cooperation in carbon emission rights and other aspects in the western region. Thirdly, promote the integration of factor markets. Chengdu and Chongqing should gather financial

resources and factor markets in the western region and even across the country, accelerate the formation of a modern financial system, and elevate the status of the Chengdu-Chongqing Economic Zone as a regional financial market with strong financial resource allocation and radiation driving capabilities. Fourthly, handle the economic cooperation relationship between Chengdu and Chongqing quality inspection. Chengdu and Chongqing should fully leverage their respective comparative advantages, accurately find the entry point for cooperation, establish a cluster of active industries, and optimize the economic and financial ecology.

Keywords: Chengdu-Chongqing Economic Zone; Finance; Financial Center; High-quality Development

Contents

I General Report

B.1 Report on the High-quality Development of Finance in
Chengdu-Chongqing Economic Zone

Shao Tengwei, Ma Xiyuan / 001

Abstract: In recent years, the two regions of Chengdu and Chongqing have actively promoted the high-quality development of finance in the dual city economic circle of Chengdu and Chongqing through measures such as deepening financial innovation in key areas, synergistically improving financial service levels, promoting the integrated development of financial markets, and cooperating to win central policy support. The main focus is on jointly building the Western Financial Center. This section takes financial institutions, financial markets, and financial services in the Chengdu-Chongqing region as the research objects. It systematically summarizes the development overview of the financial industry in Chongqing, Chengdu, and the connecting zone of the two cities from the aspects of financial volume, financial structure, service system, and the joint construction of the Western Financial Center. It is found that the financial industry in the Chengdu-Chongqing Shuangcheng Economic Circle has relatively weak capital markets, excessively convergent industrial development, and insufficient coordination of financial services The problem of dispersed industrial spatial layout. The viewpoints and suggestions on further optimizing the financial organizational system, promoting the integration of financial markets and factor markets, and correctly handling the competitive and cooperative relationship between Chengdu and Chongqing were proposed, in order to provide a solid foundation for the high-quality development of finance in the Chengdu-Chongqing Economic Zone.

Keywords: Chengdu-Chongqing Economic Zone; Financial Market; Integration Construction; High-quality Development

Ⅱ Industry Reports

B.2 Report on the Operation of Banking Market in Chengdu-Chongqing Region   *Wang Lan, Ma Jun* / 022

Abstract: The banking industry is the most important component of the entire financial industry, and banking and financial institutions play an important role in serving economic development. Focusing on improving the overall strength and service level of the banking industry in the Chengdu-Chongqing region is the basic essence of high-quality financial development in the Chengdu-Chongqing dual city economic circle. This section takes the banking industry in the Chengdu-Chongqing region as the research object, mainly elaborating on the operation of Chengdu-Chongqing legal person banking and financial institutions, the interbank lending market in the Chengdu-Chongqing region, and the credit market in the Chengdu-Chongqing region. It is found that in the development process of the banking industry in the Chengdu-Chongqing region, there are mainly problems such as small bank size, slow development of interbank lending market, and convergence of credit investment directions. It is proposed that the Chengdu-Chongqing region should optimize the structure of banking and financial institutions, promote the development of interbank lending market, and strengthen innovation of green credit products to promote the overall strength of the banking industry.

Keywords: Chengdu-Chongqing Region; Banking Industry Institutions; Interbank Lending Market; Credit Market

Contents

B.3 Report on the Operation of Security Markets in
Chengdu-Chongqing Region *Tang Ping, Wu Yingying* / 035

Abstract: The 20th National Congress of the Communist Party of China proposed to improve the functions of the capital market, increase the proportion of direct financing, promote the optimization and upgrading of economic structure, and improve the quality and efficiency of economic development. In recent years, the Chengdu-Chongqing region has actively promoted the development of the capital market and played a key role in the supply side structural reform. This section takes the securities industry in the Chengdu-Chongqing region as the research object, mainly elaborating on the operation of the stock market, bond market, and fund market in the Chengdu-Chongqing region. It is found that in the development process of the securities industry in the Chengdu-Chongqing region, there are mainly problems such as the obstruction of science and technology innovation financial business, the development of green bond business, and the small number and scale of funds. It is proposed that the Chengdu-Chongqing region should continue to support the development of science and technology innovation enterprises, improve the green bond service system, and enhance the level of fund market development, in order to achieve high-quality development of the securities industry.

Keywords: Chengdu-Chongqing Region; Security Industry; Capital Market; Direct Financing

B.4 Report on the Operation of Insurance Markets in
Chengdu-Chongqing Region *Tan Xiangyu, Liu Cheng* / 048

Abstract: Insurance is an important financial tool for economic entities to prevent various risks. In the first half of 2023, insurance income in the Chengdu-Chongqing region grew rapidly, especially in the agricultural insurance sector,

which played a very positive role in supporting local economic development. This section takes the insurance industry in the Chengdu-Chongqing region as the research object, mainly elaborating on the business situation of insurance companies in the Chengdu-Chongqing region, the operation of the insurance market, and the current situation of coordinated development of the two insurance industries. It was found that the current development of the insurance industry in the Chengdu-Chongqing region mainly faces problems such as insufficient competitiveness of local insurance companies, insufficient depth of agricultural insurance, and a single coordinated development mode. It is proposed to enhance the overall strength of insurance institutions, improve the mechanism for coordinated development of the insurance industry, and strengthen risk management in the insurance market.

Keywords: Chengdu-Chongqing Region; Insurance Industry; Insurance Market; Collaborative Development

Ⅲ Ecological Reports

B.5 Report on Financial Infrastructure Construction in Chengdu-Chongqing Region　　　　*Zhu Sha, Li Qiulin* / 058

Abstract: In recent years, the country has continuously emphasized the important fundamental role of financial infrastructure in promoting the orderly operation of the financial industry and driving the stable development of the national economy. This section takes the construction of financial infrastructure in the Chengdu-Chongqing region as the research object, mainly introducing the construction of account systems, payment systems, credit systems, financing service platforms, and financial data aggregation in the Chengdu-Chongqing region. It is found that the financial infrastructure in the Chengdu-Chongqing region needs to be improved in terms of technology, legislation, data standards, data security and protection. Suggestions have been put forward to strengthen the construction of payment systems and accelerate the aggregation of financial data.

Keywords: Chengdu-Chongqing Region; Financial Infrastructure; Account Payment System; Financing Service Platform

B.6 Report on the Development of Financial Factor Market in Chengdu-Chongqing Region *Tian Qinggang, Hao Jiarun* / 079

Abstract: In the process of building a financial center in the western region, the financial factor market has played an important role in achieving the agglomeration and radiation functions of financial resources. In recent years, the Chengdu-Chongqing region has attached great importance to the development of the financial factor market and is committed to continuously improving the financial factor market system, covering multiple fields such as equity, financial assets, public resource intellectual property, carbon trading, etc. This section takes the financial factor market in the Chengdu-Chongqing region as the research object, mainly elaborating on the current situation of the development of financial factor market business in the two regions, as well as the construction effectiveness of the Western Data Exchange and the Western Intellectual Property and Transfer Center. It is found that in the development process of the financial factor market in the Chengdu-Chongqing region, there are mainly problems such as slow development speed, lack of trading mechanisms, small trading volume, and lagging integration construction. Suggestions have been put forward to accelerate the overall development speed of the market, establish and improve trading mechanisms, and increase trading volume.

Keywords: Chengdu-Chongqing Region; Financial Factor Market; Financial Asset

B.7 Report on the Development of Financial Innovation in
Chengdu-Chongqing Region　　*Lyu Xiumei, Chen Xiuping* / 094

Abstract: Innovation is the driving force behind the reform and development of the financial industry. Promoting financial innovation and strengthening innovation supervision are key measures to promote financial inclusiveness and sustainable development. This section focuses on the development of financial innovation in the Chengdu-Chongqing region, mainly summarizes the implementation and application of financial technology achievements in the Chengdu-Chongqing region, as well as the construction of the Chongqing National Financial Technology Certification Center and the China Singapore Financial Technology Cooperation Demonstration Zone. It is found that there are problems in the current financial innovation in the Chengdu-Chongqing region, such as insufficient application of artificial intelligence technology, lack of blockchain financial policies, and the need for innovation in payment technology. Suggestions are proposed to continuously improve the development level of artificial intelligence technology in the financial field, strengthen blockchain financial policy guidance, and explore integrated innovation in payment technology.

Keywords: Chengdu-Chongqing Region; Financial Technology; Finance Inclusive; Technology Innovation of Finance

B.8 Report on the Development of Financial Openness in
Chengdu-Chongqing Region　　*Zheng Qiang, Ye Fan* / 116

Abstract: Against the backdrop of building a new development pattern, the opening up of the financial industry has become an important component of China's opening-up strategy. In recent years, the Chengdu-Chongqing dual city economic circle has actively responded to the call of the Party Central Committee, actively promoted the opening up of the financial industry to the outside world, and made significant progress. This section takes the development of financial development in the Chengdu-Chongqing region as the research object, mainly elaborating on the cross-border use of RMB in the Chengdu-Chongqing region, the current situation of cross-border capital flow management, and innovative measures for cross-border financial business. It was found that there are problems in the process of promoting financial openness in the Chengdu-Chongqing region, such as the need to improve the internationalization level, the need for further improvement of the financial regulatory system, and limited cross-border financial service capabilities. Suggestions were put forward to enhance the internationalization level of financial openness, improve the financial regulatory system, and enhance cross-border financial service capabilities.

Keywords: Chengdu-Chongqing Region; Financial Openness; Cross Border Capital Flow

B.9 Report on the Development of New Finance in
Chengdu-Chongqing Region *Zhang Weiwei, Shi Hanyu* / 132

Abstract: Currently, the financial services sector is facing a revolutionary wave of innovation, which not only provides investors with more diverse choices, but also injects new vitality into economic development and the stability of the financial system. The Chengdu-Chongqing region has always been committed to financial reform and innovation, collaborating with multiple parties in the financial field to adapt to the rise of new finance. This section focuses on the development of new financial industries in the Chengdu-Chongqing region, mainly introducing the cooperation between the Chengdu-Chongqing region and stock exchanges, the integration with the national small and medium-sized enterprise share transfer system, the construction status of regional equity trading centers, and the development status of new financial formats. It has been found that there are mainly problems in the development of new financial products in the Chengdu-Chongqing region, such as the lack of national stock exchanges, lagging behind in new financial services, and insufficient diversity of new financial products. The viewpoint and suggestions were put forward to establish the Western Stock Exchange, innovate new financial businesses that are in line with the characteristics of the economic development of Chengdu and Chongqing, and strengthen the supervision of funds for new financial institutions.

Keywords: Chengdu-Chongqing Region; New Financial Services; New Financial Formats

B.10 Financial Risk Management Report for Chengdu-Chongqing Region *Shao Tengwei, Wu Nanqing / 144*

Abstract: Financial security is an important component of national security and an important cornerstone for ensuring stable economic development. This section takes financial risk management in the Chengdu-Chongqing region as the research object, mainly analyzing the current level of risk management in the financial industry in the Chengdu-Chongqing region, the regulatory situation of financial technology, and the specific content of joint prevention of financial risks. It has been found that the current financial risk management work in the Chengdu-Chongqing region is greatly affected by fluctuations in the real estate market and economic cycles. In addition, the implementation of financial technology certification and joint supervision of financial risks also lacks corresponding experience. Suggestions have been put forward to enhance the efficiency of local supervision and law enforcement, and to establish a joint financial risk disposal mechanism.

Keywords: Chengdu-Chongqing Region; Financial Risk; Systemic Risk; Financial Monitoring

Contents

B.11 Report on Financial Ecological Environment Construction
in Chengdu-Chongqing Region   *Xu Xiaojing, Yang Ran* / 159

Abstract: Currently, the Chengdu-Chongqing region is actively promoting the construction of a financial center in the western region. A good financial ecological environment plays an important and positive role in improving the financial organizational system, enhancing financial functions, preventing and resolving financial risks, and promoting high-quality development of the financial industry. This section takes the financial ecological environment in the Chengdu-Chongqing region as the research object, mainly elaborating on the financial talent environment, financial rule of law environment, financial government environment, and the construction of clean financial culture in the Chengdu-Chongqing region. It was found that there is a shortage of financial legal talents, a low level of financial rule of law, insufficient financial supervision and review, and the need to optimize the financial governance environment in the Chengdu-Chongqing region. Suggestions were put forward to strengthen the construction of financial talent teams, improve the level of financial rule of law, increase financial supervision and review efforts, and optimize the financial governance environment.

Keywords: Chengdu-Chongqing Region; Financial Ecological Environment; Financial Talent Environment; Financial Legal Environment

Ⅳ Special Reports

B.12 Research on Collaborative Construction of Western
Financial Center between Chengdu and Chongqing
Ma Xiyuan, Zhao Wanxu / 179

Abstract: The collaborative construction of the Western Financial Center by Chengdu and Chongqing is a major mission entrusted by the Central Committee of the Communist Party of China to the dual city economic circle in the Chengdu-

Chongqing region. It is necessary to move from competition to cooperation and fully leverage their respective comparative advantages for staggered layout. In recent years, the Chengdu-Chongqing region has continuously deepened cooperation in the financial field, from financial regulation to financial services, to emerging business formats, and other aspects, continuously deepening cooperation and coordinated development, jointly promoting the high-level construction of the western financial center. This section takes the collaborative construction of the Western Financial Center by Chengdu and Chongqing as the research object, mainly elaborating on the current development level of the Chengdu-Chongqing region as the Western Financial Center, the development experience of three national financial centers in Shenzhen, and analyzing the competitive and cooperative relationship of the collaborative construction of the Western Financial Center by Chengdu and Chongqing. It has been found that in the process of collaborative construction of the Western Financial Center between Chengdu and Chongqing, there are mainly problems such as unclear target responsibilities, incomplete policy systems, and insufficient institutional innovation. The viewpoints and suggestions were put forward to clarify the goals, content, and responsibilities of jointly building the Western Financial Center between Chengdu and Chongqing, establish a long-term mechanism for jointly building the Western Financial Center between Chengdu and Chongqing, strengthen the institutional innovation of jointly building the Western Financial Center between Chengdu and Chongqing, and optimize the policy support system for jointly building the Western Financial Center between Chengdu and Chongqing.

Keywords: Chengdu-Chongqing Region; Western Financial Center; System Innovation

Contents

B.13 Rural Inclusive Finance Development Rromotes Rural
Revitalization　　　　　　　　　　*Tian Jie, Wang Kun* / 190

Abstract: As the lifeblood of modern economy, finance is of great significance for comprehensively promoting rural revitalization and achieving agricultural and rural modernization. The report of the 20th National Congress of the Communist Party of China also proposes to increase the importance of establishing a system to serve the rural financial system. This section takes the development of rural inclusive finance in the Chengdu-Chongqing region as the research object, mainly elaborates on the current situation and problems of rural inclusive finance development, innovative measures for "agriculture, rural areas, and farmers" financing services, innovation in agricultural insurance, construction of rural property rights trading markets, and issuance of rural revitalization bonds. It is found that there are problems in the Chengdu-Chongqing region, such as low level of rural digital financial services, limited promotion of agricultural financial service platforms, insufficient issuance of rural revitalization bonds, and insufficient financial knowledge and literacy of rural residents. Suggestions are proposed to improve the level of rural digital financial services, accelerate the promotion and application of agricultural financial service platforms, strengthen the issuance and management of rural revitalization bonds, and enhance financial education and literacy.

Keywords: Chengdu-Chongqing Region; Inclusive Finance; Rural Revitalization; Agricultural Modernization

B.14 Technology Innovation Finance Supports Technological
Innovation in Physical Enterprises　　*Jin Jingyu, Wen Sili* / 206

Abstract: Finance is one of the important engines of technological innovation, which can provide financial support for enterprise innovation and promote the

effective transformation of technological innovation achievements into productivity. This section takes the development of science and technology innovation finance in the Chengdu-Chongqing region as the research object, mainly elaborating on the construction of science and technology innovation finance reform pilot zones, intellectual property finance ecological demonstration zones, and science and technology innovation finance service platforms in the two regions. It has been found that in supporting the technological innovation of physical enterprises in the Chengdu-Chongqing region, there are mainly problems with insufficient supply of technological innovation financial resources, insufficient coverage of technological innovation financial products, and low coupling between finance and technological innovation. Suggestions have been put forward to increase the supply of science and technology innovation resources, improve the coverage of science and technology innovation financial services, and promote the deep integration of finance and science and technology innovation.

Keywords: Chengdu-Chongqing Region; Technology Innovation; Technology Innovation Finance; Products and Services

B.15 Green Finance Empowers High-quality Development of Enterprises *Ma Xiyuan, Cheng Jiawei / 220*

Abstract: At present, China's economic and social development is in the stage of accelerating the high-quality development of green and low-carbon. Practicing the new concept of green development and assisting the "dual carbon" strategy has also become an important part of financial services for the real economy in the new development stage. This report takes green finance in the Chengdu-Chongqing region as the research object, mainly elaborating on the current situation and problems of green finance empowering high-quality development of enterprises, the development of green credit, green securities, green insurance, green funds, green investment, and carbon finance in the Chengdu-Chongqing region, and summarizing the experience of green finance supporting high-quality development of enterprises in the Chengdu-Chongqing region, in order to further enhance the ability of green finance service enterprises in the Chengdu-Chongqing region to develop high-quality.

Keywords: Chengdu-Chongqing Region; Green Development; "Dual Carbon" Strategy; Green Finance; Carbon Finance

B.16 Supply Chain Finance Alleviates Financing Difficulties for Small and Medium-sized Enterprises

Shao Tengwei, Wu Nanqing / 231

Abstract: With the continuous deepening reform of the supply chain financial service system in China, the value and role of supply chain finance in supporting small and medium-sized enterprises continue to be highly valued by all sectors of society. This section takes the development of supply chain finance in the Chengdu-Chongqing region as the research object, mainly elaborating on the construction of supply chain finance platforms in the Chengdu-Chongqing region, the financial development of the information industry, automotive industry, manufacturing industry, and consumer industry, as well as the current development status of shipping finance and logistics credit insurance in the Chengdu-Chongqing region. Analyzed the financing problems faced by small and medium-sized enterprises in supply chain finance services, and proposed countermeasures and suggestions such as innovating supply chain finance services and accelerating the digital transformation of supply chain finance.

Keywords: Chengdu-Chongqing Region; Supply Chain Finance; Financing for Small and Medium-sized Enterprises; Key Enterprises

社会科学文献出版社

皮 书
智库成果出版与传播平台

❖ 皮书定义 ❖

皮书是对中国与世界发展状况和热点问题进行年度监测,以专业的角度、专家的视野和实证研究方法,针对某一领域或区域现状与发展态势展开分析和预测,具备前沿性、原创性、实证性、连续性、时效性等特点的公开出版物,由一系列权威研究报告组成。

❖ 皮书作者 ❖

皮书系列报告作者以国内外一流研究机构、知名高校等重点智库的研究人员为主,多为相关领域一流专家学者,他们的观点代表了当下学界对中国与世界的现实和未来最高水平的解读与分析。

❖ 皮书荣誉 ❖

皮书作为中国社会科学院基础理论研究与应用对策研究融合发展的代表性成果,不仅是哲学社会科学工作者服务中国特色社会主义现代化建设的重要成果,更是助力中国特色新型智库建设、构建中国特色哲学社会科学"三大体系"的重要平台。皮书系列先后被列入"十二五""十三五""十四五"时期国家重点出版物出版专项规划项目;自2013年起,重点皮书被列入中国社会科学院国家哲学社会科学创新工程项目。

权威报告·连续出版·独家资源

皮书数据库
ANNUAL REPORT(YEARBOOK) DATABASE

分析解读当下中国发展变迁的高端智库平台

所获荣誉

- 2022年,入选技术赋能"新闻+"推荐案例
- 2020年,入选全国新闻出版深度融合发展创新案例
- 2019年,入选国家新闻出版署数字出版精品遴选推荐计划
- 2016年,入选"十三五"国家重点电子出版物出版规划骨干工程
- 2013年,荣获"中国出版政府奖·网络出版物奖"提名奖

皮书数据库　"社科数托邦"微信公众号

成为用户

登录网址www.pishu.com.cn访问皮书数据库网站或下载皮书数据库APP,通过手机号码验证或邮箱验证即可成为皮书数据库用户。

用户福利

- 已注册用户购书后可免费获赠100元皮书数据库充值卡。刮开充值卡涂层获取充值密码,登录并进入"会员中心"—"在线充值"—"充值卡充值",充值成功即可购买和查看数据库内容。
- 用户福利最终解释权归社会科学文献出版社所有。

数据库服务热线:010-59367265
数据库服务QQ:2475522410
数据库服务邮箱:database@ssap.cn
图书销售热线:010-59367070/7028
图书服务QQ:1265056568
图书服务邮箱:duzhe@ssap.cn

卡号:423479526452
密码:

S 基本子库
SUB DATABASE

中国社会发展数据库（下设 12 个专题子库）

紧扣人口、政治、外交、法律、教育、医疗卫生、资源环境等 12 个社会发展领域的前沿和热点，全面整合专业著作、智库报告、学术资讯、调研数据等类型资源，帮助用户追踪中国社会发展动态、研究社会发展战略与政策、了解社会热点问题、分析社会发展趋势。

中国经济发展数据库（下设 12 专题子库）

内容涵盖宏观经济、产业经济、工业经济、农业经济、财政金融、房地产经济、城市经济、商业贸易等 12 个重点经济领域，为把握经济运行态势、洞察经济发展规律、研判经济发展趋势、进行经济调控决策提供参考和依据。

中国行业发展数据库（下设 17 个专题子库）

以中国国民经济行业分类为依据，覆盖金融业、旅游业、交通运输业、能源矿产业、制造业等 100 多个行业，跟踪分析国民经济相关行业市场运行状况和政策导向，汇集行业发展前沿资讯，为投资、从业及各种经济决策提供理论支撑和实践指导。

中国区域发展数据库（下设 4 个专题子库）

对中国特定区域内的经济、社会、文化等领域现状与发展情况进行深度分析和预测，涉及省级行政区、城市群、城市、农村等不同维度，研究层级至县及县以下行政区，为学者研究地方经济社会宏观态势、经验模式、发展案例提供支撑，为地方政府决策提供参考。

中国文化传媒数据库（下设 18 个专题子库）

内容覆盖文化产业、新闻传播、电影娱乐、文学艺术、群众文化、图书情报等 18 个重点研究领域，聚焦文化传媒领域发展前沿、热点话题、行业实践，服务用户的教学科研、文化投资、企业规划等需要。

世界经济与国际关系数据库（下设 6 个专题子库）

整合世界经济、国际政治、世界文化与科技、全球性问题、国际组织与国际法、区域研究 6 大领域研究成果，对世界经济形势、国际形势进行连续性深度分析，对年度热点问题进行专题解读，为研判全球发展趋势提供事实和数据支持。

法律声明

"皮书系列"(含蓝皮书、绿皮书、黄皮书)之品牌由社会科学文献出版社最早使用并持续至今,现已被中国图书行业所熟知。"皮书系列"的相关商标已在国家商标管理部门商标局注册,包括但不限于LOGO( )、皮书、Pishu、经济蓝皮书、社会蓝皮书等。"皮书系列"图书的注册商标专用权及封面设计、版式设计的著作权均为社会科学文献出版社所有。未经社会科学文献出版社书面授权许可,任何使用与"皮书系列"图书注册商标、封面设计、版式设计相同或者近似的文字、图形或其组合的行为均系侵权行为。

经作者授权,本书的专有出版权及信息网络传播权等为社会科学文献出版社享有。未经社会科学文献出版社书面授权许可,任何就本书内容的复制、发行或以数字形式进行网络传播的行为均系侵权行为。

社会科学文献出版社将通过法律途径追究上述侵权行为的法律责任,维护自身合法权益。

欢迎社会各界人士对侵犯社会科学文献出版社上述权利的侵权行为进行举报。电话:010-59367121,电子邮箱:fawubu@ssap.cn。

社会科学文献出版社